그림책 작가의 이해

서정숙·김주희·남규·김유정·최은영·유은석

창지사

국립중앙도서관 출판시도서목록(CIP)

그림책 작가의 이해 / 지은이: 서정숙, 김주희, 남규, 김유정, 최은영, 유은석. -- 서울 : 창지사, 2013
p. ; cm

ISBN 978-89-426-0726-6 93370 : ₩15000

교육학[教育學]
그림책[--册]

374.8-KDC5
375.8-DDC21 CIP2013015141

머리말

그림책 읽어주기 시간은 유아들이 아주 좋아하는 시간 중 하나다. 그림책을 읽어줄 때 교사가 각 그림책의 특징을 제대로 알고 읽어준다면, 유아와의 상호작용이 훨씬 풍부해져 유아의 그림책 감상은 더욱 깊어질 것이다. 더구나 그림책 작가가 어떤 생각으로 그림책을 그렸는지 그의 성장 배경이나 작품 세계에 대해 교사가 알려주며 읽어준다면 유아는 해당 그림책에 더 큰 관심과 흥미를 나타낼 것이다. 일반적으로 그림책을 많이 감상한 유아는 자연스럽게 특정 그림책 작가에 대해 관심을 갖거나 그의 작품을 선호하는 경향을 보인다. 그러므로 교사가 그림책 작가별 작품의 특징과 작품 세계를 알고 읽어주는 것이 유아의 작가에 대한 관심을 확장시켜줄 수 있고, 그림책 읽기 시간이 더욱 즐거운 시간이 될 것이다.

이 책의 내용은 2011년 여름에 '그림책과 어린이교육 연구소'에서 개최했던 유아교사 연수, '그림책 이해 및 그림책 작가 단원 중심 문학교육'의 내용을 근간으로 하였다. 당시 네 명의 그림책 작가의 생애와 작품 세계 그리고 대표작품의 특징에 대해 강의한 후, 각 작가별로 현장에서 유아들과 할 수 있는 활동들을 교사들과 직접 해 보았다.

이번 책에는 10명의 그림책 작가를 포함시켰다. 7명은 영미권에서 활동하는 그림책 작가이고, 1명은 일본 작가, 2명은 한국 작가이다. 그림책 작가 선정 기준은 우리나라에 소개된 그림책 중 유아에게 읽어주기에 적합한 그림책이 5권 이상인 작가인 동시에 비교적 오랫동안 대중적으로 친숙도가 높은 작가로 정하였다. 우리에게 많은 그림책이 소개되어 있고 대중적으로도 친숙한 작가는 그만큼 현장에서 많은 유아들에게 읽혀지고 있는 그림책의 작가라는 의미로 그들에 대해 정보를 제공하는 일은 유아들에게 그림책을 읽어주고 있는 교사들에게 더욱 큰 도움이 되는 일이라 본다.

이 책은 10명의 작가별 작가 연보와 대표 작품명 소개, 작가의 생애 및 작품 세계, 유아에게 적합한 그림책의 소개 그리고 유아와 함께 할 수 있는 활동계획안의 예로 구성되어 있다. 특히 유아에게 적합한 그림책 소개를 위해서는 작가별로 5권 이상의 그림책을 선별하여 이에 대한 서지정보와 줄거리, 각 그림책별 특징, 유아와 나눌 수 있는 이야기 또는 유아와 함께 할 수 있는 활동과 같은 내용을 담았다. 그림책으로 할 수 있는 이야기나 활동은 되도록 작품 세계에서 기술한 내용과 직접 관련 있다고 판단되는 것에 한하여 제시함으로써 유아가 각 그림책이 지닌 고유 특성을 감상하는 데 초점을 맞추도록 노력하였다. 이는 간혹 현장에서 그림책을 읽은 후 해당 그림책이 지닌 특징과 별로 상관이 없는 피상적인 활동을 제공함으로써 그림책에 대한 유아의 흥미를 떨어뜨리고 있어 이를 개선하기 위함이다.

이 책은 대학(원)에서 영유아문학이나 아동문학 과목의 교재나 부교재 또는 참고문헌으로 사용하기에 적합하다. 뿐만 아니라 교육기관이나 가정에서 그림책을 읽어주시는 교사들과 부모들에게도 도움이 될 것이다. 부디 그림책을 읽어주는 많은 성인들이 이 책을 통해 그림책 작가와 그들의 작품에 대해 관심이 깊어져서 어린이들과 그림책을 읽는 시간이 더욱 즐겁고 풍성해지길 기대한다.

마지막으로 이 책의 출판을 도와주신 창지사 여러분에게 감사의 말씀을 전한다. 더불어 늘 곁에서 격려와 지원을 아끼지 않는 우리들의 가족에게도 감사드린다.

대표 저자 서정숙

차 례

© 장홍제

권윤덕 ONE

- 1960년 경기도 오산 출생
- 서울여자대학교 식품과학 전공
- 홍익대학교 산업미술대학원 광고디자인 전공
- 안양 지역 미술운동을 함
- 1998년 중국 북경에서 산수화, 공필화 배움
- 2000년 중후반부터 불화와 채색화 배움

대표작

『만희네 집』, 『엄마, 난 이 옷이 좋아요』, 『일과 도구』, 『씹지않고 꿀꺽벌레는 정말 안 씹어』, 『생각만해도 깜짝벌레는 정말 잘 놀라』, 『혼자서도신나벌레는 정말 신났어』, 『시리동동 거미동동』, 『고양이는 나만 따라 해』, 『만희네 글자벌레』

1. 작가 소개

1) 생애

권윤덕은 1960년 경기도 오산에서 태어나 대학에서 식품과학을 전공하고, 그 이후에 산업미술대학원에서 광고 디자인을 전공했다. 대학원을 졸업한 그는 안양에서 시민들과 함께 하는 미술운동 조직을 만들었다. 우리 그림을 소개하는 시민강좌를 열고, 안양 공장 벽에 걸개그림을 그리고, 노동자 지원활동도 했다.

그림책과의 인연은 그림책『까막나라에서 온 삽사리』(1994)를 디자인하면서부터 시작되었다. 미술운동을 그만두고 난 뒤, 무엇을 해야 할지 방황하던 가운데 우연히 시작하게 된 그림책 디자인은 그림책이라는 세계를 새롭게 알게 된 계기가 되었다([100℃ 인터뷰] 한국 그림책 작가 대표주자 권윤덕씨, 한국일보, 2012. 04. 25. http://news.hankooki.com, 2013년 5월 9일 인출). 때마침 아들 만희가 하야시 아키코 그림책들을 자신과 다른 방식으로 보는 것을 알게 된 작가는 새롭고 다양한 세계를 보고 느끼게 해 주는 그림책에 매력을 느끼게 되었다고 한다(『만희네 집』,『일과 도구』의 글, 그림 작가 권윤덕과 함께 하는 그림책 이야기, http://blog.naver.com/gilbut_kid, 2013년 5월 9일 인출).

『만희네 집』(1995)은 그림책에 매력을 느끼고, 그림책의 새로운 가능성과 역할을 인식하게 된 뒤, 아들 만희에게 읽어 줄 그림책을 찾다가 스스로 그림책을 만들기로 결심하고 만든 그의 첫 번째 작품이다. 주인공 만희를 따라가다 보면 정통 민화기법으로 그려진 우리나라 옛 부엌, 안방, 광, 장독대 등 집안의 모습을 볼 수 있는데, 우리나라 전통을 어떠한 방법으로 보여줄 것인지 고민한 흔적이 곳곳에 배어있다.

그는 이후 관악산 '불성사'에서 탱화를 배웠고, 1998년도에 남편을 따라 중국에 간 뒤, 거기서 1년을 지내면서 수묵화와 가는 붓으로 그리는 공필화를 배웠다. 중국에서 돌아와 작업한 것이 '벌레 시리즈'다. 아들 만희의 낙서장에서 힌트를 얻어 만든 그림책, 『씹지않고 꿀꺽벌레는 정말 안 씹어』는 이전의 두 권의 그림책 『만희네 집』과 『엄마, 난 이 옷이 좋아요』와는 상당히 다른 분위기의 그림책이다. 이후 벌레 이야기는 연작으로 이어져 『생각만해도 깜짝벌레는 정말 잘 놀라』, 『혼자서도 신나벌레는 정말 신났어』가 나온다. 차분하고 감성적인 민화풍의 작품에서 당시로서는 파격적이며 어지럽고 산만하며 현란하다는 인상을 주는 그림 스타일로 완전히 변하게 된 것이다. 이러한 변화의 계기를 작가는 중국에서의 경험과 새로운 세기에 대한 기대감으로 꼽는다.

> "2000년대에 대한 기대감에서 나온 거예요. 중국을 다녀온 뒤 여태껏 살면서 중요하다고 움켜쥐고 있었던 것들이 새롭게 보인 것도 그렇구요." (김원숙, 2003)

작가의 변신과 노력은 여기서 그치지 않는다. 2003년 출간한 『시리동동 거미동동』은 '제주도 꼬리따기 노래'를 그림책으로 엮은 것이다. 이 책은 정보를 제공하는 성격의 글과 민화풍의 그림이었던 『만희네 집』, 『엄마, 난 이 옷이 좋아요』와도 다르고, 아이들의 놀이 욕구를 자극하는 자유분방한 상상력이 넘치는 벌레 시리즈와도 또 다른, 엄마를 기다리는 아이의 슬픔을 단정한 선과 화려한 색깔로 그려낸 그림책이다.

작가는 그 이후 5년 만에 출간한 『일과 도구』(2008)에서 또 한 번의 변신을 시도한다. 그동안 불화를 배우며 익혔던 채색방법을 적용하여 비단에다 앞뒤로 채색하는 새로운 작업방식을 시도했으며, 구도와 표현내용에도 변화를 주었다.

> "이번에 작업한 『일과 도구』는 예전 그림책과는 다르게 그렸어요. 『만희네 집』이나 『엄마, 난 이 옷이 좋아요』에서는 있는 그대로, 실제대로 담았거든요. 하지만 이번 작품에서는 구도도 시점도 달리하여 그렸어요. 그렇게 생각하긴 싫지만 우리가 살아가는 이 공간에서의 '일'에는 층위가 있잖아요. 실제 환경도 서로 많이 다르고, 사회적 편견도 복잡하게 얽혀 있어, 그 현실을 그대로 그려내는 건 그것들을 지금 그대로 고착시키는 것이라고 생각했어요." (송현주, 2008)

작가는 사회문제에 관심을 가지고 사회 변화를 지향하며 몰두하던 미술운동을 그만둔 뒤 방황하는 시간 속에서 그림책과 처음 만났다. 그 뒤로 꾸준히 어린이들을 위한 그림책 작업을 해 왔지만, 작가는 세상을 향해 늘 마음의 문을 열고 소통하려고 해 왔다. 그 소통하고자 하는 뜨거운 열망의 소산이 바로 『꽃할머니』(2010)일 것이다. 작가는 『꽃할머니』를 내고 난 뒤 '이제 나도 사회문제를 다룰 수 있겠다'([100℃ 인터뷰] 한국 그림책 작가 대표주자 권윤덕씨, 한국일보, 2012. 04. 25. http://news.hankooki.com, 2013년 5월 9일 인출)고 생각했다고 한다. 작가는 오늘도 일하는 사람도, 아픔을 간직한 사람도, 엄마를 기다리는 아이도 모두 함께 하는 세상을 꿈꾸며 어른과 아이가 함께 즐길 수 있는 그림책을 만들기 위해 노력하고 있다.

2) 작품 세계

① 일상의 재발견

『만희네 집』은 권윤덕의 첫 작품이다. 살고 있던 집 구석구석에 잊혀가던 우리의 전통이 숨어있는 것을 보고, 소중한 우리의 정서가 숨어있는 그림을 그리고 싶어 만든 그림책이라고 한다(김원숙, 2003).

만희네 가족은 집안 곳곳에 오래된 옛날 물건들이 남아 있는 할머니 댁으로 이사를 간다. 할머니 집 안방에는 자개장롱과 오래된 재봉틀, 증조할머니 때부터 쓰던 가위가 있고, 광에는 옛날에는 썼지만 지금은 쓰지 않는 물건들이 가득 쌓여 있다. 안방, 부엌, 광, 장독대, 뒤꼍, 앞뜰 화단, 현관, 만희 방, 목욕탕, 옥상, 아빠 방을 차례로 보여주며, 그 안에서 생활하는 가족들의 모습과 물건들을 자연스레 소개한다.

이 그림책은 특히 집안 각 장소를 장면에 담은 방식이 흥미롭다. 장면마다 집안의 한 곳(예를 들면, 부엌)을 중심으로 그림이 그려져 있는데, 이 중에서 다음 장에 소개될 장소(예를 들면, 장독대)만은 흑백 그림으로 처리되어 있어 독자로 하여금 다음 장에서 중심이 될 장소가 어디일지 미리 예측하며 읽을 수 있도록 해 준다. 마지막 장에는 집 전체를 머릿속에 그릴 수 있도록 전체적인 조감도를 보여준다.

여성주의적 시각으로 집안 곳곳과 가족들의 모습을 살펴보면 조금 불편해질 수도 있다. 할머니는 재봉틀을 돌리고, 엄마는 부엌에서 일을 하고, 아빠는 회사에서 돌아와 책이 가득한 방에서 공부를 한다. 남자와 여자의 성 역할을 너무나 전통적이며 고정적으로 표현하고 있는 듯하다. 자연스런 생활의 모습을 소개하고자 한 작가의 의도가 성 역할 고정관념으로 이어질 수도 있다는 염려는 누구보다 작가 스스로 한 것 같다.

> "전통적인 생활방식이 많이 묻어 있는 단독주택을 통해 가족의 생활을 표현하다 보니, 남녀의 성 역할을 고정해 버리는 게 아닐까 걱정했었어요…. 어떻게 해결할까 고민하다가 집 도면 페이지에서 엄마는 그림을 그리고, 할머니는 누워서 주무시고, 할아버지와 아빠가 일하는 모습을 그려서 나름대로 고민을 해결했습니다."
> (『만희네 집』, 『일과 도구』의 글, 그림 작가 권윤덕과 함께 하는 그림책 이야기, http://blog.naver.com/gilbut_kid, 2013년 5월 9일 인출)

이 그림책의 배경은 작가가 실제로 살았던 집이다. 작가는 우리 생활 속에 남아 있는 전통의 모습을 사실적으로 표현했다. 작가는 일상 속에서 보고, 체험하고, 관찰하는 모습들을 즐겨 그렸다. 『엄마, 난 이 옷이 좋아요』에서는 일 년 열두 달 옷에 담긴 이야기를 자분자분 풀어내고 있다. 속옷에서부터 집안에서 입는 옷, 나들이 갈 때 입는 옷, 명절에 입는 옷, 헌옷을 엄마가 직접 몸에 맞게 고친 옷, 물려 입거나 물려 준 옷 등 옷마다에 숨어있는 소중한 사연과 추억을 그려내고 있다. 작가는 그림책의 후기에서 아이들이 이 책을 읽고 나서 옷장 안에서 옷을 꺼낼 때 옷에 묻어있는 소중한 사연들을 되새김하면서 옷을 끄집어 낼 수 있기를 바란다(권윤덕, 1998)고 하였다.

일상에 대한 작가의 관심은 『일과 도구』(2008)에서도 계속된다. 『일과 도구』에서는 일상 속에서 볼 수 있는 작업장과 그 안에 있는 도구들을 그려낸다. 『일과 도구』의 작업장들은 잊혀가는 일상이라기보다는 잘 드러나지 않는 일상의 공간들이라고 할 수 있다. 우리는 모두 진열대에 있는 물건들을 골라 사기는 하나 누가·어디서·어떻게 그 물건들을 만들었을지에 대해서는 잘 생각하지 않는다. 작가는 그 물건을 만드는 사람들과 그 사람들이 존재하는 작업장을 애정이 어린 시선으로 그려내고 있다.

> "아이들이 물건을 사고 사용할 때마다 이 물건을 어디에서 누군가 정성들여 만들었겠구나, 그런 생각이라도 할 수 있으면 좋겠다는 생각이에요."(『만희네 집』, 『일과 도구』의 글, 그림 작가 권윤덕과 함께 하는 그림책 이야기, http://blog.naver.com/gilbut_kid, 2013년 5월 9일 인출)

아이들이 그림책을 보면서 자신들이 접하는 일상적인 공간과 물건들을 새롭게 발견하고 새로운 생각을 할 수 있도록 도와주는 것, 그것이 권윤덕이 그림책을 통해 추구하는 것이며, 동시에 아이들 삶에 있어서 그림책의 의미일 것이다.

② 그림책으로 하는 놀이

그의 세 번째 작품은 『씹지않고 꿀꺽벌레는 정말 안 씹어』이다. 이 작품 이후 『생각만해도 깜짝벌레는 정말 잘 놀라』, 『혼자서도 신나벌레는 정말 신났어』가 연이어 나오며 '벌레 시리즈'가 되었다. 이 작품들 속에는 책 속의 글자를 뽑아서 단어를 만들고, 그 만든 단어를 먹고사는 글자벌레가 등장한다. 책 표지에는 아이의 낙서 같은 글씨로 이 독특한 글자벌레가 소개된다. 면지에는 컴퓨터 게임 화면 같은 것이 펼쳐지면서 뭔가 신나는 놀이가 시작될 것 같은 기대감을 불러일으킨다. 본 화면이 시작되는 곳에서는 글자벌레들이 본격적으로 소개된다. 마치 게임에서 캐릭터를 소개하는 것과 비슷하다. 그 다음에는 글자벌레들의 습성에 따른 이야기가 펼쳐진다.

'벌레 시리즈'에는 미로 찾기 혹은 길 찾기 같은 익숙한 게임 요소가 들어 있다. 출발점에서 시작해서 여러 장애물과 여러 난관들을 극복하고 최종 목적지까지 도착하는 것이다. 놀이의 세계와 멀어진 어른의 입장에서 이 그림책을 보면 어지럽고, 무엇을 말하려고 하는지 감이 안 잡힐 수 있지만, 아이들은 '숨기와 찾기 놀이'를 통해 그림 속의 비밀을 찾아가면서 자연스럽게 책 속으로 빨려 들어간다.

'벌레 시리즈'의 그림에는 어린아이가 아무렇게나 그려놓은 듯한 먹선이 많이 사용되었다. 중간마다 펼침면에 게임 화면 같은 것이 있고 벌레들은 그 속을 어떠한 틀에도 매이지 않고 휘젓고 다닌다. 이 그림책을 보면서 산만하다고 느끼는 어른들도 종종 있지만, 아이들에게는 익숙한 게임 요소들이 펼쳐져 있어 아이들과 소통하는 데는 아무 무리가 없다. 아이들의 세계에 열려 있지 않고, 아이들의 이야기에 귀 기울이지 않는 사람이라면 결코 표현해 낼 수 없는 세계이다.

이러한 길 찾기와 같은 놀이의 요소는 권윤덕의 첫 작품, 『만희네 집』의 속표지 화면에 나오는 지도에서도 찾을 수 있다. 지도는 권윤덕이 자주 사용하는 놀이 요소라고 할 수 있다. 『일과 도구』의 본 화면도 지도로 시작된다.

『시리동동 거미동동』은 '제주도 꼬리따기 노래'를 가지고 만든 그림책이다. 꼬리따기 노래라는 말놀이로 만든 그림책이기에 그림책을 넘기며 저절로 노래를 흥얼거리게 된다. 이 그림책은 또한 다음 장면에 나올 등장인물의 실마리를 작게 그려 넣어 그것을 찾으며 읽게 하는 방식으로 그려져 있어 놀이의 성격을 띠고 있다. 『만희네 집』에서 다음에 나올 장소가 먹빛으로 그려져 있는 것과 비슷한 표현방식이라고 볼 수 있다.

『일과 도구』는 작업장과 도구들이 펼침면 하나에 널려있고, 다음 펼침면에는 작업장에서 일하는 사람들이 있는데, 도구들이 널려있는 앞 펼침면을 다시 보면 작업장 어딘가에 일하는 사람들이 숨어있다. 이러한 구성은 마치 작업장에 숨바꼭질을 하듯 숨어있던 사람들이 '짜잔!' 하고 나타나는 효과를 낸다. 이 역시 놀이적인 느낌을 살린 구성이라 할 수 있다.

『고양이는 나만 따라 해』도 아이와 고양이가 집에서 함께 놀이하는 모습과 아이가 바깥 세상으로 나가는 모습을 보여줌으로써 아이는 놀이를 통해 위로받고 격려받으며 성장한다는 것을 자연스럽게 보여주고 있다.

권윤덕의 그림책에 등장하는 이런 놀이의 모습, 혹은 놀이적 성격을 가진 구성이나 소재들은 작가가 늘 아이들과 열렬히 소통하기를 원하며 자신의 내면에 아이들다움을 간직하고 있음을 보여주는 반증이라 할 수 있다.

③ 아이들 내면의 외로움과 기다림의 정서를 표현

아이들의 세계가 늘 놀이하는 재미로만 채워진 것은 아니다. 아이들은 아이들 나름대로의 슬픔, 고통과 역경을 견뎌낸다. 아이들을 이해하고, 아이들과 늘 소통하려고 하는 권윤덕은 이런 점을 놓치지 않는다. 『시리동동 거미동동』의 후기에서 작가는 이렇게 말한다(권윤덕, 2003).

> "나는 이 책을 그리면서 슬픔을 배웠다. 신발을 신고 집 나서는 아이를 보면서부터 슬픔이 잦아들었다. 그래서 오히려 보석처럼 아름답게 그리고 싶었다. 너무 슬픈데 슬프지 않게 슬픔을 그리는 방법을 배웠다."

작가는 '꼬리따기 노래'에 곁들여 하루 종일 엄마를 기다리는 아이의 외로움과 기다림을 표현했다. 그림책에 등장하는 주인공 아이 옆에서 까마귀와 토끼 친구들이 엄마를 함께 기다려준다. 아이는 엄마를 기다리며 돌담을 서성이다 결국 엄마를 만나게 되고, 물질을 나갔다가 돌아온 엄마는 아이와 친구들을 포근하게 안아준다. 이때 '깊은 것은 엄마의 마음'이라는 노래 구절이 나온다. 이어지는 마지막 장면에는 제주도 전통가옥에서 노란 불빛이 새어 나오는 정경이 담겨 있어 방안에 엄마와 함께 있는 아이의 마음을 느낄 수 있게 해 준다. 이 장면에서 독자들은 엄마가 돌아와 참 다행이다 싶은 마음에 가슴을 쓸어내린다.

『고양이는 나만 따라 해』에서도 집에서 혼자 엄마를 기다려야 하는 어린이의 쓸쓸함을 그려내고 있다. 집에서 혼자 엄마를 기다리는 아이는 깜깜한 밤이 무서워 이불을 쓰고, 밖에서 나는 발걸음 소리에 귀 기울이며 현관문 앞에 쪼그리고 앉아 엄마를 기다린다. 아이 옆에는 아이의 모습을 그대로 따라 하는 고양이가 있다. 아이는 고양이를 보면서 고양이를 따라 하기 시작한다. 고양이 따라 하기 놀이를 하면서 아이는 용기를 얻어 집 바깥으로 나가 친구들과 어울리게 된다. 여기에 등장하는 고양이는 현대 어린이들의 쓸쓸함과 외로움을 달래주는 동시에 더 큰 세상으로 이끄는 인도자이다.

『고양이는 나만 따라 해』(2005)의 고양이는 『일과 도구』(2008)에도 등장한다. 작가는 자신이 키우는 고양이 '진주'를 모델로 했다고 한다(『만희네 집』, 『일과 도구』의 글, 그림 작가 권윤덕과 함께 하는 그림책 이야기, http://blog.naver.com/gilbut_kid, 2013년 5월 9일 인출). 『일과 도구』의 고양이 '양이'도 주인공 여자아이 옆에서 아이가 세상을 탐색하고 세상 사람들과 교류하는 것을 도와준다.

이 세상에 태어나 누구의 도움 없이 자신만의 힘으로 홀로서기를 할 수 있는 사람은 없다. 아이들은 세상을 살면서 나름의 외로움을 극복하고 기다림을 통해 독립된 한 인간으로 성장한다. 엄마를 기다리는 외로운 아이, 친구들과 어울리지 못해 혼자 웅크리는 아이, 세상 구경을 하고 싶어 하는 아이와 함께 하는 동물 친구들은 외로움과 무서움을 이겨내며 성장하는 아이들을 지켜주고 사랑해 주고 싶은 작가의 마음을 대신하고 있는 듯하다.

④ 동양적 표현기법

첫 작품 『만희네 집』 이후, 권윤덕의 그림은 줄곧 민화풍이다. 신명호(2006)는 권윤덕 그림에 나타나는 민화의 특징을 '배경의 생략', '흐르는 듯한 검은 윤곽선', '화려한 적·황·녹·청색', '등축 투영법'(투영도의 하나로 등각 투영법이라고 한다. 120도의 등각으로 만나는 세 축을 교차시킨 투영법이며 인간의 시야에 펼쳐지는 모습을 세 개의 축을 기점으로 이어놓듯 그림을 그리는 방법으로 민화 <궁중도>와 <행사도> 건물에도 이 묘사법이 적용되었다), '정면성'(아는 부분만을 골라 그리는 쉬운 묘사법, 원시미술과 아이들 그림 등에서 흔히 쓰이는 표현방법)으로 꼽는다.

작가가 그림을 배운 이력 역시 동양화풍, 민화풍의 그림과 밀접한 연관이 있다. 학부에서 식품과학, 대학원에서는 광고 디자인을 전공한 작가는 스님에게 불화를 배우고, 중국에서 공필화를 배우는 등 동양화 그림 수업을 줄곧 받아왔다. 민화풍으로 말하기에는 조금 튀는 듯한 그림 스타일인 '벌레 시리즈' 역시 중국에서 배운 공필화 형식이 담겨있는 것이라고 한다. 자신의 그런 그림 스타일에 대해 작가는 이렇게 말한다.

> "그냥 재료가 좋은 것 같아요. 먹을 쓴다든가, 화선지를 쓴다든가, 이런 재료가 저의 심성하고 맞는 것 같아요. 『시리동동 거미동동』은 화선지에 호분(풍화된 대합, 굴 등의 조개껍질을 빻아 만든 안료)을 먹여 분체(동양화에 쓰는 가루 물감)로 그렸죠. 『일과 도구』는 비단에 분체로 그렸고요. 또 원근법이 뚜렷한 서양화는 내가 관찰자로 바깥에 있는 느낌, 뒤에 서서 감상하는 느낌인데, 동양화는 내가 그 안으로 들어가는 것 같은 착각이 일어나는 구도예요. 시점도 다시점이라 그림을 따라가면서 본다고 할까, 특히 민화가 그렇죠." ([100℃ 인터뷰] 한국 그림책 작가 대표주자 권윤덕씨, 한국일보, 2012. 04. 25. http://news.hankooki.com, 2013년 5월 9일 인출)

그는 자연과 일치되는 동양적 표현법, 동양적인 구도로 붓, 한지 등 동양의 재료를 사용하여 그림을 그린다. 자연과 소통하고 닮아가려는 것, 그 공간으로 들어가는 방법을 찾아내는 것이 그가 그림을 그리는 방법이다.

『만희네 집』은 민화에서 볼 수 있는 다시점 원근법과 등축 투영법을 사용하여 사물의 특징을 자세하고 정확하게 묘사하고 있다. 사물에 대한 자세하고 정확한 묘사는 두 번째 작품 『엄마, 난 이 옷이 좋아요』에서 두드러진다. 그림 스타일의 급격한 변화는 '벌레 시리즈'에서 나타나는데, 이러한 변화는 작가가 자신의 스타일을 찾아가기 위해 과감한 변화를 시도하고 있음을 보여준다.

'벌레 시리즈' 이후 나온 『시리동동 거미동동』 역시 이전의 그림 스타일과는 상당히 다른 특징을 보여준다. 이전의 그림들이 자세한 묘사를 특징으로 했다면

『시리동동 거미동동』의 그림은 과감한 생략을 특징으로 한다. 그러나 『시리동동 거미동동』에서도 기본적으로 작가가 좋아하는 화선지, 호분, 분체 등의 동양화 재료를 사용하고 있기에 새롭지만 익숙한 느낌을 받게 된다.

『고양이는 나만 따라 해』에서는 민화의 특징 가운데에서도 '배경의 생략', '흐르는 듯한 검은 윤곽선', '화려한 적·황·녹·청색'이 눈에 띈다(신명호, 2006). 그 가운데에서도 화려한 색깔과 색채의 대비는 단연 독자의 눈을 사로잡는다. 『시리동동 거미동동』의 과감한 생략과는 또 다르게 『고양이는 나만 따라 해』에서는 문, 옷장, 테이블보, 이불, 책장 등을 자세하게 묘사하고 있다.

이러한 작품 스타일의 특징은 민화풍, 동양화풍을 유지하되 그 안에서 끊임없이 변신하면서 『일과 도구』, 『꽃 할머니』로 이어진다. 『일과 도구』는 그동안 쭉 배워왔던 불화의 원리를 이용하여 작업한 것이다. 비단에 빨강, 초록, 파란색의 물감을 엷게 겹쳐 덧칠을 해서 깊이 있고 풍부한 질감의 색을 만들어 내는 방식으로 채색을 한 것이다. 작가는 하루 열 시간씩 6개월이 넘도록 채색을 하느라 어깨에 염증까지 생겼다고 한다(『만희네 집』, 『일과 도구』의 글, 그림 작가 권윤덕과 함께 하는 그림책 이야기, http://blog.naver.com/gilbut_kid, 2013년 5월 9일 인출).

민화풍을 유지하되 그 안에서 끊임없이 새로운 변신을 시도하는 작가 권윤덕이 민화풍을 고집하는 이유가 뭘까? 어쩌면 그의 세계관과 연관이 있을지도 모른다. 그는 미술로 사회를 바꾸는 데 기여하려다 그림책 작가로 전업을 했다. 그러나 그의 작품에는 세상을 바라보는 그의 시선이 늘 녹아 있었다. 주변을 사랑하는 마음, 어렵고 힘든 사람들에 대한 애정 그리고 사회에 대한 관심이 작품마다 면면히 흐르고 있다. 동양화가 그림 안으로 들어가는 착각이 일어나게 하는 구도라서 좋아한다는 그의 말 안에는 '그 역시 세상 안으로 들어가 사랑하는 사람들과 함께 살고 싶은 소망이 들어 있는 게 아닐까'라는 짐작을 해 본다.

2. 그림책 안내

고양이는 나만 따라 해

서지정보

작가 : 권윤덕 글/그림

출판사 : 창비

출판년도 : 2005

내 용

아이는 집에서 고양이와 함께 엄마를 기다린다. 고양이는 뭐든 아이를 따라 한다. 신문지 아래 숨거나 문 뒤에 숨을 때, 빨래를 널 때, 꽃 냄새를 맡을 때, 엄마의 발걸음 소리를 기다리며 현관문 앞에서 기다릴 때도 고양이는 아이를 따라 한다. 그러다 어느 새, 여자아이가 고양이를 따라 하게 된다. 높은 곳에 올라가기도 하고, 몸을 크게 부풀려 보기도 한다. 그러면서 용기가 생긴 아이는 이제 집 밖으로 나가 친구들과 함께 뛰어 논다.

특징 및 교육적 접근

『고양이는 나만 따라 해』는 얼핏 보면 고양이와 여자아이가 서로 따라 하는 놀이를 내용으로 담은 단순한 그림책으로 보이나, 혼자 집 안에 있던 아이가 놀이 속에서 용기를 얻고 세상 밖으로 나가는 자기 극복의 이야기를 담고 있다.

주인공 여자아이는 고양이가 자신을 따라 해서 귀찮다는 듯이 말하고 있지만, 고양이를 따라 하는 아이의 모습에는 엄마를 기다리는 아이의 쓸쓸함과 외로움이 배어있다. 아이는 유일한 친구인 고양이와 서로 따라 하기 놀이를 하는 과정에서 그 쓸쓸함과 외로움을 날려 보내고 세상의 친구들과 어울리게 된다. 여기에 등장하는 고양이는 현대 어린이들의 쓸쓸함과 외로움을 달래주는 동시에 바깥 세상으로 이끄는 인도자이다.

1) 아이의 심리적 변화가 극적으로 일어난다. 이 점을 유아들과 함께 더 이야기 하고, 등장인물 가상 인터뷰 같은 것을 해봄으로써 등장인물의 심리상태를 보다 깊이 있게 이해해 볼 수 있다.

2) 엄마를 기다려 본 경험, 그때의 마음, 어떻게 그 마음을 해결했는지에 대해 이야기를 나누어 볼 수 있다.

3) 그림은 전반적으로 화려한 색상과 선명한 색채대비로 이루어져 있다. 주인공 아이의 옷, 이불, 책상보 등의 그림 곳곳에 사실적이고 섬세한 무늬 등 민화의 장식적 특징이 잘 나타나 있다. 여러 민화들과 민화의 장식적 특징이 들어 있는 물건들의 사진, 혹은 실물을 함께 감상해 보고 차이점과 공통점을 이야기해 볼 수 있다.

만희네 글자벌레

서지정보

작가 : 권윤덕 글/그림

출판사 : 길벗어린이

출판년도 : 2011

내 용

만희네 집 책장에는 글자벌레들이 살고 있다. 글자벌레들은 글자를 엮어서 글자를 먹고 산다. 그 중 '씹지않고 꿀꺽벌레'는 글자를 씹지도 않고 꿀꺽 삼키는 버릇이 있다. 어느 날, 만희와 만희 아빠가 사과 파이에 대해 말하는 것을 듣고 '꿀꺽벌레'는 자신이 먹었던 글자의 맛에 대해서 혼란스러워 한다. '씹지않고 꿀꺽벌레'는 글자의 맛을 제대로 알기 위해 애쓰는데, 단짝 친구 '아낀다고 야금벌레'가 도와주어 '꿀꺽벌레'는 요리책에서 맛을 찾는다. 이 벌레들 말고도 '중요해도 깜빡벌레', '할말있는데 멀뚱벌레', '무서워도 꾹꾹벌레' 등 다양한 글자벌레들이 등장하여 자신들의 이야기를 하고 있다.

특징 및 교육적 접근

『만희네 글자벌레』는 이전에 나온 세 권의 그림책, 『씹지않고 꿀꺽벌레는 정말 안씹어』, 『생각만해도 깜짝벌레는 정말 잘 놀라』, 『혼자서도 신나벌레는 정말 신났어』와 그동안 그려놓았던 또 다른 두 편의 그림책 『중요해도 깜짝벌레는 깜빡깜빡』, 『말있는데 멀뚱벌레는 정말 할 말이 있는데』에 나오는 다섯 가지 벌레 이야기가 담겨있는 그림책이다.

1) 글자벌레들은 모양도 복잡하고 흥미롭지만, 무엇보다 글자벌레들의 이름이 재미있다. 그림책 면지에는 여러 글자벌레들이 다 등장하고 이름도 붙여져 있다. 흥미로운 글자벌레들을 보며 유아들과 또 다른 글자벌레들을 만들어보고 이름을 지어보는 활동을 해볼 수 있다. 유아들이 자신들만의 글자벌레를 상상하고 이름을 붙여봄으로써 상상력을 발휘하고 글자와 친숙해질 수 있는 기회가 된다.

2) 글자벌레들의 이야기들을 따라가다 보면 '얼근덜근', '거무튀튀', '불그죽죽', '근뎅근뎅', '근들근들'과 같이 소리와 모양을 나타내는 다양한 우리말 표현을 만나게 된다. 이를 통해 유아들은 자연스럽게 다양하고 재미있는 우리말을 접할 수 있다.

3) 글자벌레가 글자와 글자를 조합해서 새로운 뜻을 가진 글자구슬을 만들듯이(예 '호기심'의 '호'자와 '두레박'의 '박'자와 '죽마고우'의 '죽'자를 모아 '호박죽' 만들기), 아이들과 함께 익숙한 단어들을 쪼개고 붙여서 새로운 낱말을 만들어 볼 수 있다.

만희네 집

서지정보

작가 : 권윤덕 글/그림

출판사 : 길벗어린이

출판년도 : 1995

내 용

좁은 연립주택에 살던 만희가 할머니 댁으로 이사를 갔다. 할머니 댁은 동네에서 꽃이 가장 많은 집이다. 할머니 집에는 할머니, 할아버지가 쓰시는 안방, 옛날 물건이 가득 들어 있는 광, 뒤꼍, 할아버지가 가꾸시는 채소밭이 있는 옥상, 장독대, 만희 방, 목욕탕, 아빠의 서재 등이 있다. 집안 곳곳에는 할머니, 할아버지가 오래전부터 쓰시던 물건들이 놓여있다. 만희네 집안과 물건을 구경하는 재미가 쏠쏠하다.

특징 및 교육적 접근

『만희네 집』은 만희네 가족이 할머니, 할아버지가 사시는 단독주택으로 이사를 가면서 이야기가 시작된다. 특별한 서사구조를 가지고 있지는 않고, 집안 곳곳을 소개하면서 우리 주택의 문화와 대가족이 함께 사는 모습을 자연스럽게 보여주고 있다. 유아들과 함께 그림책을 읽으면서 집안 곳곳의 모습을 자세하게 살펴보면서 자신들의 집과 비교해 볼 수 있다.

1) 다음 장면에 나타날 곳을 먹빛으로 남겨두어 다음 장면의 공간을 상상하고 기대하는 재미를 준다. 교사가 그림책을 읽어 줄 때, 이 그림책만이 지닌 특별한 점이 있다고 하면서 유아가 그림을 주의 깊게 보며, 이 점을 찾을 수 있도록 한다. 유아가 스스로 다음 장면에 나타날 곳이 먹빛으로 남겨져 있다는 것을 알게 되면 무척 기뻐할 것이다.

2) 마지막에 배치된 집의 전체 조감도는 세밀하고 사실적이라 앞 장면에 담긴 부분적인 집 구조를 전체적으로 머릿속에 다시 한번 재구성해 볼 수 있게 해 준다. 집의 조감도를 보면서 앞에서 보았던 집안 곳곳의 모습을 회상하며 이야기해 볼 수 있다.

3) 유아들과 그림책을 읽고『만희네 집』을 디오라마로 만들어 볼 수 있다. 우리 유치원, 우리 집을 여러 잡지들을 활용하여『만희네 집』과 같은 디오라마로 만들어 볼 수도 있다.

4) 만희네 집과 우리 집의 공통점과 차이점을 찾아보는 활동을 해볼 수 있다. 이를 통해 관찰력과 공간개념 등을 기를 수 있다.

시리동동 거미동동

서지정보

작가 : 권윤덕 그림/제주도 꼬리따기 노래

출판사 : 창비

출판년도 : 2003

내 용

혼자 집을 보던 아이가 집을 나선다. 토끼, 까마귀와 함께 아이는 돌담길을 따라간다. 바닷가도 간다. 아이는 누굴 기다리는 걸까? 누굴 찾는 걸까? '제주도 꼬리따기 노래'와 함께 아이와 동물 친구들의 모습이 펼쳐진다. 바다에서 일하던 엄마를 만나고, 아이는 엄마와 함께 집으로 돌아온다. 아이가 사는 야트막한 돌담 집에 밤이 찾아온다. 방에선 노랗고 따뜻한 불빛이 새어나오고, 문 밖에는 아이의 조그만 신발과 엄마의 신발이 나란히 놓여있다.

특징 및 교육적 접근

제주도에서 불리는 '꼬리따기 노래'를 담은 그림책으로 검은 돌과 작은 거미, 하얀 토끼와 하늘을 나는 까마귀, 높은 바위 무더기, 푸른 바다와 함께 제주도 전통가옥의 모습을 볼 수 있다. '꼬리따기 노래'가 주는 경쾌한 리듬감, 간결한 선과 선명한 색으로 물질 나간 엄마를 기다리는 아이와 제주도 지역 엄마의 삶을 슬프되, 슬프지 않게 표현하고 있다.

1) 이 그림책을 교사가 유아들에게 읽어 줄 때 '제주도 꼬리따기 노래'와 제주도의 특징, 제주도 해녀들의 삶에 대해서 이야기를 나눌 수 있다.

2) 그림책을 읽다보면 유아들과 자연스럽게 함께 '꼬리따기 노래'를 부르게 된다. 유아들과 함께 소리 내어 '꼬리따기 노래'를 불러보고, 새로운 '꼬리따기 노래'를 만들어 볼 수도 있다.

3) 마지막 장면은 거미와 토끼, 까마귀도 잠들고, 방에서는 노란 불빛이 새어나오고 문 밖에는 아이의 조그만 신발과 엄마의 신발이 나란히 놓여있다. 방안에서는 어떤 일이 일어날지 상상해 보며 이야기를 지어볼 수 있다.

4) 작가는 등장인물들의 표정을 자세하게 그리지 않았다. 표정을 단순하게 표현하기 위해 얼굴에 둥글거나 네모 모양의 눈만 그려넣든가, 아니면 눈동자를 얼굴 밖에 그리고 있다. 각 장면을 보면서 아이와 동물들의 감정이 어떠한지 유아들이 추론해 볼 수 있도록 한다.

엄마, 난 이 옷이 좋아요

서지정보

작가 : 권윤덕 글/그림

출판사 : 길벗어린이

출판년도 : 2010

내 용

집에서 입는 속옷, 편안하게 입는 옷, 나들이 갈 때 입는 옷, 명절에 입는 옷, 몸에 맞게 고쳐 입은 옷, 물려 입거나 물려준 옷 등, 열두 달 동안 옷에 관련된 각기 다른 주제의 이야기와 함께 추억의 옷, 그에 따른 장신구, 신발 등이 그림으로 섬세하게 표현되어 있다.

특징 및 교육적 접근

1998년 처음 출간된 그림책을 다듬어서 다시 새롭게 출간한 그림책으로 그림책 표지부터 다양한 옷과 장신구를 사실적으로 담고 내용에 대한 호기심을 자극한다. 본 텍스트에서는 월별 주제에 따른 옷과 신발, 장신구를 소개하고 있다. 각 월별 이야기와 옷들은 네 페이지에 걸쳐서 이어진다. 처음 두 페이지에는 각 월에 해당하는 이야기와 이야기에 어울리는 그림이 그려져 있고, 그 다음 펼침면에는 여러 옷들과 신발, 가방, 장신구들이 그려져 있다.

1) 유아들과 그림책에 표현된 다양한 옷을 보면서 자신의 옷장에 걸려있는 옷에 대한 소중한 추억을 함께 이야기 나눌 수 있다.

2) 한지의 일종인 순지에 동양적인 색채를 사용하여 옷의 주름, 문양 등을 정교하게 사실적으로 그려놓았다. 다양한 색채의 그림책 속 여러 옷을 복사하여 유아들과 종이 인형 놀이를 해볼 수 있다. 그림책 속의 다양한 인물이 되어 인형 놀이를 해봄으로써 그림책에 더욱 흥미를 가질 수 있다.

3) 그림책 속에는 서로 물려주고, 물려 입은 옷에 대한 이야기들이 나온다. 옷뿐만 아니라 물건을 서로 물려주고, 서로 필요한 사람들끼리 교환하는 것은 지구의 환경을 지키는 일일 뿐만 아니라 추억을 공유하며 함께 살아가는 사회를 만드는 데 의미 있는 활동이 된다. 유아들과 내가 가진 소중한 물건을 소개하고 주변의 친구들과 나눌 수 있는 '알뜰장 놀이'를 할 수 있다.

일과 도구

서지정보

작가 : 권윤덕 글/그림

출판사 : 길벗어린이

출판년도 : 2008

내 용

아이는 고양이와 함께 마을로 놀러 나간다. 농장에 가서 호미를 들고 밭에 간다. 호미로 풀도 뽑고, 토끼들에게 먹이도 준다. 병원에 가서 진찰도 받고, 구두 공장 가서 신발 만드는 것도 구경한다. 중국집, 의상실, 목공소, 화실을 돌아다니며 작업하는 사람들과 인사를 나누며 작업을 직접 해 보기도 하고, 구경만 하기도 한다.

특징 및 교육적 접근

『일과 도구』는 동네에서 쉽게 볼 수 있는 장소와 그 곳에서 일하는 사람들, 거기서 쓰이는 도구들을 따뜻한 느낌을 담아 표현한 그림책이다. 주인공 여자아이와 고양이가 동네 마실을 나와 동네 여기저기를 구경하며 경험해 보는 이야기로 구성되어 있다. 글은 대화체로 되어 있어서 일하는 사람들을 더욱 친근하게 느낄 수 있다.

1) 첫 장에는 놀러 나가는 동네의 지도가 펼쳐져 있다. 지도에서 여자아이와 고양이의 모습을 찾아 볼 수 있다. 책에 나온 병원과 구두 공장, 중국집이 어디인지 모두 찾아 볼 수 있다.

2) 고양이가 들르는 일터는 각각 일정한 패턴으로 표현되어 있다. 첫 장면은 일터에서 볼 수 있는 수많은 도구들을 자세하게 그려놓았다. 둘째 장면은 이러한 도구들을 사용해서 일하는 모습들을 보여준다. 일하는 사람들의 모습에 대해 관심을 가지고, 이러한 관심이 바탕이 되어 내가 살고 있는 동네에 어떤 곳이 있으며, 그 곳에는 어떤 사람들이 일하는지에 대한 관심으로 확장될 수 있도록 함께 이야기한다. 지역사회에 대한 관심을 바탕으로 그림책에 나오는 일터나 지역사회의 일터를 소꿉·블록 놀이 영역에 제시하고 역할 놀이를 해볼 수도 있다.

3) 그림은 비단에 그렸으며 담도를 살려 채색하여 화려하면서도 선명하게 도구들이 그려져 있다. 유아들과 함께 도구의 모양과 쓰임새에 대해 함께 이야기 나누고, 도구 찾기 수수께끼 놀이, 일과 도구 사전 만들기를 해볼 수 있다.

활동 1-1 꼬리따기 노래 만들기

활동목표

- 그림책의 내용과 특징을 이해한다.
- 노래 만들기 활동을 통해 언어표현 능력을 기른다.

활동자료 『시리동동 거미동동』, 노랫말 적을 종이, 유성 매직, 색연필

활동방법

도입

- 유아들과 그림책의 내용을 회상하며 이야기를 나눈다.
  - 『시리동동 거미동동』은 다른 그림책과 어떻게 달랐니?
  - '제주도 꼬리따기 노래'가 그림책에서 어떻게 표현되었니?
  - 마지막 장면 '엄마의 마음' 뒤에 어떤 노래로 이어주면 좋겠니?

전개

- 우리 반만의 '꼬리따기 노랫말'을 어떻게 만들지 이야기 나눈다.
  - 우리 반만의 '꼬리따기 노래'를 만들어 보면 어떨까?
  - 어떤 말로 시작해 볼까?
  - 그 다음은 어떻게 표현해 볼까?
- 유아들과 만든 노랫말을 함께 적어본다.
  - '꼬리따기 노랫말'을 종이에 적어본다.
- 유아들과 함께 만든 '꼬리따기 노랫말'로 노래를 불러본다.

마무리

- 유아들과 '제주도 꼬리따기 노래' 만들기 활동을 평가해 본다.
  - '꼬리따기 노래'를 직접 지어보니 어떤 생각이 드니?
  - 재미있었던 점, 다르게 하면 좋을 부분에 대해 이야기한다.

활동 1-2 꿀꺽벌레 단어 놀이하기

활동목표

- 그림책의 내용과 등장인물을 이해한다.
- 게임을 통해 등장인물의 특징과 글자에 대한 호기심을 갖는다.

활동자료

『씹지않고 꿀꺽벌레는 정말 안 씹어』, 꿀꺽벌레, 글자가 쓰인 카드

활동방법

도입

- 유아들과 그림책의 내용을 회상하며 이야기를 나눈다.
  - (『씹지않고 꿀꺽벌레는 정말 안 씹어』 그림책을 보여주며) 이 그림책에는 어떤 등장인물이 나왔었니?
  - 꿀꺽벌레는 어떤 글자를 꿀꺽 삼켰니?
  - 꿀꺽벌레가 정말로 우리 교실에 있다면 어떨 것 같니?

전개

- 꿀꺽벌레 놀이 상자를 소개한다.
  - 꿀꺽벌레에게 궁금한 것이 있니?
  - 이 꿀꺽벌레는 글자를 삼켜서 단어를 만들어 먹는데, 어떻게 글자를 삼키는지 한번 볼까?
    (그림책에 나왔던 단어 중 사이다, 탕약 등 각 음절이 붙어있는 카드를 보여준다.)
  - 사이다와 탕약의 어떤 음절을 삼켜서 글자를 만들어 먹었니?

–꿀꺽벌레가 삼킨 음절을 찾아 빈 카드에 붙여보자.

(유아들이 빈 카드에 사이다의 '사'자와 탕약의 '탕'자를 각각 붙인다.)

–음절을 붙인 카드를 꿀꺽벌레의 입속에 넣어볼까?

(꿀꺽벌레 배 속에 '사탕'이라는 글자가 보인다.)

–꿀꺽벌레가 어떤 단어를 만들어 먹었니?

• 꿀꺽벌레 놀이 상자로 글자 놀이를 해 본다.

–꿀꺽벌레가 어떤 글자들을 꿀꺽 삼켰니?

–글자들을 삼켜서 어떤 글자를 만들었니?

–꿀꺽벌레 단어 놀이를 해 본다.

마무리

• 유아들과 꿀꺽벌레 단어 놀이를 한 후 이야기를 나눈다.

–꿀꺽벌레 단어 놀이를 하면서 어떤 부분이 재미있었니?

–꿀꺽벌레에게 다른 어떤 글자를 먹여보고 싶니?

활동 1-3 벌레 이름 빙고 게임

활동목표

- 등장인물의 특징을 이해한다.
- 작가의 입장에서 등장인물의 이름을 상상하여 지어본다.

활동자료

『씹지않고 꿀꺽벌레는 정말 안씹어』, 『생각만해도 깜짝벌레는 정말 잘 놀라』, 『혼자서도 신나벌레는 정말 신났어』, 그림책에 등장하는 벌레 그림, 빙고 게임판

활동방법

도입

- 벌레 시리즈 그림책 주인공에 대해 이야기를 나누어 본다.
  - (벌레 시리즈 그림책을 보여주며) 이 그림책에 어떤 등장인물이 나왔었니?
  - '씹지않고 꿀꺽벌레'는 어떤 벌레였니?
  - 작가 선생님은 왜 주인공의 이름을 '씹지않고 꿀꺽벌레'로 지었을까?

전개

- 그림책에 등장하는 벌레에게 다른 이름을 지어본다.
  - 너희가 작가라면 어떤 이름으로 벌레 이름을 지어보고 싶니?
  - 왜 그런 이름으로 바꾸어 보고 싶니?
  - 작가가 되어 벌레의 이름을 다르게 지어보자.

• 새롭게 지은 벌레 이름으로 빙고 게임을 만들어 본다.
 – 새롭게 지은 벌레 이름으로 빙고 게임을 만들어 보자.
 – 어떤 방법으로 게임을 해야 할까?
• 빙고 게임을 해 본다.

마무리

• 벌레 이름을 지어보고 게임을 해본 경험에 대해 이야기를 나누어 본다.
 – 벌레 이름을 지어보고 빙고 게임을 해 보니까 어떤 마음이 들었니?
 – 새롭게 지은 벌레 이름으로 또 어떤 게임을 만들어 보면 좋을까?

확장활동

• 각 그림책에 등장하는 벌레 소개하기

데이비드 위즈너 TWO

- 1956년 미국 뉴저지 출생
- 로드아일랜드 디자인 학교 졸업
- 1979년 어린이 잡지『Cricket』의 표지 그림 그리기 시작
- 1983년 결혼
- 1989년 첫 그림책『자유 낙하』로 칼데콧 아너상 수상
- 1992년『이상한 화요일』칼데콧 메달 수상
- 2000년『구름 공항』칼데콧 아너상 수상
- 2002년『아기 돼지 세 마리』칼데콧 메달 수상
- 2007년『시간 상자』칼데콧 메달 수상

대표작

『자유 낙하』,『허리케인』,『이상한 화요일』,『구름 공항』,『아기 돼지 세 마리』,『시간 상자』,『아트 & 맥스』

1. 작가 소개

1) 생애

데이비드 위즈너는 미국 뉴저지주 브릿지워터에서 태어나고 자랐다. 어린 시절 친구들은 그를 그림 잘 그리는 아이로 기억한다(David Wiesner, http://www.amazon.com/David-Wiesner, 2013년 5월 11일 인출). 어린 시절부터 집과 주변을 행성과 밀림으로 상상했으며, 잠들기 전 자신의 방 벽지에 그려진 시계, 동물, 책, 코끼리, 유리컵을 바라보며 벽지의 그림들이 뛰어 노는 꿈을 꿨다. 그리고 백과사전을 보면서 공룡을 사실적으로 그리는 연습을 하는 데 시간을 많이 보냈다고 한다(The Origin of Wordless Author, http://www.houghtonmifflinbooks.com/authors, 2013년 5월 11일 인출).

그는 유년기 시절부터 미켈란젤로, 레오나르도 다빈치를 거쳐 달리, 마그리트, 지오르지오 드키리코 등의 초현실주의 그림을 접했다. 청소년기에는 글자 없는 만화책과 무성영화를 만들기도 했다(Boigraphy, http://www.hmhbooks.com/wiesner, 2013년 5월 11일 인출). 그가 무성영화, 글자 없는 만화책을 만들었다는 것은 글로 전해지는 이야기보다는 그림 위주의 이야기를 추구했으며, 한 장으로 끝나는 그림보다는 그림과 그림이, 장면과 장면이 연결되면서 만들어지는 이야기에 관심이 있었음을 말해 준다. 이러한 그의 관심은 이후의 작품들에서 글 없는 그림책 그리고 글이 최소화된 그림책이라는 결과로 나타난다.

그는 청소년기 이후 로드아일랜드 디자인 학교에서 일러스트로 학사 학위를 받을 때까지 풀타임으로 그림 공부를 하면서 그림을 엮어 이야기를 만드는 시각적 스토리텔링(visual storytelling) 탐구에 더욱 매진했다. 그리고 자신이 추구하는 글자 없이 이야기를 들려주는 것에 가장 적합한 매체가 그림책이라는 것을 알게 되었다.

대학 4학년인 21세 때 『Cricket』이라는 아동잡지의 표지 그림을 그리는 일러스트레이터로 데뷔해 10여 년간 전문 삽화작가로 활동해 온 그는 1987년 아내 Kim, Kahang과 함께 『The Loathsome Dragon』을 펴내면서 본격적으로 그림책 작가로 활동하기 시작한다. 다음 해인 1988년에 펴낸 그림책 『자유 낙하』는 완전히 혼자서 작업한 첫 번째 그림책이며, 다섯 번이나 되는 칼데콧상 수상 경력 가운데 첫 번째 칼데콧 아너상을 받은 그림책이다.

그는 보통 새로운 책을 창작할 때 여러 해를 보내지만 아이디어는 힘들이지 않고 순간적으로 떠올린다고 한다. 아이디어가 정해지고 나면 이야기 흐름에 맞춰 줄거리가 원활하게 될 때까지 떠오르는 이미지들을 계속 그리면서 많은 형태의 스케치와 수정을 한다. 때로는 본격적인 드로잉에 앞서 그림에 등장하는 형태, 질감 등을 구현한 3차원의 조형물을 만들기도 한다. 현실에서는 볼 수 없는 날아다니는 돼지나 서 있는 도마뱀과 같은 모형을 만들고, 이 모형을 관찰하면서 그림을 그리는 것이다. 정확하고 사실적인 그림을 추구하는 과정에서 찾은 그만의 방법일 것이다.

그의 작품에 나타나는 사실적인 형태의 그림풍은 르네상스 그림의 영향이며, 몽환적이고 상상력이 넘치는 그림은 초현실주의 영향을 받은 것이라고 할 수 있다(정대련·어은정, 2008). 그는 어렸을 때 수많은 만화책과 오래된 영화를 보았다고 한다. 그 영향 때문인지 그의 그림은 영화적이라는 평가를 받는다. 이러한 영화적이라는 평가에 대해서 그는 이렇게 말한다.

> "영화 같은 그림책이란 맞는 말이다. 영화를 좋아해서 그림을 그릴 때는 영화의 좋은 앵글을 잡는다는 생각으로 접근한다." (CJ그림책 축제-세계적인 그림책 작가 데이비드 위즈너, http://blog.naver.com/laterre327, 2013년 5월 11일 인출).

그의 전체 그림책에서 다섯 권이 글 없는 그림책이다. 그가 글 없는 그림책을 자주 그리는 데는 앨리스 앤 마틴 프로벤센(Alice and Martin Provensen)의 그림책(그림책을 함께 만드는 부부작가로 40년 이상 어린이들을 위한 책을 만들고 그려왔다. 우리나라에 소개된 대표작으로는 칼데콧 메달을 받은 『위대한 비행』 외에 『단풍나무 언덕 농장의 사계절』, 『우리 농장에 놀러 오실래요?』 등이 있다)의 영향이 컸다고 한다. 그는 어렸을 때 여동생과 함께 많은 시간 이 부부작가의 그림책을 보았는데, 이 그림책들에는 하나의 그림책 안에 긴 이야기가 나오는 페이지도 있고 짧은 이야기가 있는 페이지도 있으며 글이 없는 페이지도 있었다. 글이 없는 면을 보면서 이야기를 만들어 냈던 경험이 글 없는 그림책을 만든 이유라고 작가는 말한다(Q & A: David Wiesner, http://www.timeforkids.com/news, 2013년 5월 11일 인출).

데이비드 위즈너의 그림책들은 독자들의 호평과 더불어 전 세계적으로 사랑받고 있다. 지금까지 출판된 그의 작품은 모두 여덟 권, 그 가운데 그림책의 노벨상이라 불리는 칼데콧 메달을 수상한 그림책이 세 권, 칼데콧 아너상을 받은 그림책이 두 권이다. 1992년 『이상한 화요일』, 2002년 『아기 돼지 세 마리』, 2007년 『시간 상자』로 칼데콧 메달을 받았으며, 1989년 『자유 낙하』, 2000년 『구름공항』으로 칼데콧 아너상을 받았다. 그의 작품 가운데 다섯 권은 글 없는 그림책이고, 나머지 세 권이 글과 그림이 함께 있는 그림책이다. 2007년 칼데콧상 위원회는 그의 작품에 칼데콧 메달을 준 이유를 '위트 있는 대사와 생생한 유머'라고 밝혔다(2007 Caldecott Medal and Honor Books, http://www.ala.org/alsc/awards-grants, 2013년 5월 11일 인출). 데이비드 위즈너는 외과 의사인 한국인 부인과 딸, 아들과 함께 필라델피아에서 살고 있다.

2) 작품 세계

① 공간과 차원의 이동

데이비드 위즈너는 그림책 안에서 현실과 환상을 넘나들거나 2차원에서 3차원으로, 3차원에서 2차원으로 넘어다니곤 한다. 그의 그림책 안에서 펼쳐지는 이러한 변화와 이동은 무척 역동적이면서도 부드럽게 이어진다.

차원과 공간의 이동마법을 잘 보여주는 대표적인 작품은 그의 첫 번째 작품이자 첫 번째 칼데콧 아너상 수상작인『자유 낙하』이다.『자유 낙하』에는 다른 작품들의 예고편 같은 면모가 엿보인다.『자유 낙하』에서는 사물의 변형을 통해 현실에서 환상으로 이동한다.『자유 낙하』는 한 아이가 책을 안고 침대에서 잠이 든 모습으로부터 시작된다. 그 다음 열려 있는 창을 통해 들어온 바람으로 인해 커튼이 흔들리며 책장이 펼쳐지고, 펼쳐진 책장 가운데 한 장이 뜯겨져 허공으로 날아간다. 아이가 안고 있던 책은 지도책이었으며, 아이의 침대 위에 놓여있던 상자는 뚜껑이 열려있다. 아이는 여전히 잠들어 있으나 아이의 이불은 어느새 드넓은 초원으로 바뀌고, 아이가 베고 있던 베개는 구름이 되어간다. 정지된 그림이지만 왼쪽에서 오른쪽 페이지로 이어지는 이런 사물의 변화를 따라가다 보면 그림이 움직이는 듯한 착각이 든다.

『허리케인』에서도 이런 변화가 일어난다. 허리케인이 몰아쳐 마당에 쓰러진 느릅나무에서 형제는 정글 놀이하는 상상을 한다. 그러자 정글이 시작된다. 그 다음에는 바다가, 그 다음에는 별과 우주가 펼쳐진다. 어렸을 때, 자신이 살던 동네가 정글과 행성이라는 상상을 하며 놀았다는 데이비드 위즈너의 경험이 그림책에서 고스란히 살아나고 있는 것이다.

『자유 낙하』에서는 현실에서 환상으로 넘어갈 뿐만 아니라, 3차원에서 2차원으로 이동하기도 한다. 꿈 속에서 낯선 공간으로 날아간 아이는 성에 들어갔다가 다시 숲 속으로 들어간다. 숲에서 아이는 낯선 존재를 따라 빛이 있는 어딘가로 들어가는데, 그곳이 책 속이다. 즉, 입체에서 평면으로, 3차원에서 2차원으로 이동하는 것이다.

그의 그림책들 중 이 같은 차원의 이동이 가장 극적으로 나타난 그림책이『아기 돼지 세 마리』이다.『아기 돼지 세 마리』에서 돼지는 '아기 돼지 세 마리' 이야기 밖으로 빠져 나온다. 이때 이야기 안에 있는 돼지는 평면적으로, 이야기 밖으로 빠져 나온 돼지는 세세한 묘사와 함께 입체적으로 표현함으로써 이야기 안과 이야기 밖, 두 공간의 차이를 그림으로 명확하게 드러낸다. 원래 이야기를 책 속의 2차원 세계로, 위즈너가 꾸민 새로운 이야기를 책 밖의 3차원 세계로 구분 지어 표현함으로써 독자로 하여금 차원 간의 이동을 상상하고 경험하게 해 준다.

『자유 낙하』에서 책 속으로 빨려 들어간 주인공은 소인국의 걸리버처럼 거인이 되어 있다. 이어서 거대한 유리컵, 산 같은 크루아상이 나온다. 이러한 표현은 작가의 의도에 따라 고의로 형태를 변형하고 과장하는 데페이즈망 기법 가운데 하나이다(정호정, 2007). 이러한 크기 변형이라는 데페이즈망 기법이 그림책 전체의 주요 테마로 등장하는 것이 바로『1999년 6월 29일』이다. 1999년 5월 18일, 꼬마 과학자 홀리는 자신의 가설에 따라 실험을 시작했고, 하늘 높은 곳에서 채소가 어떻게 자라는지 알아보기 위해 화분들을 하늘로 올려 보냈다. 그리고 1999년 6월 29일, 말도 못하게 큰 채소들이 하늘에서 쏟아져 내려온다. 이것이 그림책의 주요 사건이다. 마지막 장면에서는 이 채소들이 어디서, 어떻게 온 것인지를 알려주는 장면이 나온다. 바로 외계인이 탄 우주선이 등장하는 장면이다.

외계인과 같은 존재는『자유 낙하』에도 등장한다. 주인공의 꿈속에서 주인공의 모험을 인도하는 등장인물이 꼭 외계인 같으나 마지막 장면에서 그것은 후추통이 변형된 것이었음이 밝혀진다. 진짜 외계인 같은 외계인은『시간 상자』에서 바닷속 존재로 그려진다. 뭔가 열심히 조사하는 것 같은『시간 상자』의 외계인들은 바닷속에 살고 있다기보다는 바닷속을 탐사하러 온 것 같은 분위기다.

위즈너의 그림책에서는 이처럼 현실에서 꿈으로, 3차원에서 평면으로, 지상에서 하늘로, 지상에서 수중으로, 지구에서 외계로의 변환과 이동이 자유자재로 이루어진다. 사물의 크기가 달라지고, 사물의 한쪽 끝이 또 다른 사물로 변형되는 것도 초현실주의의 영향을 받은 위즈너 작품의 특징이다. 이러한 변형과 변환 그리고 이동은 그의 최신작『아트 & 맥스』(2010)에서 절정을 이룬다. 그동안 수채화로 작업을 해 왔던 위즈너는 이 책에서 오일과 파스텔 색연필을 사용하여 재료의 물성에 따라 존재가 달라지는 도마뱀을 표현했다. 재료의 변화가 결국 존재의 변화를 가능하게 한 셈이다.

② 끝나지 않은 이야기

데이비드 위즈너는 무의식의 세계를 극복할 수 있는 새로운 상징적 인물을 고안해내는 것이 아니라 일상적인 사물과 주제를 전혀 다르게 변화시켜 예상치 못한 상황이나 공간에 배치시키는 초현실주의 표현기법을 사용하였다(정대련·어은정, 2008; 정은주, 2010; 정호정, 2007). 그러므로 보는 이들의 무한한 상상력과 창의력을 자극한다. 현실 세계에 있으면서 환상 세계에 몰입하게 하고, 판타지 공간에서 다양한 카타르시스를 느끼게 하며, 때로는 경이로운 경험과 감동을 느끼게 한다. 이러한 상상과 환상의 체험은 그림책이 끝나도 계속된다. 데이비드 위즈너가 의도적으로 그림책의 결말을 열어 놓고 있기 때문이다.

그의 첫 번째 칼데콧 메달 수상작인 『이상한 화요일』은 주변에서 볼 수 있는 소재들로 이야기가 시작하지만 일상적인 사고방식을 깨트려 준다. 저녁이 되자 일상에 있던 두꺼비들의 비상이 시작된다. 그들은 자신들이 주인공이 된 양 사람들이 사는 곳을 휘젓고 돌아다닌다. 이곳에서 그들은 해 보고 싶은 모든 것을 해 보게 된다. 하지만 다시 아침이 밝자 다 일상으로 돌아간다. 이야기는 여기서 끝나지 않는다. 다음 화요일 저녁 7시 58분, 돼지들이 날아오르기 시작한다. 여기서 그림책은 끝나지만 이야기는 끝나지 않은 것이다.

『1999년 6월 29일』은 꼬마 과학자 홀리가 높은 하늘에서 식물은 어떻게 자라는지 궁금하여 씨앗을 뿌린 상자를 풍선에 매달아 날려보내는 데에서부터 시작한다. 한 달 뒤, 거대한 순무와 양배추가 하늘에 나타나며 초현실적인 환상의 세계가 펼쳐진다. 데이비드 위즈너는 이 책에서 '낯설게 하기'(데페이즈망 기법 가운데 하나인데, 일반적으로 현실적 사물들을 대상으로 하여 그 본래의 용도, 기능, 의미를 현실적 자리에서 이탈시켜 그것이 놓일 수 없는 낯선 장소에 조합시킴으로 초현실적인 환상을 창조해 내는 기법)로 초현실적인 환상을 만들어낸다. 이 그림책 역시 독자의 의구심을 자극하며 끝마무리를 짓는다. 홀리가 올려보낸 채소들을 외계인들이 발견하는 것으로 끝이 나는데, 외계인들은 그 채소를 어떻게 했을까? 그 채소는 외계인과 지구를 어떻게 연결시켜 줄 수 있을까? 새로운 의문과 새로운 이야기가 이야기의 끝에서 시작된다.

『구름 공항』은 '하늘에는 어떤 세계가 존재할까'라는 상상의 토대를 마련해 준다. 현실 세계에서 일어날 수 없는 상상의 세계에 주인공이 구름을 타고 가보니 그곳에는 마치 현존하고 있는 것처럼 또 다른 차원의 세계가 펼쳐진다. 환상의 세계이지만 모든 것을 의인화시켜 생명을 부여하여 사실적으로 표현하였기에 독자들로 하여금 더 많은 상상력을 불러일으킨다. 또한 주인공 소년은 어른들의 획일적인 사고에 반기를 들고 다양한 구름 모양을 설계하는데, 그 이유로 구름 공항 밖으로 쫓겨나게 된다. 그러나 다시 현실로 왔을 때 자신이 설계한 여러 모양의 다양한 구름이 하늘에 둥둥 떠다니는 것을 보게 된다. 아이는 현실로 돌아왔지만, 이전의 현실과는 분명 다르다. 아이에게는 구름이 함께 하기 때문이다. 아이와 구름은 앞으로 어떤 이야기를 만들어낼까? 구름의 품 안에서 잠든 아이가 나오는 마지막 페이지의 그림은 앞으로 펼쳐질 이야기에 대한 궁금증을 자아낸다.

『시간 상자』에서도 이야기의 끝은 또 다른 이야기의 시작이다. 『시간 상자』의 마지막 장면은 열대 섬의 한 아이가 바다에서 떠내려 온 시간상자에 손을 뻗고 있다. 이 아이에게 또 어떤 이야기가 펼쳐질 것인지, 독자들의 상상 본능을 자극한다.

열린 결말이라는 데이비드 위즈너의 방식은 포스트모더니즘의 주요한 특징 가운데 하나이다. 유아들에게 획일화된 내용이나 정형화된 주제를 주지 않으며 유아들이 그림책을 통해 무제한의 상상 세계로 들어가고, 그 안에서 자신의 상상력을 확장하며, 그렇게 확장된 상상력은 그림책이 끝나도 무한하게 계속될 수 있도록 도와주는 것, 그것이 데이비드 위즈너 그림책의 특장이다.

③ 그림으로 이야기하기

어렸을 때부터 글 없는 만화, 무성영화를 즐겨 보고, 직접 만들기를 즐겼던 데이비드 위즈너에게 그림으로 이야기를 들려주는 글 없는 그림책의 창작은 자연스런 결과라고 할 수 있다. 배경과 스토리를 구성하고 이에 따라 그림을 연속적으로 늘어놓는 것에 따라 독자들은 작가가 구성한 이야기가 무엇인지 그리고 그 그림을 통해 자신들이 만들어낼 수 있는 이야기가 무엇인지 알게 된다.

데이비드 위즈너는 정지된 평면의 화면 안에서 시간의 흐름을 잘 보여주는 작가이다. 시간의 흐름을 마치 연속 촬영한 것과 같이 표현한 그림책인『이상한 화요일』의 첫 장면은 숲 속 연못가에서 저녁 해가 지고 달이 떠오르는 장면을 4단계로 연속하여 보여준다. 카메라가 피사체에 점점 다가가듯 통나무 위에 앉아있는 거북이를 차츰 클로우즈 업하여 묘사하고 있다(서정숙·남규, 2010).『이상한 화요일』에서는 다른 글은 없이 '화요일 저녁 8시경, 밤 11시 21분, 새벽 4시 38분, 다음 화요일 저녁 7시 58분' 등 시간의 흐름을 나타내는 글만 네 번 나올 뿐이다. 그 외는 모두 그림만으로 구성되어 있으며, 저녁 8시에서 새벽 4시까지 시간의 흐름이 깊은 어둠에서 새벽 여명까지 점차 달라지는 배경색으로 표현되어 있다. 시간의 변화를 나타내는 이러한 디테일한 묘사는 작품을 읽는 독자들이 그림책에 몰입하는 것을 도우며, 그 안에서 벌어지는 사건들을 더욱 사실적으로 느낄 수 있게 해 준다.

『구름 공항』은 그림책의 한 페이지를 여러 개의 장면으로 나누어, 시간의 흐름과 동작을 세분하여 보여줌으로써 마치 영화를 보는 것 같은 느낌을 준다.『자유 낙하』는 주인공 소년이 꿈꾸는 장면을 하나로 길게 이어지는 두루마리 형식의 그림으로 표현을 하여 그림을 따라가다 보면 시간의 흐름을 알 수 있게 된다.『시간 상자』는 처음에 주인공 소년이 수중카메라를 발견하는 현재 시점과 다양한 사진을 통해 나타나는 과거 시점 그리고 주인공 소년이 사진을 찍은 다음 수중카메라를 바다에 던진 이후의 미래 시점을 교차적으로 담고 있다.

연속되는 장면들을 배치하면서 시간의 흐름을 그림으로 자연스럽게 보여주는 것 외에 그림과 글의 만남을 통해 새로운 이야기를 만들어내기도 한다.『아기 돼지 세 마리』는 아이러니한 그림을 넣어줌으로써 독자들로 하여금 상상하고 참여할 수 있도록 한다. 늑대가 돼지의 집을 찾아가 입바람을 불어서 나무집을 무너

뜨리고 난 뒤의 장면에서 글은 "늑대는 아기 돼지를 꿀꺽 먹어버렸어요."라고 이야기하지만 그림에서는 늑대가 황당한 표정을 짓고 있다. 아기 돼지가 책 밖으로 나갔기 때문이다. 이야기의 상황을 알고 있는 독자는 늑대를 관찰하면서 글과 그림의 아이러니에서 재미를 느끼고 그림책의 의미 해석에 능동적으로 참여하게 된다(서정숙 외, 2010).

한편으로 그림 안의 글씨(intraiconic text)도 이야기의 해석과 창조에 중요한 역할을 한다. 『시간 상자』에서 바다에서 떠내려 온 카메라에는 'Melville'이라고 쓰여 있다. 멜빌은 『모비딕』의 작가이며, 데이비드 위즈너는 가장 기억에 남는 소설의 첫줄이 바로 『모비딕』이라고 이야기한 바 있다(Kid's Q & A: David Weisner, http://www.powells.com/kidsqa, 2013년 5월 11일 인출). 카메라의 멜빌이 『모비딕』의 작가 이름이라는 걸 알고 그림책을 다시 보면 뒷부분에 등장하는 고래의 눈동자, 카메라를 옮기는 고래들이 전과 다르게 보일 수도 있을 것이다. 멜빌이라는 단서를 통해 그림책 안에 숨겨져 있는 또 다른 이야기를 찾게 되는 것이다. 『1999년 6월 29일』에서도 마지막 장에서 우주인들이 보고 있는 책은 『슈퍼 거대 채소 만드는 법』이다. 이 책의 제목을 보면서 이제 막 도착한 홀리의 채소들이 어떻게 될 것인지 추측 가능하다.

독자의 그림 해석을 유도하는 위즈너의 작품들은 독자의 해석이 첨가됨으로써 비로소 완성된다고 할 수 있다. 작가가 텍스트에서 모두 말하지 않은 것을 그림책을 보는 독자가 상상과 추론을 통해 채움으로써 의미가 완성되는 것이다.

2. 그림책 안내

1999년 6월 29일

서지정보

작가 : 데이비드 위즈너 글/그림

옮긴이 : 이지유

출판사 : 미래아이

출판년도 : 2004

내 용

하늘에서 식물이 어떻게 자라는지 궁금한 꼬마 과학자 홀리는 채소 씨앗을 심은 상자를 풍선에 매달아 하늘로 날려보낸다. 한 달 후, 거대한 순무와 양배추, 브로콜리가 하늘에서 쏟아져 내린다. 홀리는 자신이 올려보낸 채소가 내려온 건가 생각하지만 채소 중에는 홀리가 하늘로 날려보내지 않은 것도 있었다. 하늘에 떠다니던 거대 채소들은 외계인 요리사가 실수로 우주 밖으로 날려보낸 것들이었음이 드러나고 외계인들은 당장 요리 재료가 없어 고민한다. 그때 홀리가 날려보냈던 채소들이 외계인들의 우주선 주변을 맴돌고 있다.

특징 및 교육적 접근

주인공 꼬마 과학자 홀리는 높은 하늘에서 식물이 어떻게 자라는지 궁금하여 채소 씨앗을 심은 상자를 풍선에 매달아 하늘로 날려보낸다. 이후 하늘에서 각종 채소가 쏟아져 내리는 기이한 일이 벌어진다. 이 그림책은 유아들의 상상력을 자극하여 상상의 나래를 펴게 만든다.

1) 현실에서 일어났으면 하는 기발한 일들에 대해 함께 이야기를 나누어 보거나, 그림책에서처럼 커다란 채소들이 있다면 그것으로 무엇을 해 보고 싶은지 상상해 본다.

2) 하늘에서 떨어져 내리는 커다란 채소들은 홀리가 올려보낸 씨앗의 채소가 아니었던 것으로 밝혀졌다. 대신, 마지막 장면의 외계인들 앞에 떠다니는 채소들은 홀리가 올려보낸 씨앗의 채소였다. 유아들은 이 부분에서 '반전'의 즐거움을 맛볼 수 있고 이야기 나눌 수 있다. 이어서 뒷이야기 짓기도 해볼 수 있다.

3) 그림책이 전반적으로 '낯설게 하기' 기법을 사용하므로 교사는 유아에게 그림책에서 색다른 요소들을 찾아보게 할 수도 있고, 사실적인 그림 위에 창조적인 그림을 조합시켜 꾸며보는 활동을 해볼 수도 있다. 사물의 크기를 달리해 커다란 사과 위에 올라가 있는 사람 등의 사진 혹은 그림을 놓고 어떤 일들이 어떻게 벌어질 수 있는지 함께 이야기를 나누고, 이야기를 만들어 본다.

구름 공항

서지정보

작가 : 데이비드 위즈너 글/그림

출판사 : 베틀북

출판년도 : 2012

내 용

미국 뉴욕의 엠파이어 스테이트 빌딩 사이로 안개가 흘러다니는 날, 학교버스에서 내린 아이들이 전망대에 오른다. 빨간 모자에 빨간 장갑, 빨간 목도리를 두른 소년이 짙은 안개 속에서 뭉게구름을 만난다. 구름은 소년을 태운 채 시간별로 구름을 각 지역으로 보내는 구름 공항에 도착한다. 소년은 재미있는 구름 모양을 그린다. 구름 공항의 관리자들은 소년이 만든 설계도를 찢고 소년을 다시 엠파이어 스테이트 빌딩으로 돌려보낸다. 집으로 돌아가는 길에 소년은 자신이 설계한 구름들이 하늘 위로 떠다니는 것을 보게 된다.

특징 및 교육적 접근

『구름 공항』은 글 없는 그림책으로 독자들의 상상을 마음껏 끌어낼 수 있는 그림책이다. 환상적인 분위기를 그려냄으로써 보는 이들로 하여금 하늘에는 어떤 세계가 있을까 하는 상상을 할 수 있는 토대를 마련해 준다. 현실 세계에서 일어날 수 없는 상상의 세계로 주인공이 구름을 타고 가보니 그곳에는 마치 현존하고 있을 것 같은 세계가 펼쳐진다. 즉, 환상의 세계지만 모든 것을 의인화시켜 생명을 부여하여 사실적으로 표현하였기에 독자들로 하여금 더 많은 상상력을 불러일으킨다.

1) 구름에 대한 상상은 유아들이 한 번쯤 해 봤을 상상이다. '구름은 누가 만들까?', '내가 구름을 만들 수 있다면 어떤 모양으로 만들까?' 등의 상상 말이다. 구름 공항은 구름을 설계하고 내보내고 관리하는 곳이다. 유아들은 이러한 환상 세계에서 나만의 구름을 설계해 보고 어느 곳으로 언제 구름을 내보낼지 나만의 구름 공항을 만들어 볼 수 있다. 유아교육기관에서는 'ㅇㅇ반 구름 공항'이라는 공간을 만들어 거기에 아이들이 설계한 구름들을 붙여놓을 수도 있다.

2) 엠파이어 스테이트 빌딩에서 만난 뭉게구름이 구름 공항으로 소년을 인도하고 구름 공항에서 뭉게구름과 소년은 작은 일탈을 하며 함께 즐거운 시간을 보낸다. 뭉게구름은 소년과 함께 집으로 왔고 소년이 뭉게구름 위에서 잠을 자는 모습으로 끝난다. 앞으로 소년과 뭉게구름은 어떤 일을 경험하고, 어떻게 지낼까 하는 상상을 해볼 수 있다. 유아들과 함께 앞으로 있을 이야기를 생각하고 지어볼 수 있다.

시간 상자

서지정보

작가 : 데이비드 위즈너 글/그림

출판사 : 베틀북

출판년도 : 2007

내 용

한 소년이 바닷가에서 소라게와 게를 관찰하던 중 파도에 떠내려 온 수중카메라를 발견한다. 필름을 현상하자, 바닷속 로봇물고기, 스탠드 아래에서 책 읽는 문어, 연속적으로 찍힌 아이들의 사진이 나온다. 소년은 현미경으로 사진 속의 사진을 계속 따라가 본다. 사진 속의 사진들은 각각 다른 시간과 다른 곳에서 찍은 것이다. 소년은 가장 최근의 사진을 들고 자신의 모습을 찍은 후 수중카메라를 바다에 던진다. 카메라는 바닷속 동물들에 의해 먼 여행을 한다. 그리고 어느 바닷가에서 한 소녀가 그 카메라를 발견하고 카메라를 향해 손을 뻗는 걸로 그림책은 끝난다.

특징 및 교육적 접근

『시간 상자』는 글 없는 그림책으로 바닷속 풍경을 기이하면서도 아름답게 그려내며, 현재·과거·미래 시점을 정교하게 표현한 그림책이다.

1) 수중카메라는 누구의 것이었으며, 어떻게 이곳저곳을 다니며 이런 풍경들을 찍을 수 있었는지를 유아들과 함께 상상해 볼 수 있다.

2) 이 그림책은 소년의 눈에서 카메라의 눈으로 그리고 물고기의 눈으로 시선을 옮기며 현실과 상상의 세계를 자유롭게 넘나들고 앞으로 펼쳐질 미래에 대한 기대감을 갖고 감상할 수 있게 한다. 주인공 소년은 자신이 발견한 수중카메라의 사진을 현상한 후 사진을 현미경으로 관찰하는데, 사진 속에는 로봇물고기와 인어, 비행접시가 등장하고 초록색 외계인 등, 또 다른 초현실적인 상상 인물들이 등장한다. 유아들과 상상의 세계에 대해 함께 이야기를 나누고 내가 생각하는 바닷속을 상상하며 그려보거나 수중카메라 안에 들어 있을 사진을 상상하여 꾸며볼 수 있다.

3) 마지막 장면에서 주인공 소년이 바닷가에 던진 수중카메라를 소녀가 다시 발견하는 모습이 나온다. 소녀가 수중카메라를 어떻게 했을지 자유롭게 상상해 볼 수 있다. 또한 소년이 사진을 찍었던 기법으로 친구들과 사진을 찍어 사진 속의 사진을 만들어 우리 반만의 『시간 상자』 그림책을 만들어 볼 수 있다.

아기 돼지 세마리

서지정보

작가 : 데이비드 위즈너 글/그림

옮긴이 : 이옥용

출판사 : 마루벌

출판년도 : 2002

내 용

『아기 돼지 세 마리』는 '아기 돼지 삼형제'를 패러디한 그림책이다. 늑대에게 쫓기던 돼지 세 마리가 이야기 밖으로 나와서 다른 옛이야기 속으로 들어가 용을 구해 준다. 자기들처럼 이야기 밖으로 나온 용, 고양이와 함께 여러 이야기 속으로 들어가서 놀다가 다시 셋째 돼지가 지은 집으로 돌아가서 늑대를 내쫓고 용, 고양이와 함께 살게 된다는 이야기이다.

특징 및 교육적 접근

옛이야기 '아기 돼지 삼형제'를 패러디한 그림책으로 여러 개의 옛이야기가 결합되어 표현된 그림책이다. 그림책 속에서 늑대가 훅 불었던 바람에 그만 아기 돼지가 이야기 밖으로 날아가 버린다. 그림책 속에 있던 아기 돼지가 그림 밖으로 나온다든가, 그림책의 등장인물이 다른 옛이야기 그림책의 등장인물과 만나 새로운 이야기를 꾸미는 점이 색다르다.

1) 주인공처럼 옛이야기 속에 들어갈 수 있다면 어떤 옛이야기로 들어가고 싶으며 그 옛이야기를 어떻게 바꾸고 싶은지에 대해 이야기를 나누며 새로운 내용의 그림책을 만들어 볼 수 있다.

2) 아기 돼지가 원래 이야기의 밖으로 나오면 돼지 털의 촉감이 느껴지게 정교하게 그려지고, 이야기 속으로 들어가게 되면 그림틀 안에 평면적으로 그려진다. 그림의 이런 차이에 주의를 기울이게 함으로써 그림책에 대한 이해를 도울 수 있다.

3) 옛이야기 '아기 돼지 삼형제'와 어떻게 다른지 비교해 본다.

이상한 화요일

서지정보

작가 : 데이비드 위즈너 글/그림

출판사 : 비룡소

출판년도 : 2002

내 용

어느 화요일 저녁 8시, 두꺼비와 개구리들이 공중으로 떠오른다. 주택가로 날아든 이 얼룩덜룩한 비행 군단을 밤 11시 21분, 식탁에 앉아 밤참을 먹던 남자가 보고 놀란다. 동이 트자 개구리와 두꺼비들은 제자리로 돌아간다. 아침에 출동한 경찰은 온 마을에 떨어져 있는 수련잎을 조사하고, 목격자인 밤참 먹던 아저씨는 인터뷰를 하느라 바쁘다. 다음 주 화요일 저녁 7시 58분, 또 다시 뭔가가 날아다닌다.

특징 및 교육적 접근

이 그림책은 매우 평범하고 주변에서 볼 수 있는 소재들로 시작하지만 일상적인 사고방식을 깨트려 준다. 두꺼비와 개구리들이 한밤중에 하늘을 날아다닌다. 사람들이 잠든 사이 사람들이 사는 세상을 휘젓고 다니며 주인공이 된 두꺼비들은 사람들 눈에도 띄고 동물들을 놀라게 하지만, 아침이 밝자 다 제자리로 돌아간다. 유아들은 그림책 속에 등장하는 두꺼비들을 쫓아가며 카타르시스를 느낄 수 있다.

1) 마지막장에서는 다음 주 화요일 8시라고 하며 또 다른 동물들의 비행을 암시한다. 유아들과 또 다른 동물들은 어떤 방법으로 어떤 곳을 날아다닐지 상상해 보거나 그림으로 표현할 수 있다. 유아들과 '이상한 ㅇ요일'로 제목 바꾸어 이야기 짓기, 다음 주 화요일에 어떤 일이 생길지 '뒷이야기 짓기' 또는 '내가 작가라면 이상한 화요일 밤에 어떠한 일이 일어날지 상상해 보기' 등의 활동을 해볼 수 있다.

2) 중간마다 시간과 날짜를 알려주는 글은 그림책을 읽는 독자로 하여금 이야기를 이해하며 시간적인 흐름을 알 수 있게 한다. 저녁에 시작하여 새벽, 다음날 아침까지 시간의 경과를 색의 밝음과 어두움으로 표현하고 있다. 그림 속에서 표현된 시간의 흐름을 유아들과 하나하나 짚어가며 이야기해 볼 수 있다. 그 시간에 보통 하는 일들은 무엇인지, 그 시간에 깨어본 적은 있는지, 시간의 흐름에 따라 달라지는 색들을 본 적이 있는지 등에 대해서 말이다.

자유 낙하

서지정보

작가 : 데이비드 위즈너 글/그림

해설 : 이지유

출판사 : 미래아이

출판년도 : 2007

내 용

소년이 책을 읽다 스르르 잠이 든다. 열린 창으로 불어온 바람에 소년이 읽고 있던 책 한 장이 찢겨져 푸른 들판 위로 날아가 버린다. 꿈속으로 날아간 지도를 따라 소년은 신나는 모험을 펼친다.

특징 및 교육적 접근

첫 장에는 하얀 테두리 안에 한 소년이 책을 가슴에 품고 침대 위에서 잠들어 있다. 책장을 넘기면 열린 창으로 불어온 바람에 소년이 읽고 있던 책 한 장이 찢겨져 푸른 들판 위로 날아간다. 소년이 베고 있던 베개는 하얀 구름으로 녹아들고, 소년이 덮고 있던 네모 무늬 이불은 점차 들판으로 변해 가는 등, 그림들이 변하면서 이야기가 이어진다.

1) 유아들과 변화되는 그림을 하나하나 찾으며 이야기를 만들어 본다.

2) 꿈속 그림의 위·아래에는 하얀 테두리가 있지만 좌우에는 하얀 테두리가 없이 열려 있다. 그래서 이 책을 모두 펴서 이으면 하나의 긴 두루마리처럼 연결이 된다. 유아들과 연결되는 지점을 찾아보거나 텔레비전 동화를 만들어 보는 것은 두루마리처럼 펼쳐지는 이 그림책의 특징을 더 잘 느낄 수 있는 방법이 될 것이다.

3) 그림 속 다른 작은 그림들을 보면 잠을 자는 소년의 침대 주변에 놓여 있던 후추병, 체스 말, 공룡 인형, 숟가락 등이 등장인물로 변신하며, 위즈너의 다른 그림책에 나온 다른 인물들도 등장한다. 실생활의 일상적 요소와 환상의 세계를 절묘하게 조합하여 아이들을 판타지의 세계로 이끌고 들어간다. 아이들과 함께 등장인물이 어디서 나온 것인지, 그 정체가 무엇인지 함께 찾으며 감상한다.

4) 소년이 읽고 있던 책의 내용은 과연 무엇이었을까? 어떤 책을 읽었길래 이런 상상이 펼쳐졌을지 그 책의 내용에 대해 이야기 나눈다.

활동 2-1 구름 공항 놀이하기

활동목표

- 그림책의 내용을 이해하고 감상한다.
- 그림책의 등장인물과 같이 즐거운 경험을 해 본다.

활동자료

『구름 공항』, 종이, OHP, OHP 필름, 유성 매직

활동방법

도입

- 유아들과 그림책의 주인공과 내용에 대해 이야기 나눈다.
  - 그림책 제목이 왜 구름 공항이었니?
  - 구름 공항에서는 어떤 일이 있었니?
  - 구름 공항에서 주인공이 설계한 구름이 어떻게 되었니?
  - 너희가 주인공이라면 어떤 구름을 설계해 보고 싶니?

전개

- 구름 공항 놀이를 계획한다.
  - 그림책에 있는 구름 공항이 우리 반에 있다면?
  - 구름 공항 놀이를 하려면 무엇이 필요할까?
    (구름 공항 팻말, 구름이 떠나는 시간을 알리는 시간판, 설계한 구름 등)
  - 구름 공항 놀이에 어떤 사람들이 필요할까?
    (구름을 설계하는 사람들, 구름을 내보내는 사람, 그림책 주인공)
- 구름 공항 놀이를 준비한다.
  - 구름을 설계해 보고 싶은 친구 있니?

– OHP 필름에 구름을 설계해 보자. 구름 이름을 무엇이라고 지으면 좋겠니?

– 구름 공항 놀이에 필요한 것을 만들어 보자.

- '○○반의 구름 공항' 놀이를 한다.

  – 유아들이 구름을 설계하는 사람들, 구름을 내보내는 사람, 주인공 아이가 되어 각자의 역할을 하며 놀이에 참여한다.

  – 유아들이 구름이 나가는 시간을 알리는 시간판을 보고, 구름을 내보내는 유아가 설계된 구름을 OHP 위에 올려놓는다.

  – 설계된 구름을 OHP를 통해 비추어보며 구름 공항 놀이를 한다.

마무리

- 놀이를 한 후 평가를 한다.

  – 구름 공항 놀이를 해 보니 어떤 기분이 드니?

  – 너희가 직접 설계한 구름이 OHP를 통해 비춰졌을 때 어땠니?

  – 재미있었던 점, 다르게 해 보면 좋을 부분에 대해 이야기해 보자.

활동 2-2 화요일에 일어난 일 기사 쓰기

활동목표

- 그림책의 내용과 특징을 이해한다.
- 그림책에 있는 내용을 기사로 표현할 수 있다.

활동자료

『이상한 화요일』, 종이, 신문, 그림책 스캔한 사진, 사인펜, 색연필, 가위, 풀

활동방법

도입

- 『이상한 화요일』의 내용과 특징을 회상한다.
  - 그림책 제목이 왜 이상한 화요일이니?
  - 화요일에 어떤 일이 생겼을까?
  - 다음 화요일엔 어떤 일이 생길까?

전개

- 신문에 대해 이야기 나눈다.
  - 신문을 본 적이 있니?
  - 너희들이 본 신문에는 어떤 내용들이 있니?
  - 우리도 화요일에 일어난 일을 소개하는 신문을 만들어 보면 어떨까?
- 『이상한 화요일』에서 일어난 일을 신문기사로 만든다.
  - 신문을 만들려면 어떤 사람들이 필요할까?
  - 신문을 만들려면 어떤 재료들이 필요할까?

–내가 기자라면 『이상한 화요일』의 어떤 부분을 신문에 쓰면 좋겠니?

–기사의 제목은 무엇으로 하고 싶니?

마무리

- 『이상한 화요일』에 일어난 일에 대한 기사를 소개한다.

  –신문을 만들면서 어떤 마음이 들었니?

  –신문을 만드는 기자가 되어보니 어떤 생각이 들었니?

레오 리오니 THREE

- 1910년 네덜란드 암스테르담 출생
- 1922년 부모님이 미국으로 가 있는 동안, 벨기에에서 할아버지와 함께 지냄
- 1924년 필라델피아에서 부모님과 함께 살게 됨
- 1925년 이탈리아의 제노아로 가서 학교를 다님
- 1931년 학교 동급생의 여동생과 결혼
- 1933년 아들을 낳고, 1938년 둘째 아들을 낳음
- 1939년 미국 뉴욕에서 디자이너로 일하기 시작
- 1959년 그림책 만들기 시작
- 『꿈틀꿈틀 자벌레』, 『으뜸헤엄이』, 『프레드릭』, 『새앙쥐와 태엽쥐』로 칼데콧 아너상 수상
- 1999년 사망

대표작

『프레드릭』, 『새앙쥐와 태엽쥐』, 『파랑이와 노랑이』, 『물고기는 물고기야!』, 『으뜸헤엄이』, 『서서 걷는 악어 우뚝이』, 『세상에서 제일 큰 집』, 『내 거야!』, 『꿈틀꿈틀 자벌레』, 『아주 신기한 알』, 『티코와 황금날개』, 『저마다 제 색깔』, 『여섯 마리 까마귀』, 『한 해 열두 달』, 『그리미의 꿈』, 『작은 조각』, 『알파벳 나무』

1. 작가 소개

1) 생애

레오 리오니는 1910년 네덜란드 암스테르담에서 태어났다. 어렸을적 레오 리오니는 무엇이든 모으기를 좋아했다. 방에는 온갖 종류의 동물과 식물, 곤충, 물고기, 조약돌, 조개껍데기들이 가득 차 있었다. 한 때 레오 리오니와 함께 동거했던 달팽이, 나비, 쥐, 뱀, 물고기들은 50년 뒤에 그림책의 주인공들로 다시 살아났다. 어렸을 때 자신의 방에 있던 동물들에 대한 이미지가 너무 뚜렷하여 나중에 그림을 그릴 때 특별히 자연도감 같은 것을 보지 않고도 얼마든지 그들의 이미지를 그려 낼 수 있었다고 한다(About Leo Lionni, http://www.random-house.com/kids, 2012년 12월 13일 인출).

레오 리오니는 풍부한 자연 환경뿐만 아니라 풍부한 예술 환경 속에서 살았다. 집에서 얼마 떨어지지 않은 곳에 유명한 두 개의 미술관이 있었다. 레오 리오니는 미술관까지 걸어가서 거기서 그림들을 스케치하곤 했다. 학교 미술시간에도 그림 그리기를 무척 즐겼다. 레오 리오니는 삼촌에게 그림 그리기를 배우기도 했다. 그의 삼촌들 가운데 화가도 있었고 미술품 수집가도 있었다. 그가 살던 집에는 샤갈의 그림이 걸려 있었다. 유명한 예술작품들을 아침, 저녁으로 보고 마음만 먹으면 한걸음에 닿을 수 있는 미술관 근처에 살면서 리오니는 자연스럽게 예술가로 살아갈 것을 꿈꾸게 되었다. “내 꿈은 화가야!”라고 말하는 『그리미의 꿈』에서의 그리미, “넌 정말 시인이구나.” 하는 친구들의 칭찬에 부끄러운 듯 고개를 숙이며 “나도 알아!”라고 말하는 『프레드릭』의 프레드릭이 바로 레오 리오니 자신의 모습이었던 것이다.

열두 살 되던 해, 부모와 떨어져 벨기에 브뤼셀의 할아버지 집에서 지내게 되었다. 이때도 현대 미술품을 수집하던 또 다른 친척 덕분에 미로, 피카소, 키리코, 모딜리아니, 막스 에른스트와 같은 유명한 현대 화가들의 작품을 직접 볼 수 있었다. 2년 후 그는 다시 미국의 필라델피아로 가게 된다. 거기서 퀘이커 학교에 1년 다니다가 다시 이탈리아로 가게 되었다. 이탈리아로 가면서 레오 리오니는 네델란드어, 독일어, 불어, 영어에 이어 이탈리아어까지 5개 국어를 하게 되어 좋아했다고 한다.

어렸을 때부터 여러 나라로 돌아다니며 여러 언어를 배웠던 그의 경험은 자연스레 자신의 정체성, 차이와 차별에 대한 고민을 하게 만들었을 것 같다.『저마다 제 색깔』이나『작은 조각』은 자신의 진짜 모습이 무엇인지 찾고 싶어 하는 소망을 주제로 한다.『한 해 열두 달』같은 작품에서는 서로 다른 존재들끼리의 우정에 대해 이야기한다.

레오 리오니는 이탈리아에서 학교를 다니며 거기서 사랑하는 사람을 만나 결혼을 해 아이를 낳고 공부를 계속하면서 창작 작업으로 이름을 날리게 되었다. 하지만 세계 대전이라는 암울한 시대의 불행을 비껴 나갈 수 없었고, 이탈리아에 서서히 불어 닥친 파시스트 광풍에 유대인으로서 망명이라는 선택을 할 수 밖에 없었다. 그가 이탈리아를 떠난 것이 결코 자발적 선택이 아니었다는 것은 은퇴 이후 부인과 함께 이탈리아로 돌아가 돌로 된 농장 집을 사서 일 년에 반은 이탈리아에서 지냈다는 것만 보아도 알 수 있다. 전쟁과 망명, 유대인에 대한 학살과 차별을 겪은 그는 평화에 대한 간절한 염원을 가지게 되었다.

사람들 사이의 갈등과 문제는 대화로 해결할 수 있음을『여섯 마리 까마귀』에서 이야기하고,『알파벳 나무』에서는 평화를 염원하는 강력한 메시지를 직접적으로 이야기하고 있다.『내 거야!』에서도 서로 욕심을 부리고 싸우는 것이 모두를 불행에 빠뜨리는 것임을 보여준다.

레오 리오니는 미술을 전공하지 않았다. 그는 제노아에서 경제학으로 박사학위를 받았다. 하지만 미국에 도착해서 그가 시작한 일은 디자인이었다. 그는 빠르게 성장하여 곧 미국에서 가장 유명한 디자이너의 반열에 오르게 되었다. 디자인 회사에서 다양한 상업 디자인 작업을 활발하게 하던 그는 '국제 디자인 학회(International Design Conference)'를 창립하는 데 주도적으로 나서기도 했다.

레오 리오니는 정치적·사회적 관심을 놓치지 않고, 사회문제를 해결하는 데 기여하고자 했다. 이런 그의 삶의 태도는『으뜸헤엄이』나『서서 걷는 악어 우뚝이』에 잘 나타나 있다. 문제가 생겼을 때 주저앉지 않고 스스로 나서서 행동을 조직하고 문제를 해결했던 헤엄이처럼, 자신이 살고 있는 환경에 안주하지 않고 앞장서서 뭔가 새로운 것을 보여주고자 노력했던 우뚝이처럼, 누군가 앞장서서 행동한다면 뭔가 달라질 것이라는 생각을 한 것이다.

열정적으로 활발하게 일해 오던 레오 리오니는 나이 50살이 되면서 상업적인 디자인 작업의 한계를 느끼고 이른 은퇴를 결심했다. 그러던 어느 날, 레오 리오니는 정말 우연히 그러나 운명처럼 그림책 작가로서의 새 삶을 시작하게 되었다. 손주들과 기차 여행을 하다가 손주들이 몹시 지루해 하는 걸 보고 잡지책 하나를 꺼내 그 자리에서 동그라미 두 개를 손으로 오려 들려주었던 이야기가 그림책으로 만들어져 나온 것이다. 그때부터 레오 리오니는 죽을 때까지 꾸준히 작업하여 40권의 그림책을 남겼다.

그림책을 만들기 시작하면서 레오 리오니는 자연스레 어린 시절 한 방에서 같이 지냈던 동물 친구들을 떠올렸다. 그 친구들의 입을 빌려 그 친구들이 경험하는 사건들을 통해 레오 리오니는 자신이 평생 살아오면서 고민하며 생각하고 실천했던 정체성의 문제, 예술에 대한 꿈, 세계 평화에 대한 기원, 행복한 삶 등에 대한 자신의 깨달음을 이야기했다.

그의 그림 역시 그림책 역사에 새로운 영감을 불어넣었다. 오랫동안 디자인 작업을 해온 그의 이력에서 알 수 있듯이 그의 그림들은 회화보다는 디자인에 가깝다. 바탕은 대개 흰 공간으로 남겨져 있고 콜라주를 자주 사용했다. 이러한 그의 작업방식은 에릭 칼, 에즈라 잭 키츠와 같은 작가들에게 영향을 주었다(김영욱, 2013). 특히나 에릭 칼은 레오 리오니처럼 동물들을 주인공으로 한다는 점 등에서 많은 부분 비슷한 분위기를 띠고 있다.

레오 리오니는 어린 시절 예술에 대한 열정을 키웠으며, 장년 시절 자신의 재능과 열정을 꽃 피워 사회적으로 참여하고 실천하였으며, 마지막으로 노년기에는 예술에 대한 열정과 삶에 대한 자신의 깨달음을 다음 세대를 위한 그림책에 잘 담아내다 1999년, 우리 곁을 떠났다.

2) 작품 세계

① 깨달음 혹은 가르침

레오 리오니를 가리켜 사람들은 '현대 우화의 거장'이라고 한다. 우화란 동물이 등장하는 교훈이 있는 짧은 이야기를 말한다. 그의 그림책에 등장하는 동물들은 어렸을 때 그의 방에서 함께 지내던 동물들이다. 온갖 동물들과 식물들을 사랑했던 어린 시절이 있었기에 사람보다는 동물들이 등장하는 이야기를 그리는 것이 훨씬 자연스러웠을지 모른다. 또한 많은 어린이들 역시 어린 시절의 레오 리오니처럼 동물들을 사랑하고 동물들에 대한 호기심으로 가득 차 있기에 레오 리오니의 그림책에 자연스레 공감하게 되는 것이다.

레오 리오니는 자기 자신 속에 있는 어린이를 위하여 그림책을 만든다고 했다(김서정, 2013). 어린이의 마음을, 어렸을 때의 추억을 잊지 않고 고이 간직했기에 쉰이라는 나이를 앞두고 그림책 작가가 된 것은 어쩌면 예정된 너무나 자연스러운 일일 것이다.

레오 리오니의 그림책이 현대 우화로 불리는 또 하나의 이유는 레오 리오니의 그림책에는 삶에 관한 짧은 깨달음 혹은 가르침들이 들어 있기 때문이다. 모든 그림책들이 저마다 하고 싶은 이야기와 보여주고 싶은 세상을 담고 있지만, 그 이야기와 세상은 작가마다 다르다. 어떤 작가들은 가르침이나 깨달음을 이야기하기보다는 정서적 공감을 더 원하는 작가도 있고, 어떤 작가는 새로운 것을 보여주기를 더 좋아하는 작가도 있으며 또 어떤 작가들은 이 세상에 없는 것을 만들어 내어 보여주는 것을 더 즐기는 작가들도 있다. 작가가 하고 싶은 이야기가 무엇인지 노골적으로 드러내는 작가도 있고 숨겨놓는 작가도 있으며, 무엇이 되었든 독자들이 찾도록 열어놓은 작가도 있다. 레오 리오니의 그림책들은 어떤 책을 보아도 "아, 이런 이야기를 하고 싶은 거구나!", "아, 인생에서 이런 게 중요하구나!" 하는 생각을 저절로 하게 만든다.

우리보다 앞서 삶을 살면서, 전쟁이라는 격변의 세월을 겪으면서, 현대 사회의 급격한 변화를 목도하면서, 어린 시절에 대한 향수와 추억을 간직한 상업 예술가로 살면서, 한 집안의 가장과 남편으로 살면서 그가 깨달은 삶의 의미들은 어떤 것일까? 레오 리오니는 무엇보다도 자기 자신을 아는 것이 중요하다는 이야기를 하고 싶어 했다. 2500년 전 소크라테스가 말했으며, 그 이후 동서고금의 많은 철학자들과 사상가들이 이야기한 그 깨달음, '너 자신을 알라!'라는 메시지가 여러 작품들 속에서 반복적으로 나타난다.

『작은 조각』에서 '조각'은 크고 많은 조각들로 이루어진 친구들을 보면서 자신은 분명 누군가의 조각일 거라고 생각한다. 자신이 떨어져 나온 그 전체를 찾아 나선다. 힘들고 어려운 길을 가다가 결국 높은 언덕에서 굴러 떨어져 산산조각이 나고 만다. 그리고 그때 깨달은 것은 '나 역시 여러 조각으로 이루어진 완전한 나이구나!'라는 것이다. 누군가와 비교하는 것이 아니라 자신의 존재 그 자체로 완전하다는 걸 깨닫는 것이야말로 자신을 사랑하는 가장 중요한 출발이다. '나는 나!'라는 것을 알고, 그것을 인정하는 것이 얼마나 기쁜 일인지, 스스로 자신을 인정해야만 세상 속에서 당당하며 누군가와 관계 맺고 스스로 삶을 헤쳐 나갈 수 있다는 것을 작은 조각이 우리에게 알려준다.

『파랑이와 노랑이』에서도 파랑이와 노랑이가 각자 자신의 색깔을 갖고 있다가 함께 놀면서 자신의 색깔을 잃어버린다. 엄마와 아빠는 색깔이 달라진 파랑이와 노랑이를 알아보지 못한다. 엄마, 아빠가 자신을 알아보지 못하는 현실 앞에 둘은 슬퍼서 하염없이 눈물을 흘린다. 그러다 보니 어느새 자신의 색깔을 다시 찾게 되었다. 파랑이가 파랑이일 수 있는 것, 노랑이가 노랑이일 수 있는 것, 시간이 지나도 변하지 않는 자기만의 정체성을 가지고 살아간다는 것의 의미는 뭘까? 그리고 파랑이가 노랑이랑 놀다가 색깔이 변했다가 다시 이전의 파랑이와 노랑이로 돌아갔을 때 처음의 파랑이, 노랑이랑 이후의 파랑이, 노랑이랑 다른 걸까? 같은 걸까?

내가 나임을 알아야 스스로 자신 삶의 주체가 될 수 있다. 내가 나임을 알 수 있는 것은 도전과 시련을 통해서이다. 색깔이 달라지고, 부모가 알아보지 못하는 시련을 통해 파랑이, 노랑이는 이제 더욱 분명하게 자신이 누구인지를 알게 된 것이다. 그러므로 시련을 겪기 이전의 파랑이, 노랑이와 이후의 파랑이, 노랑이는 분명 같은 파랑이와 노랑이지만 똑같기만 하지는 않다. 더 단단해지고, 더 씩씩해진 자아를 가진 파랑이, 노랑이가 되는 것이다.

자신을 찾았으면 이제 남은 문제는 '어떻게 살 것인가'이다. 사람들은 대개 행복한 삶을 살고자 노력한다. 행복한 삶이란 무엇인가? 행복은 어디서 오는가? 레오 리오니가 행복하게 살기 위한 방법으로 우리에게 제안하는 것은 자신이 가진 것에 만족하는 것이다.

『세상에서 가장 큰 집』에서 달팽이 아빠는 자기의 집이 작다고 불평하는 달팽이 아들에게 세상에서 가장 큰 집을 지었다가 결국 굶어 죽게 된 달팽이 이야기를 들려준다. 욕심을 부리면 그 끝은 결국 불행하게 될 수밖에 없다는 이야기다. 자신이 가진 것에 만족하며 사는 것이 삶의 최선일 것이다.

『물고기는 물고기야』에서는 집뿐만 아니라 사는 동네마저도 자신이 현재 살고 있는 그 곳, 그 곳에 사는 자신의 모습에 만족하는 것이 삶을 더 윤택하게 만들어주는 것이라고 말한다. 이런 만족은 지식과 경험을 통해 가능하다. 다른 세계를 경험하고 다른 세계를 아는 것이 현재 자신이 사는 세계에 대한 만족으로 이어질 것이다.

『새앙쥐와 태엽쥐』는 우정에 관한 이야기인 동시에 자신의 정체성에 대한 이야기며 또한 생명의 소중함에 대한 이야기다. 생쥐는 태엽쥐가 마냥 부럽기만 하다. 자신과는 다른 환경에 살며 자신과는 다른 대접을 받고 자신과는 다른 삶을 사는 태엽쥐가 부러워 마법의 힘을 빌어서 태엽쥐가 되고자 한다. 하지만 버려진 태엽쥐를 보며 자신의 처지가 훨씬 낫다는 것을 깨닫고 태엽쥐를 생쥐로 만들어 함께 지내기로 한다. 자신이 가진 것보다 다른 사람이 가진 것을 더 부러워하기만 한다면 그 삶은 불행할 수밖에 없다.

자신이 가진 것에 만족하기 위해서는 먼저 자신을 돌아보아야 한다. 자신이 어떤 존재인지를 묻고 자신에게 필요하다 여겨지는 것, 자신이 욕심내는 것들이 자신에게 어떤 의미인지를 물어야 한다. 레오 리오니는 우리에게 그런 물음과 그 물음에 대한 자신의 답을 이야기한다. 자신이 가진 것에 만족하는 것이 행복하게 사는 방법이라고 말한다.

② 함께 하는 삶

자신의 모습을 알며 자신이 가진 것에 만족하고 자신의 현재에 충실한 것만으로 삶은 행복해지지 않는다. 여기서 남은 문제는 바로 나라는 존재가 주변과 함께 존재하며 나는 결국 다른 존재들과의 관계 속에서 만들어지는 존재라는 것이다. 그러므로 행복하게 살기 위해서는 주변 사람들과 함께 살아가야 한다.

『내 거야!』에서 개구리들은 밤낮 없이 싸우는데, 홍수에 연못이 잠길 위기에 처한다. 그때 두꺼비의 도움으로 개구리들은 살아난다. 죽음의 위기에서 살아난 그들은 이제 더 이상 싸우지 않는다. 서로 자기 것이라 우기던 공기, 물, 땅으로 어우러진 자신들의 섬을 바라보며 "우리 거야!"라고 말하며 행복해 한다. 내 것을 고집하기보다는 함께 나누는 삶이 훨씬 행복할 수 있다는 것이다.

『여섯 마리 까마귀』는 농부와 밀을 두고 계속 싸운다. 그때 부엉이는 "대화를 해 봐. 대화는 마술을 부리거든." 하며 조언을 한다. 농부와 까마귀는 친한 친구처럼 대화를 한다. 마음을 열고 서로의 이야기에 귀를 기울이면 우리의 마음에 평화가 찾아온다. 함께 평화롭게 살기 위한 가장 기본적이고 가장 중요한 방법은 대화이다. 대화를 통해 여럿이 함께 평화롭게 사는 것이 가능하다.

『한 해 열두 달』은 생쥐와 나무의 우정을 그렸다. 생쥐와 나무들이 한 해 열두 달 동안 서로의 차이를 인정하며 어떻게 우정을 쌓아가는지를 보여준다. 서로가 서로의 존재를 인정한다는 것은 존재 그 자체로 인정하는 것이다. 서로의 존재를 있는 그대로 인정할 때 차이는 더 이상 관계의 장벽이 아니다. 이 세상에 존재하는 모든 존재들은 서로 다를 수밖에 없다. 서로가 다름을 인정하는 것으로부터 관계는 시작된다. 서로 다르다는 것은 관계를 더욱 공고하게, 아름답게 만들어준다.

티코도 그렇다. 『티코와 황금날개』에서 날개가 없어 친구들의 도움으로 살아가던 티코는 어느 날 황금날개를 얻게 되지만 그로 인해 친구들이 떠난다. 티코가 자신의 황금 깃털을 도움이 필요한 사람들에게 나누어 주자 황금 깃털이 빠진 그 자리에 검고 부드러운 깃털이 자란다. 검고 부드러운 날개를 가진 티코는 마침내 친구들이 있는 곳으로 돌아온다. "내 날개도 친구들처럼 새까맣지만 나와 친구들이 똑같은 건 아니야. 우리는 모두 제각기 서로 다른 새들이지. 저마다 다른 기억들이 있고 또 저마다 다른 보이지 않는 황금빛 꿈들이 있지." 티코는 모두들 제각기 다르지만 그 친구들이 있어 행복함을 안다.

레오 리오니는 이렇게 자신이 누군지를 알고, 자기 자신으로 만족하며 살아가지만 그것이 다는 아니라는 이야기를 하고 싶어 한다. 사람들 속에서, 사회 속에서 살아가는 존재로서 때로는 삶의 문제와 갈등을 해결하기 위한 적극적인 행동과 노력이 필요함을 이야기한다.

『으뜸헤엄이』는 그런 점에서 자신 삶의 문제를 해결하기 위해 적극적으로 노력하는 한 개인이 다수의 대중을 이끌고 행동의 선두에 나서는 과정을 보여주었다고 할 수 있다. 레오 리오니가 자신의 영역에서 스스로 사회적 문제 해결을 하고자 정치적 슬로건을 만들고 디자이너들의 모임을 조직(About Leo Lionni, http://www.randomhouse.com/kids, 2013년 5월 15일 인출)했던 것처럼 말이다.

『알파벳 나무』는 행동하는 삶을 보다 더 직접적인 정치적 메시지와 더불어 보여준다. 시련을 겪고 스스로 삶의 의지를 거둔 채 나무 밑에서 숨어만 사는 글자들에게 벌과 애벌레는 글자를 만들면서 자신의 삶의 의미를 찾고, 나아가 보다 분명한 메시지를 만들 것을 권한다. 이런 과정을 통해 글자들은 새로운 삶의 지평을 보게 된다. 이 그림책은 베트남 전쟁을 보면서 평화에 대한 갈구를 레오 리오니 방식으로 표현한 것이다(About Leo Lionni, http://www.randomhouse.com/kids,

2013년 5월 15일 인출). 애벌레는 '지구에 평화를, 모든 사람들에게 사랑을'이라는 문구를 등에 업고 대통령 할아버지에게 간다. 지구의 평화에 대한 위정자들의 노력과 책임을 촉구하며 동시에 대중의 행동을 조직하는 깨달은 자의 행동이 가지는 의미를 보여준다.

레오 리오니는 우리에게 잘 사는 삶의 전범을 보여주고 있다. 자신이 살아왔던 삶처럼 자기가 누구인지를 알고 자신의 모습 그 자체를 사랑하며 예술을 즐기고 예술 속에서 살아가면서 주변 사람들과 함께 서로 도우며 삶의 문제를 적극적으로 해결하고자 스스로 행동하며 살아가는 모습, 그것이 잘 살고 있다! 혹은 잘 살았다! 자부할 수 있는 삶의 모습이라고 그는 자신의 작품들을 통해 말하고 있다. 그가 살아왔던 그 삶의 흔적과 노력들이 그대로 그림책 속에 담겨져 이제 그는 더 이상 세상에 존재하지 않으나 독자들의 가슴속으로 고스란히 전해진다.

③ 예술의 힘

레오 리오니는 예술적으로 풍부한 환경에서 자랐다. 그에게 삶과 예술은 따로 떼어내 생각할 수 없을 만큼 그는 어렸을 때부터 자연스럽게 예술을 즐겼고 예술가가 될 것을 꿈꾸었다.

『그리미의 꿈』에서 그리미는 가난한 집에서 의사가 되라는 부모님의 소망에도 불구하고 미술관에 다녀온 뒤 화가가 되겠다는 꿈을 꾼다. 그리고 기쁨에 가득 차서 그림을 그린다. 화가가 된 그리미는 미술관에 걸린 자신의 그림 제목을 묻는 이들에게 대답한다. "나의 꿈이랍니다." 미술관과 집에서 그림을 보거나 그림을 그리면서 화가의 꿈을 키웠던 레오 리오니의 어린 시절과 인생을 담고 있는 이야기처럼 보인다.

예술은 자신이 어떤 존재인지를, 자신이 원하는 것이 무엇인지를 강력하게 고민하게 만든다. 자신의 정체성에 대한 치열한 고민을 통해 예술가들은 예술가로서 자신의 삶에 만족하게 되는 것이다. 그러나 예술은 이렇게 한 개인으로서의 정체성을 찾고 자신을 표현하는 것에 국한되지 않는다. 예술은 함께 살아가는 사람들에게 영향을 준다. 그러한 영향을 잘 보여주는 것이 『프레드릭』이다. 『프레드릭』은 한겨울, 친구들에게 여름의 햇살과 봄날의 찬란한 들판 이야기를 들려준다. 레오 리오니는 입으로 먹는 음식도 중요하지만, 마음을 살찌게 만드는 예술이 우리의 삶을 풍요롭게 해 준다는 것을 프레드릭을 통해 보여준다. 레오 리오니가 생각하는 예술은 먹는 것만큼이나 중요하다. 춥고 배고플 때 프레드릭이 들려주는 이야기는 들쥐 친구들에게 햇살의 따뜻함을 전해 주고 봄날과 여름날, 가을날의 찬란한 색깔들을 보여준다. 그로 인해 쥐들은 다시 행복해질 수 있었다. 풍요로울 때나 어려울 때나 인간은 예술을 통해 행복을 만끽할 수 있다.

『서서 걷는 우뚝이』 역시 일상에서 만족하고 매사에 실용적 가치만을 묻는 친구들과 달리 새로운 경험, 신선한 재미를 추구하는 우뚝이를 통해 우리의 삶이 재미있고 풍부해질 수 있다는 것을 보여준다. 이것은 예술이 창조적 행위이며 예술을 통해 우리의 삶이 더 풍요로워 질 수 있다는 것을 의미한다.

레오 리오니는 예술은 우리의 삶을 풍요롭게 할 뿐만 아니라, 우리의 삶을 변화시킬 수도 있다고 생각했다. 그것이 예술이 가진 힘이다. 예술의 힘을 작품과 자신의 삶을 통해 보여준 작가가 바로 레오 리오니이다.

2. 그림책 안내

세상에서 제일 큰 집

서지정보

작가 : 레오 리오니 글/그림

옮긴이 : 이명희

출판사 : 마루벌

출판년도 : 2003

내 용

큰 집을 짓고 싶어 하는 어린 달팽이에게 아빠 달팽이는 세상에서 제일 큰 집을 지었던 달팽이 이야기를 들려준다. 세상에서 가장 큰 집을 짓고 싶었던 달팽이는 집은 작고 가벼워야 다니기 쉽다는 아빠 달팽이의 말을 무시하고 몸을 이리저리 꿈틀거리고 빙빙 돌려 집을 크게 짓기 시작했다. 다른 달팽이들이 정말 세상에서 가장 큰 집이라고 말해 주어도 점점 더 큰 집을 지었다. 나비와 개구리들의 감탄도 들었다. 하지만 양배추 잎을 다 갉아먹고 다른 양배추로 옮겨가야 할 때 꼬마 달팽이는 집이 무거워 꼼짝도 할 수 없었다. 결국 아무 것도 먹지 못한 채 서서히 사라져야 했다. 이 이야기를 듣고 꼬마 달팽이는 자신이 짓고 싶은 집에 대해 생각해 본다. 자유롭게 다닐 수 있는 작은 집이 있어 어린 달팽이는 행복했다.

특징 및 교육적 접근

달팽이 아빠가 자기의 집이 작다고 불평하는 달팽이 아들에게 세상에서 제일 큰 집을 지었다가 결국 굶어 죽게 된 달팽이 이야기를 들려준다. 아빠 달팽이의 이야기를 들은 달팽이는 세상에서 가장 큰 집을 포기하고 세상을 나섰다. 달팽이의 마음은 행복했다. 그것은 큰 집을 포기해서가 아니라 욕심을 포기하고 자신이 정말 행복하게 사는 것이 어떤 것인지 생각하고 행동에 옮겼기 때문이다. 유아들과 달팽이의 행복에 대해 함께 이야기해 보고 내가 생각하는 행복은 어떤 것인지 생각해 보도록 하는 그림책이다.

1) 세상에서 가장 큰 집을 짓겠다고 했던 어린 달팽이는 아빠의 이야기를 듣고 집짓기를 포기한다. 이 이야기를 바탕으로 욕심을 부리는 여러 이야기를 들려주고 그 가운데 한 경우를 골라 이야기 주인공에게 들려줄 이야기를 만들어 본다.

"세상에서 가장 부자가 되고 싶어서 날마다 돈을 모으는 사람이 있어.
이 사람한테 어떤 이야기를 들려주면 좋을까?"

"세상에서 가장 큰 귀를 갖고 싶어 하는 토끼가 있어.
이 토끼한테 어떤 이야기를 들려주면 좋을까?"

여섯 마리 까마귀

서지정보

작가 : 레오 리오니 글/그림

옮긴이 : 이명희

출판사 : 마루벌

출판년도 : 2004

내 용

평화로운 마을에 한 농부가 밀밭을 돌보며 살고 있었다. 밀이 다 익어갈 무렵 까마귀들이 밀밭에 내려앉아 이삭을 쪼아 먹기 시작했다. 농부는 까마귀들을 쫓아내려고 허수아비를 세웠다. 까마귀들은 나무껍질과 마른 잎으로 허수아비를 쫓아낼 새를 만들었다. 곧 칼 두 자루를 들고 있는 커다란 허수아비가 세워졌다. 까마귀들은 더 사납게 생긴 새를 만들었다. 이것을 지켜본 부엉이는 농부와 까마귀를 찾아가 서로 대화를 해 보라고 권한다. 농부와 까마귀는 만나서 이야기를 시작했다. 처음에는 화가 나서 자기 주장만 했지만 차츰 마음을 열고 서로의 이야기를 듣기 시작했다. 농부와 까마귀가 함께 밭으로 가자 밭에 서 있던 허수아비도 미소 짓는다. 마술이 일어난 것이다.

특징 및 교육적 접근

1) 이 그림책은 마음을 터놓고 하는 대화의 중요성에 대해 이야기하고 있다. 까마귀들과 농부가 서로 대적하는 모습을 보고 부엉이가 대화를 해 보라고 권유한다. 유아들과 함께 까마귀와 농부의 입장이 되어 역할 놀이를 해 보거나 주인공들에게 인터뷰 등을 통해서 서로의 입장에 대해 들어보고 대화를 하는 것이 왜 중요한지 이야기를 나누어 볼 수 있다.

2) 말이 통할 때와 안 통할 때, 언제 말이 안 통하는지, 말이 안 통하는 이유는 무엇인지 이야기해 본다.

3) 대화와 관련된 여러 가지 경험을 회상해 보고, 그 경험을 바탕으로 대화가 왜 중요한지, 어떻게 하면 대화를 잘할 수 있는지 이야기해 본다. 또한 좋은 대화를 위해 필요한 규칙들을 찾아보고 유아들이 서로 짝을 지어 대화를 해 보게 한다. 그냥 대화했을 때와 규칙을 생각하고 지켜가면서 대화했을 때의 차이점에 대해 함께 이야기를 나누어 볼 수 있다.

으뜸헤엄이

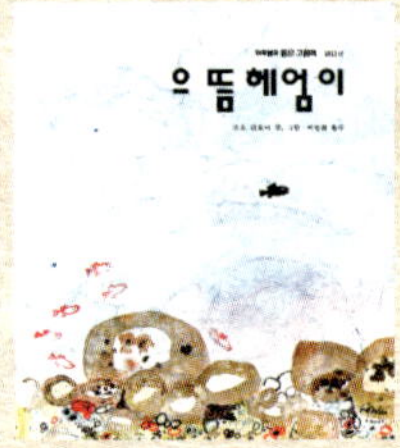

서지정보

작가 : 레오 리오니 글/그림

옮긴이 : 이명희

출판사 : 마루벌

출판년도 : 1997

내 용

으뜸헤엄이는 다른 친구들보다 헤엄을 잘 치는 작은 까만색 물고기다. 어느 날 무섭고 날쌘 다랑어 한 마리가 나타나 으뜸헤엄이의 친구들을 모두 잡아먹었다. 으뜸헤엄이는 바닷속 깊이 헤엄쳐 들어갔다. 무섭고 외롭고 쓸쓸했지만 바닷속 여기저기 구경하며 헤엄쳐 다니면서 신기한 것들을 보자 기분이 곧 나아졌다. 그러다가 자신과 똑같이 생긴 물고기들의 무리를 만났다. 으뜸헤엄이는 큰 물고기가 무서워 헤엄치며 돌아다닐 수 없다는 작은 물고기들에게 모두 모여 큰 물고기 모양을 만들고 자신이 눈이 되면 맘껏 헤엄을 칠 수 있지 않겠냐고 설득했다. 물고기들은 으뜸 헤엄이의 말대로 큰 물고기 모양을 만들어 아침에도, 한낮에도 자유롭게 헤엄을 치며 다녔다.

특징 및 교육적 접근

이 책은 으뜸헤엄이가 친구들을 잃고 혼자 여행을 하다가 다시 친구들을 만나 새로운 삶을 시작하는 이야기다. 이 과정에서 으뜸헤엄이의 감정들이 바뀐다.

1) 유아들과 함께 으뜸헤엄이의 감정이 무엇이었는지, 그리고 왜 그런 감정을 갖게 되었는지 으뜸헤엄이와 작은 물고기들, 다른 물고기들의 감정에 대해 이야기해 보고 바닷속을 함께 꾸민 뒤 말풍선을 그려넣고 말풍선 안에 각자의 생각이나 느낌을 적어보는 활동을 해 볼 수 있다.

2) 으뜸헤엄이는 문제가 있을 때 용기와 지혜로 문제를 해결하는 주인공이다. 큰 다랑어에게 친구들이 잡아먹혔는데도 불구하고 숨어버린 작은 물고기들을 설득해서 큰 물고기 모양을 만들어 아침에도, 한낮에도 자유롭게 헤엄을 치며 다닐 수 있도록 하였다. 유아들과 함께 작고 약한 존재들이 힘을 합쳐서 할 수 있는 일들이 어떤 것이 있는지 이야기해 본다.

3) 그림책의 그림이 물감의 번짐과 모양을 새긴 후 찍기 기법으로 표현되어 있다. 다양한 색의 마블링을 사용한 바닷속 묘사는 바닷속을 신비롭고 환상적으로 보이게 해 준다. 유아들과 이러한 다양한 기법을 활용하여 바닷속을 꾸며볼 수 있다.

티코와 황금날개

서지정보

작가 : 레오 리오니 글/그림

옮긴이 : 이명희

출판사 : 마루벌

출판년도 : 2008

내 용

티코는 날개 없는 새였다. 황금 날개를 꿈꾸며 친구들의 도움으로 살고 있었다. 어느 날, 티코는 소망의 새를 만나 황금 날개를 가지게 되었다. 그러나 친구들은 티코가 자신들과 다르다며 티코 곁을 떠났다. 티코는 몹시 외로웠다. 그러던 어느 날, 울고 있는 한 남자의 이야기를 듣고 자신의 황금 깃털을 하나 뽑아 주었다. 남자는 몹시 기뻐했다. 그 뒤로 티코는 황금 깃털을 하나씩 하나씩 나누어 주게 되었다. 황금 깃털이 빠진 곳에서는 검은 깃털이 자랐다. 드디어 새까만 깃털을 가진 새가 되어 친구들 곁으로 가자 친구들은 이제 자신들과 똑같아졌다며 티코를 기쁘게 맞아 주었다. 하지만 티코는 속으로 자신과 친구들은 저마다 다른 기억과 꿈이 있기에 똑같지 않다고 생각한다.

특징 및 교육적 접근

이 그림책은 서로 같음과 다름, 누군가를 돕는 것, 우정, 자아정체성에 대해 이야기하고 있다. 주인공 티코는 날개가 없다. 날개가 없을 때 티코의 친구들은 티코를 기꺼이 도와준다. 그러나 티코에게 황금 날개가 생겼을 때 티코의 친구들은 티코가 자기네와 다르다고 싫어한다. 검은 깃털을 가지고 돌아왔을 때 친구들은 그제야 자기네와 똑같다고 반긴다.

1) 티코를 잘 도와주었던 친구들이 서로 다르다고 티코를 싫어하는 부분에 대해 티코의 입장에서 어떤 마음이 들지, 서로 다르다는 것은 어떤 것인지, 다른 친구들을 어떻게 대해 주어야 하는지에 대해 이야기 나누어 본다.

2) 친구들이 떠난 뒤 티코는 딱한 사정이 있는 사람들이 보이게 되고, 그들에게 자신의 황금 깃털을 뽑아 도와준다. 도와주었을 때 티코의 황금 깃털로 인해 기뻐하는 한 남자를 보고 또 다른 깃털을 나누어 준다. 나의 어떤 것이 다른 사람들을 돕는 데 쓰일 수 있을지, 다른 사람들을 도울 수 있는 부분에 대해 유아들과 함께 이야기해 볼 수 있다.

파랑이와 노랑이

서지정보

작가 : 레오 리오니 글/그림

옮긴이 : 이경혜

출판사 : 파랑새

출판년도 : 2003

내 용

파랑이와 노랑이는 친구다. 파랑이는 노랑이를 만나자 반가워 꼭 껴안는다. 너무 오래 껴안고 있다 보니 둘은 초록이가 되었다. 초록이들은 실컷 놀다가 집으로 돌아갔다. 그런데 엄마, 아빠는 초록이로 변한 파랑이와 노랑이를 알아보지 못한다. 둘은 너무 슬퍼 펑펑 울었다. 한참을 울자 다시 파랑이와 노랑이로 돌아갔다.

특징 및 교육적 접근

이 책은 손주들과 기차를 타고 가던 레오 리오니가 지루해 하는 손주들에게 잡지책을 손으로 뜯어가며 들려준 이야기를 그림책으로 만든 것이다. 레오 리오니는 그 뒤로 본격적으로 그림책을 만들기 시작하여 죽는 날까지 40여 권의 그림책을 창작했다. 이러한 그림책이 탄생하게 된 뒷이야기를 들려주면 그림책이 더욱 특별하게 다가올 것이다.

1) 파랑이와 노랑이는 초록이가 되었다가 다시 파랑이와 노랑이가 되었다. 어떤 한 사람이 시간이 흘러도 그 사람일 수 있는 것을 자아정체성이라고 한다. 이 그림책은 디자인면에서도 아주 매력적이지만 내용적인 면에서는 자아정체성을 주제로 하고 있다. 유아들과 함께 시간이 흘러도 내가 나일 수 있도록 하는 것은 무엇일지 이야기해 볼 수 있다. "파랑이가 초록이가 되어도, 노랑이가 초록이가 되어도 파랑이가 파랑인 이유가 뭘까? 노랑이가 노랑인 이유는 뭘까?"

2) 자아정체성에 대한 이야기를 보다 확장하는 방법으로 유아들에게 애기였을 때 사진들을 가져오게 한다. 갓난아기였을 때의 사진들을 보여주면서 누구 사진인지 함께 알아맞힌다. "이랬던 ㅇㅇ가 이렇게 변했는데도 여전히 ㅇㅇ인 이유는 뭘까?"

3) 이 그림책의 그림은 손으로 찢어 붙인 콜라주이다. 또한 색깔이 함께 섞이는 부분도 그림책에서 표현하고 있다. 유아들과 콜라주 형식으로 종이를 찢어 붙이거나 점토를 섞어서 또 다른 그림책을 창작해 볼 수 있다. 색깔이 섞였다가 다시 자신의 모습으로 돌아가는 이야기를 만들어 OHP 필름 등 다양한 매체로 표현할 수 있도록 해 본다.

프레드릭

서지정보

작가 : 레오 리오니 글/그림

옮긴이 : 최순희

출판사 : 시공주니어

출판년도 : 1999

내　용

프레드릭은 들쥐다. 다른 들쥐들이 겨울을 대비해 열심히 나무 열매와 밀과 짚을 모을 때 프레드릭은 동그마니 앉아서 들판만 내다보고 있다. 자기는 햇살과 색깔과 이야기를 모으는 거라고 한다. 겨울날, 모아 놓은 음식이 다 떨어지자 프레드릭은 친구들에게 따뜻한 햇살과 갖가지 색깔과 이야기를 들려준다. 들쥐들이 프레드릭에게 시인이라고 이야기해 주자 프레드릭은 얼굴을 붉히며 자신도 알고 있다고 답한다.

특징 및 교육적 접근

주인공 프레드릭은 음식도 중요하지만, 마음을 살찌게 만드는 예술이 우리의 삶을 풍요롭게 해 준다는 것을 알려준다. 이 그림책은 풍요로울 때나 어려울 때나 예술을 통해 행복을 느낄 수 있다는 이야기를 전하고 있다.

1) 유아들과 프레드릭이 말하는 예술의 세계에 대한 기쁨이 어떤 것인지 함께 이야기를 나누며 알아볼 수 있다. 그림을 보고 춤을 추며 음악을 들을 때 어떤 기분인지, 왜 다른 들쥐들이 프레드릭의 이야기를 통해 행복해질 수 있었는지 함께 이야기한다.

2) 다섯 마리의 들쥐 가운데 네 마리는 열심히 곡식과 열매를 모았고, 프레드릭만 가만히 앉아서 햇살과 빛깔과 이야기를 모으고 있었다. 이 세상에는 서로 다른 개성과 열망을 가진 사람들이 모여 서로 조화를 이루며 살아가고 있다. 그러기에 중요한 것은 서로의 차이를 존중하는 것이다. 모두 다 같았을 때 나타나는 문제점을 물어보는 질문을 통해 차이가 존중되어야 함을 이야기해 볼 수 있다.

"프레드릭이 다른 들쥐들과 똑같이 곡식과 열매를 모으는 일만 했더라면 어떻게 되었을까?", "모든 들쥐들이 프레드릭처럼 햇살과 빛깔과 이야기만 모았으면 어떻게 되었을까?"

3) 곡식과 열매를 모으는 것보다 햇살과 빛깔과 이야기를 모으는 것이 결코 쉽지는 않을 것이다. 유아들 각자 색깔과 햇살과 이야기 모으는 방법에 대해 이야기해 보고 이를 통해 각자 자신만의 예술적 표현양식을 창조할 수 있다.

한 해 열두 달

서지정보

작가 : 레오 리오니 글/그림

옮긴이 : 이명희

출판사 : 마루벌

출판년도 : 2005

내 용

1월, 쌍둥이 생쥐는 말하는 나무를 만났다. 2월이 되어 쌍둥이 쥐는 나무를 다시 만나 자기들이 사는 헛간 이야기를 들려주었다. 3월, 쌍둥이와 나무는 이제 친한 친구가 되었다. 4월, 나뭇가지마다 새싹이 돋았다. 5월에 나무는 가지마다 꽃과 새 잎을 달고 쌍둥이를 맞아주었다. 6월에 쌍둥이는 나무를 지켜주기 위해 긴 호스를 준비했다. 7월에 불이 났다. 쌍둥이는 늦지 않게 불을 꺼주었다. 8월에 쌍둥이도 엄마, 아빠와 휴가를 다녀왔다. 9월, 나무는 향긋한 과일을 달고 있었다. 쌍둥이들은 과일을 배불리 먹었다. 10월, 나무는 잎을 모두 떨구었다. 11월, 나무는 이제 가지만 남았다. 12월, 보배는 소똥을, 보람이는 나무에 달 방울과 주위에 심을 꽃씨를 선물했다. 메리 크리스마스!

특징 및 교육적 접근

이 그림책은 나무와 쌍둥이 쥐들이 우정을 쌓아가는 한 해 열두 달 이야기다. 서로 다른 존재들 사이의 우정에 대해 이야기하며, 또한 나무의 변화를 통해 한 해 열두 달 동안 나무가 어떤 변화를 겪는지 잘알 수 있다.

1) 서로 다른 존재들끼리 관계를 만들고 우정을 이어가는 과정에 대해 생각해 볼 수 있다. 여러 가지 사물들 혹은 동물들, 식물들을 놓고 이들 가운데 친구가 될 수 있는 것에는 어떤 것이 있는지 함께 이야기를 해봄으로써 친구의 의미를 명료하게 할 수 있다.

"생쥐와 나무가 친구가 될 수 있었던 이유는 뭘까?", "어떻게 하면 서로 친구가 될 수 있을 것 같니?", "왜 그렇게 생각하니?", "친구가 될 수 없는 것은 어떤 것이 있을까? 종이? 책? 나무? 책상? 엄마? 바람? 강아지?", "왜 친구가 될 수 없다고 생각하니?", "이 중에서 친구가 될 수 있다고 생각하는 것에는 무엇이 있니?", "왜 그렇게 생각하니?"

2) 만약에 내가 '말하는 나무'와 친구가 된다면?이라는 주제로 유아들과 함께 이야기를 해볼 수 있다. 각자 나무와 함께 할 수 있는 일, 나무와 우정을 나눌 수 있는 방법에 대해 자유롭게 이야기하고, 그 내용으로 그림책처럼 '열두 달 이야기'로 만들어 볼 수 있다.

활동 3-1 OHP 동화 만들기

활동목표

- 그림책의 내용을 이해한다.
- OHP 동화를 만들고 내용을 표현할 수 있다.

활동자료

『파랑이와 노랑이』, OHP 필름, 매직

활동방법

도입

- 유아들과 그림책의 내용을 회상하며 이야기를 나눈다.
  - 이 그림책의 내용을 기억하니?
  - 파랑이와 노랑이가 만나서 어떻게 되었니?
  - 이 그림책의 그림은 무엇으로 표현되었을까? (종이를 찢어서)
- 유아들과 재료를 탐색하며 활동에 대해 이야기를 나눈다.
  - 너희들이 만약에 그림책 작가라면 어떤 재료를 사용하여 그림책을 만들어 볼 수 있겠니?
  - (OHP 필름을 보여주며) 선생님이 준비한 것을 본 적이 있니?
  - (OHP 필름을 OHP 기계에 올려놓으며) OHP 필름 종이에 그린 그림이 어떻게 보이니?

전개

- 유아들과 재료를 사용하여 그림책을 재구성해 본다.
  - @@는 어떤 장면을 OHP 필름 종이에 표현하고 싶니?
  - 제목과 내용을 어떻게 바꾸어 볼 수 있을까?

–합쳐지는 장면은 어떻게 표현하면 좋을까?

• 유아들과 함께 만든 OHP 동화를 들어본다.

–너희들이 만든 '○○와 ◇◇' 동화를 들려줄 수 있겠니?

마무리

• 유아들과 활동을 마친 후 이야기를 나눈다.

–너희들이 직접 만들어 본 재료로 동화를 들어보았는데, 어떤 느낌이 들었니?

–OHP 필름 종이로 표현해 보았는데, 그림책과 어떤 점이 다르게 느껴졌니?

–또 다른 방법으로 동화를 만들어 볼 수 있을까?

활동 3-2 주인공 인터뷰하기

활동목표

- 그림책 등장인물에게 관심을 갖고 감정이입을 해 본다.
- 등장인물의 입장이 되어봄으로써 다른 사람의 입장에서 생각해 보는 경험을 한다.

활동자료

『여섯 마리 까마귀』, 마이크, 인터뷰 내용을 적을 판

활동방법

도입

- 유아들과『여섯 마리 까마귀』의 내용에 대해 이야기를 나눈다.
  - 까마귀들과 농부는 서로를 어떻게 생각했니?
  - 왜 까마귀와 농부는 더 무서운 것을 만들려고 했을까?
  - 까마귀와 농부는 어떻게 화해하게 되었니?
  - 너희들도 말해 보지 않아서 오해했던 적이 있었니?
  - 서로의 입장에 대해 대화를 했을 때 어떻게 되었니?

전개

- 기자가 되어 등장인물과 인터뷰를 해 본다.
  - 까마귀, 농부, 부엉이 중 누구를 인터뷰하고 싶니?
  - 너희가 기자가 되어 인터뷰를 한다면 등장인물에게 어떤 것을 질문하고 싶니?
  - 기자를 해 보고 싶은 친구가 있니?

- 정해진 역할대로 기자와 등장인물이 되어 인터뷰를 해 본다.

마무리

- 인터뷰 놀이를 한 후 이야기를 나눈다.
  - 등장인물을 인터뷰한 내용을 소개해 보자.
  - 인터뷰 후 든 생각을 말해 보자.
  - 어떤 점이 재미있었니?, 어려웠던 점은 무엇이었니?

앤서니 브라운 FOUR

- 1946년 영국 셰필드 출생
- 1963년 리즈 칼리지 오브 아트에 입학
- 1967년 졸업과 동시 메디컬 일러스트레이터로 3년간 일하고, 이후 Gordon Fraser에서 축하 카드 디자인 일을 15년간 함
- 1976년 첫 번째 그림책『거울 속으로』출간
- 1983년『고릴라』로 케이트 그린어웨이상 수상
- 2000년 한스 크리스티안 안데르센상 수상
- 2009년부터 2011년까지 영국 어린이 문학 계관 작가로 선정

대표작

『거울 속으로』,『우리 친구하자』,『사냥꾼을 만난 꼬마곰』,『너도 갖고 싶니?』,『헨젤과 그레텔』,『시내로 간 꼬마곰』,『고릴라』,『특별한 손님』,『겁쟁이 윌리』,『윌리와 악당 벌렁코』,『돼지책』,『꼬마곰의 마술 색연필』,『나는 책이 좋아요』,『터널』,『달라질 거야』,『윌리와 휴』,『동물원』,『꿈꾸는 윌리』,『공원에서 일어난 이야기』,『우리 아빠가 최고야』,『미술관에 간 윌리』,『행복한 미술관』,『숲 속으로』,『우리 엄마』,『겁쟁이 빌리』,『우리 형』,『우리는 친구』,『나와 너』,『마술 연필』

1. 작가 소개

1) 생애

앤서니 브라운은 현대 사회의 단면을 자신만의 시각으로 독특하게 표현하여 많은 독자들을 매료시킨 그림책 작가이다. 그는 1946년 9월 11일 영국 요크셔의 세필드에서 태어난 뒤 생애 처음 몇 해를 영국 브래드퍼드시의 와이크에 있는 할아버지네 선술집인 '레드 라이언'에서 보냈다. 선술집의 손님들을 구경하기도 하고 손님들의 테이블을 정리해 주기도 하면서 '덩치 큰 멍청이 태클'이라는 주인공이 등장하는 이야기를 만들어 손님들에게 들려주기도 했다.

아버지는 그림 그리기를 좋아했다. 두 아들을 데리고 몇 시간씩 그림을 그리기도 했다. 어렸을 때 아버지와 함께 한 그림 그리기 시간이 평생 그림을 업으로 살게 만든 기초가 된 셈이다. 다섯 살 때 할아버지 선술집을 떠나 네 가족만 살게 되었다. 두 살 위의 형과 럭비를 즐기면서 학창시절을 보냈다. 미술을 좋아했지만 미술 수업은 그다지 흥미를 느끼지 못했다. 선생님들이 그리라고 하는 방식대로 그리는 걸 좋아하지 않았기 때문이다.

순수 미술을 좋아하고, 자유로운 예술 세계를 꿈꾸었지만 자유로운 순수 미술이 돈을 벌기에 부적합하다는 걸 알고 나름대로 타협을 한 결과, 1963년 리즈 예술학교(Leeds College of Art)에서 그래픽 아트를 전공하였다. 하지만 미술 대학의 수업에 그다지 흥미를 느끼지는 못했다. 초·중등 때의 미술 수업처럼 그리라고 하는 대로 그리는 것은 그의 적성에 맞지 않았기 때문이다.

대학을 졸업하면서 화가가 되어야겠다고 결심했지만 돈은 벌어야 했다. 그때 찾은 일자리가 메디컬 일러스트레이터이다. 메디컬 일러스트레이터는 수술 장면을 그림으로 그리는 사람이다. 2년 반 동안 맨체스터 왕립 병원(Manchester Royal Infirmary)에서 의학 전문 화가로 일하면서 인체나 수술 장면 등을 그리며 그만의 특징인 수채물감을 사용한 세밀화 기법을 연마했다. 그는 이곳에서 대학

때보다 일러스트레이션에 대해서 더 많이 배우게 된다. 또한 이 시기에 앤서니 브라운 그림의 특징인 숨은 그림 찾기 스타일이 생겨나기 시작했다. 반복적이고 사실적인 그림 그리기에 싫증이 난 앤서니 브라운은 그림 속에 조그만 사람들을 그려넣곤 했다.

그러나 이런 작은 사람들을 그려넣는 걸로 위로 받는 것은 곧 한계가 왔다. 일에 싫증을 느낀 브라운은 다시 새로운 일거리를 찾기 시작했다. 그가 찾은 두 번째 일이 카드 디자인이다. 골든 프레이저(Gordon Fraser) 갤러리에서 축하 카드 디자인을 15년 동안 했다. 축하 카드를 디자인한 경험은 앤서니 브라운의 세밀한 표현과 이색적인 그림들의 바탕이 되었다. 카드를 디자인하면서 디자인을 다양화해야 한다는 필요성 때문에 실험적인 스타일을 찾아야 했고, 그 결과 한층 더 다재다능한 일러스트레이터가 될 수 있었다.

하지만 카드 디자인만으로 수입은 많지 않아 새로운 일거리를 찾게 되었다. 그때 찾은 일이 바로 세 번째 직업이며, 그 이후 평생의 직업이 된 그림책 작가이다. 앤서니 브라운은 자신의 디자인 가운데 그림책에 적합할 것 같은 것들을 골라 몇몇 출판사에 보내기 시작했다. 그리고 그를 그림책 세상으로 인도해 준 어린이 책 편집자인 줄리아 맥레이를 만나게 되었다.

1976년 막연하게 시작했던 그림책 작업이 『거울 속으로』라는 작품으로 출간된 이후, 그는 왕성한 의욕으로 40여권의 작품을 만들었다. 작품의 모티브는 주로 자신의 개인적인 성장 과정에서 가져 왔으며, 현대 사회의 모습을 깊은 주제 의식으로 그려내어 동시대를 살고 있는 많은 사람들에게 공감을 얻고 있다. 1983년에 출판한 『고릴라』와 1992년에 낸 『동물원』으로 두 차례 영국의 권위 있는 그림책상인 '케이트 그린어웨이' 상을 받았다. 그리고 2000년 한스 크리스찬 안데르센상 일러스트 부문의 수상자로 선정되었다.

그는 초현실주의 화가인 마그리트로부터 많은 영향을 받아 사실적인 그림에 환상적인 이야기를 담아내는 데 탁월한 능력을 보인다. 다소 무거운 주제를 유머와 위트가 넘치는 구성으로 풀어 아이들은 물론 어른들도 함께 보고 깊이 공감하게 한다. 앤서니 브라운의 작품에는 숨은 그림 찾기, 다른 그림 찾기, 바뀌는 모양 찾기와 같이 그림으로 할 수 있는 다양한 놀이적 요소들이 등장한다. 그의 주제의식과 더불어 작품 속에 펼쳐놓은 이러한 놀이적 요소들은 앤서니 브라운만의 세계를 만들어 주며 많은 사람들을 열광하게 만든다.

'앤서니 브라운' 하면 자연스럽게 떠오르는 이미지는 고릴라다. 그를 그림책 속에 고릴라를 즐겨 그리는 작가로 알린 첫 번째 그림책은 『고릴라』이다. 『고릴라』를 그리면서 그는 그림책 만드는 법을 진정으로 이해했다고 한다(앤서니 브라운·조 브라운, 2011). 글과 그림이 함께 있으면서도 따로따로 역할을 한다는 것을 이 작품을 통해 깨달았으며 작품 속에 그것을 구현했다는 것이다.

그의 그림책에는 많은 가족들이 등장한다. 항상 행복하기만 한 건 아니지만, 서로가 서로에게 연결되어 있는 가족들의 모습들이 낯설지가 않다. 바로 우리 가족의 모습이기도 하기 때문이다. 그는 또한 많은 옛이야기나 명화를 활용하여 자신만의 또 다른 이야기로 만드는 작업을 즐겨한다. 『숲 속으로』는 '헨젤과 그레텔'을, 『나와 너』는 '금발머리와 세 마리 곰' 이야기를 모티브로 한 것이다. 또한 『꿈꾸는 윌리』, 『미술관에 간 윌리』는 알려진 많은 명화들을 소개하고, 명화들을 그저 흘깃 보는 것으로 끝나는 것이 아니라 자신의 이야기를 만들고 자신만의 해석을 할 수 있도록 안내하고 있다.

그는 군더더기 하나 없는 완벽한 구성, 간결하면서도 유머가 넘치는 글, 꼼꼼하게 화면을 들여다보게 하는 그림 속의 정물들, 기발한 상상력 등으로 세상의 권위와 편견을 신랄하게 풍자하는 내용의 책을 만들어 왔다. 그는 평생에 걸쳐 끊임없이 새로운 소재를 찾고 새로운 그림 스타일을 찾으며 자신의 스타일을 계속 변화시켜 나가고 있다. 끊임없는 도전과 변화, 일에 대한 지속적인 열정은 자신의 일을 진정으로 사랑하는 사람만이 가질 수 있는 것이다.

"나는 오랫동안 '놀면서' 생계를 유지할 수 있었던 것에 진정으로 감사한다. 내가 사랑하는 일이 내가 질릴 때까지 언제까지나 할 수 있는 일이라는 점에서 나는 축

복받은 사람이다." (앤서니 브라운·조 브라운, 2011)

2) 작품 세계

① 가족관계에 대한 탐구

앤서니 브라운은 많은 작품들 속에서 가족을 반복해서 그리고 있다. 그가 그리는 가족들 모습에는 서로 사랑하는 가족들도 있지만 서로 다른 곳을 바라보며 삐걱대는 가족의 모습도 나온다. 작가는 자신이 반복해서 다양한 가족의 모습을 그리는 것에 대해 이렇게 말한다.

"대개의 아이들이 부모와 형제라는 강한 영향력 아래서 살아간다는 점을 생각하면 가족이 내 책의 주제로 그토록 자주 등장하는 것은 무척이나 자연스러운 일이다." (앤서니 브라운·조 브라운, 2011)

가족 간의 갈등과 화해를 다루고 있는 『돼지책』을 비롯해 가족 구성원을 따뜻한 시선으로 그려내는 『우리 아빠가 최고야』, 『우리 엄마』, 『우리 형』, 잘 놀아주지 않는 아빠의 뒷모습을 안타깝게 바라보아야 하는 아이의 모습을 담고 있는 『고릴라』, 남매가 겪는 갈등과 화해를 다루는 『터널』, 이제 막 새로운 동생을 맞이하게 될 아이의 심정을 다룬 『달라질 거야』도 모두 가족 이야기다. 이 밖에도 많은 작품들에서 가족의 모습, 가족의 관계, 가족 구성원의 특성이 다루어지고 있다. 이들의 모습은 모두 서로 다르면서도 한편으로는 서로의 사랑을 갈구한다는 점에서는 한결 같다. 작가 자신이 살면서 경험한 자신의 가족과 주변의 가족들을 그림책 안에서 재현하고 있는 것이다.

앤서니 브라운이 본격적으로 가족 이야기를 풀어낸 첫 번째 작품은 『고릴라』(1983)이다. 물론 첫 번째 작품 『거울 속으로』에도 엄마와 아빠의 싸움을 지켜 본 아이가 혼자서 거울 속으로 들어가는 장면이 나오긴 하지만, 『고릴라』야말로 가족관계를 본격적으로 다룬 첫 작품이라 할 수 있다. 『고릴라』에는 형제가 없이 혼자인 딸과 엄마 없이 혼자인 아빠가 등장한다. 둘 밖에 없는 가족이지만 이 가족은 서로 마주 보지 않는다. 이렇게 서로 고립된 채 외로워하던 가족은 아이의 생일을 계기로 함께 손을 잡고 동물원으로 간다. 서로를 외면하는 차가운 시선에서 서로를 바라보는 따뜻한 관계로 바뀌는 결말은 가족 안에서 외로움을 느끼는 독자들에게 희망을 선사해 준다.

『고릴라』는 작가의 가족관계에 대한 탐구가 처음으로 시작하는 책이며 동시에 앤서니 브라운의 트레이드 마크인 고릴라가 처음으로 등장하는 책이다. 이후 앤서니 브라운의 그림책에는 숱한 고릴라들이 등장한다. 왜 그렇게 고릴라를 많이 그렸는지 물어보는 질문에 작가는 네 가지 대답을 한다. 첫째는 고릴라가 보기에 근사하기 때문이고, 둘째는 사람과 무척 비슷하며, 셋째는 고릴라를 보면 아버지 생각이 나기 때문이다. 그리고 마지막은 고릴라가 자신이 책에서 표현하는 세상의 초현실적인 면과 닮아있기 때문이라는 것이다(앤서니 브라운·조 브라운, 2011).

작가는 고릴라를 보면 아버지가 떠오른다고 한다. 고릴라는 몹시 덩치가 크고, 때로는 무시무시한 공격성도 보이지만, 한편으로는 가족을 돌보고 애정을 표현하며 가족을 아끼는 부드러운 면도 갖고 있다. 그의 아버지도 고릴라처럼 덩치가 크고, 진취적인 성격을 가졌으나 고릴라처럼 가족을 아끼고, 때로는 수줍어하기도 하는 그런 사람이었기에 작가는 아버지의 이미지를 고릴라로 그리고 있다. 『고릴라』에 등장하는 아빠는 이 시대의 보편적인 아버지다. 그의 작품 속에서 아버지는 차갑고 무서워 보이지만, 누구보다 여린 마음을 가지고 있는 외로운 존재이다.

그는 작품 곳곳에 아버지를 등장시킨다. 『고릴라』에서는 바쁘고 냉담한 아버지의 모습을, 『우리 아빠가 최고야』에서는 한없이 따뜻한 아버지의 모습을 담고 있다. 『우리 아빠가 최고야』에서 아빠가 입고 있는 나이트가운은 작가의 아버지의 유품과 같은 것이라고 한다. 작가는 돌아가신 아버지를 회상하며 작품 곳곳에 아버지의 모습을 재현하고 있다. 『아기가 된 아빠』에서는 덩치만 컸지 하는 짓은 때때로 아기를 닮은 아빠들을 그린 그림책이다. 아이들보다는 아내들이 훨씬 많이 공감할 수 있는 작품인 듯하다.

『동물원』과 『행복한 미술관』에 나오는 아버지는 똑 닮았다. 옷이며 헤어스타일이며 하는 행동이 똑같다. 아니, 아버지뿐만 아니라 다른 가족들도 똑같다. 약간 우울해 보이는 엄마와 철없는 두 아들, 썰렁한 아빠, 그 표현이 너무나 생생하여 작가의 가족을 모델로 한 게 아닌가 하는 생각이 들 정도다. 하지만 『동물원』 이야기의 시작은 작가의 아들 조가 함께 동물원을 다녀온 뒤 지어낸 이야기라고 한다(앤서니 브라운, 조 브라운, 2011).

그의 작품은 가족 간의 갈등을 제시하고 결국에는 화해로 결말을 맺는 구조로 되어 있다. 특히 『돼지책』은 다른 그림책에서는 좀처럼 볼 수 없었던 가족 간의 단절 및 불평등에 대해 이야기한다. 이 책에서는 엄마의 일상을 통해 남녀의 불평등 문제를 이야기하고 있다. 여성이 가사 노동을 모두 담당하며 파트타임으로 바깥일도 하면서 살아가는 가운데 실제적으로 집안의 남자들, 아빠와 두 아이들은 엄마의 부재 시에는 스스로 아무것도 해결해 나가지 못하는 사람이 되어가고 있다는 것을 말해 준다. 가족 안에서 모두가 행복하려면 각자 자신이 하고 싶은 일을 하면서 서로 돕는 것이 최선이라는 아주 분명한 도덕적 교훈을 명시하고 있는 책이다. 『동물원』이 작가가 무엇을 이야기하려고 하는지 그 의미를 알아차리기 위해 몇 번이나 그림책을 다시 들여다보아야 하는 것과 달리 『돼지책』은 아주 분명한 결론을 제시한다. 그러나 한편으로 작가는 그렇게 확실하게 매듭지어 말하는 것이 그다지 편하지 않았던 모양이다. 마지막 장면에서 어머니가 차를 고치고 있는데, 그 자동차의 번호판 번호가 SGIP321로 거꾸로 하면 123PIGS다. 돼지들은 아직 돼지일지도 모른다는 암시로 엄마의 가출로 가족이 변하긴 했으나 그것이 지속적인 변화가 될까 하는 질문을 던지고 있다.

앞에서 언급한 작품 이외에도 『숲 속으로』, 『터널』에도 가족이 등장한다. 이 작품들은 작품 안에서 옛이야기를 연상시키는 요소들이 곳곳에 포진되어 있다. 하지만 시작과 결말은 바로 지금 현대의 어린이들이 겪음직한 이야기들이다. 옛이야기 '빨간 망토'를 차용한『숲 속으로』에서는 부모가 크게 싸우는 것에서 시작한다. 아버지가 집을 나간 것처럼 보이는 상황에서 아이는 심리적으로 불안해하고, 이 불안감이 할머니 집으로 가는 숲 속에서 계속 이어진다. 주인공 아이가 할머니의 집에 도착했을 때 아이를 맞이하는 아빠의 커다란 품을 보면서 독자들은 함께 안심을 한다. 아, 가족이란, 아빠의 품이란 이렇게 좋은 거구나, 가족이 있어서 참 좋다, 하며 가슴을 쓸어내리게 된다.

『터널』은 성격이 다른 남매의 갈등을 그려내고 있다. 그들은 취미도 놀이 성향도 다르다. 그러나 오빠가 터널 속으로 사라지고 동생이 이를 걱정하는 대목에서부터 작가가 추구하는 가족 간의 관계가 무엇인지가 드러난다. 돌이 되어 버린 오빠를 걱정하며 여동생이 오빠를 끌어안자 오빠는 마법에서 풀려나게 된다. 둘은 위기 상황에서 화해를 하게 되고 둘만의 끈끈한 비밀스러운 추억이 생겨난다. 마지막 장면에서 여동생 로즈가 오빠를 보고 웃는 표정으로 둘 사이에 끈끈한 연대가 생겨났음을 보여준다. 가족은 화합하고 도와주며 그들만의 연대관계를 갖는다는 작가의 메시지를 읽을 수 있다.

그는 작품을 통해 가족관계는 갈등관계에서 출발하더라도 결국에는 화해를 하고 상대의 시각에서 바라보고 배려하는 관계가 되어야 함을 이야기한다. 일상에서 작은 갈등은 일어날 수 있지만 화해를 통한 가족 사랑을 꿈꾸는 작가라고 할 수 있겠다.

② 옛이야기와 명화의 패러디 및 차용

앤서니 브라운의 그림책에는 옛이야기의 모습이 곳곳에 포함되어 있다.『마술연필』에서 곰은 나쁜 동물들을 혼내주는 캐릭터들로 그려졌는데, 이 캐릭터들은 고전 속 등장인물들이라 재미를 안겨준다. 이와 같은 설정은 어린이뿐만 아니라 성인들도 그림책에 빠져들게 한다. 마치 그림들을 꼼꼼히 들여다보면서 옛이야기 속 인물들이 어디에 등장하는지 찾기 놀이를 하는 것처럼 느끼게 하기 때문이다.

『터널』에 나오는 여동생이 읽고 있는 책은 옛날이야기 책이며, 한밤중에 오빠가 늑대의 탈을 쓰고 여동생을 놀래주러 오는 장면에는 '빨간 모자'의 옷옷과 '헨젤과 그레텔'에 나올 법한 과자 집 모양의 스탠드가 보인다. 터널을 빠져 나간 뒤 여동생이 걷는 숲 속에서는 헨젤과 그레텔이 떨어뜨리고 간 빵조각을 새들이 쪼아 먹고 있다. '헨젤과 그레텔'에 나오는 아버지의 도끼도 보이고, '잭과 콩나무'의 콩나무도 보인다. 그리고 돌이 되어버린 오빠라는 설정 자체는 숱한 신화에서 반복적으로 나타나고 있는 사건이다.

『숲 속으로』는 '빨간 모자' 이야기를 패러디한 것으로 보인다. 주인공 아이는 엄마, 아빠가 싸우는 소리에 잠을 설친 후 아침에 일어나 아빠가 없어졌음을 안다. 아빠를 기다리던 아이는 다음날, 엄마의 심부름으로 할머니 집으로 간다. 할머니 집으로 가는 숲 속에서 아이는 옛이야기에 등장하는 많은 등장인물을 만난다. 주인공이 헨젤과 그레텔을 만나는 장면에서는 나무가 마녀의 형상을 띠고 있고, 그림 여기저기에 헨젤과 그레텔을 인도했던 하얀 새가 숨어있다. 또 아버지의 도끼와 과자로 만든 집 등이 숨어있다. 그리고 아이가 빨간 외투를 입고 달아나는 장면에서는 '라푼첼'의 탑과 긴 머리카락, '신데렐라'의 유리 구두와 호박, '잠자는 숲 속의 공주'의 물레와 열쇠, 공주를 찾아오는 말을 탄 왕자님, '장화 신은 고양이'의 주인공 고양이 등이 한꺼번에 등장한다. 하나하나 그림 속에 숨겨진 사물들을 찾으면서 그것이 어느 이야기에 나오는지를 추리해 보는 것이 이 그림책의 주요한 재미이다.

『숲 속으로』가 '빨간 모자' 이야기의 구성에 여러 옛이야기들을 숨은 그림 찾기 형식으로 그려넣은 그림책이라면 『헨젤과 그레텔』, 『나와 너』는 옛이야기의 구성과 내용을 모두 가져왔지만 그림을 새롭게 그려 넣음으로써 또 다른 해석이 가능하도록 한 작품들이다. 『헨젤과 그레텔』은 지금 현대에 살고 있는 네 가족의 모습을 그렸다. 수백 년 전의 옛 이야기를 현대적 배경으로 그림으로써 익숙하게 알고 있던 이야기를 새롭게 보는 계기가 된다.

『나와 너』는 '금발머리와 세 마리 곰' 이야기를 새롭게 해석하여 그린 작품이다. 이야기의 구성과 흐름은 '금발머리와 세 마리 곰'과 크게 다르지 않지만, 그림으로 펼쳐내는 이야기는 상당히 색다른 또 하나의 이야기이다. 『나와 너』에 글과 그림 각각으로 두 개의 이야기가 동시에 펼쳐진다. 글에서는 곰 가족의 이야기가 아기 곰의 시점에서 진행되고 그림에서는 금발머리가 겪는 이야기가 진행된다. 세 마리 곰은 한 가족이다. 엄마 곰과 아빠 곰, 아기 곰이 노란 이층집에 살고 있다. 이들 곰 가족의 이야기는 오른편에 펼쳐지고, 금발머리 이야기는 왼쪽에 그려진다. 금발머리는 엄마와 살고 있는데, 엄마와 집을 나섰다가 풍선을 쫓아간다. 깨진 창과 높은 담과 끝이 뾰족한 쇠창살로 만들어진 담을 지나 금발머리는 세 마리 곰이 살고 있는 노란 집을 발견한다. 금발머리는 그 집 안으로 들어간다. 어둡고 가난하며 고된 삶에서 잠시 밝고 환하고 부유하고 아무 걱정 없는 풍족한 먹을거리와 안락한 잠자리가 있는 곳으로 살며시 들어간다. 하지만 휴식도 잠시, 금발머리는 세 마리 곰에 의해 쫓기듯이 집을 나온다. 아이는 늑대랑 마녀와 거인이 살고 있는 집들을 지나 밝은 곳을 향해 뛰어간다. 그리고 그 곳에 엄마가 있다. 그림에서 금발머리 소녀는 검은색 후드티를 입고 모자와 안경을 쓰고 있다. 표정과 의상으로 봐서 뭔가 신산스러운 삶을 살고 있는 듯하다. 이 책에서 작가는 서로 다른 환경에 처한 두 아이, 아기 곰과 금발머리를 대비해 보여준다. 먹을 것과 쉴 곳이 필요한 금발머리와 먹을 것과 쉴 곳이 풍족한 아기 곰을 통해 이 세상에는 서로 다른 환경에 살고 있는 많은 사람들이 존재함을 상기시킨다. 그리고 이들 모두가 서로 다른 존재라는 사실을 보여주는 데서 끝나는 것이 아니라 아기 곰이 창밖을 내다보며 금발머리에 대해 궁금해 했던 것처럼 서로 다른 환경에 살고 있다고 하더라도 우리는 서로 연결될 수 있다는 메시지를 던지고 있다.

앤서니 브라운은 옛이야기를 패러디할 뿐만 아니라 명화를 여러 방식으로 차용하였다. 르네 마그리트(1898-1967, 초현실주의를 대표하는 벨기에 화가)의 영향을 받은 첫 번째 그림책『거울 속으로』이후, 그림책의 내용과 관련이 있든 아니면 단순히 위트와 재미를 위해서이든 그림책 안에 명화를 새롭게 패러디해서 그려넣는 것은 앤서니 브라운만의 독특한 스타일이 되었다.

『고릴라』에는 고릴라 모나리자가 등장하고, 영화 '킹콩'의 포스터가 나온다. 이러한 그림들은 그림책의 내용 전개에서 꼭 필요한 부분은 아니지만 작가의 위트와 그림 읽는 재미를 주는 주요한 요소가 된다. 『헨젤과 그레텔』의 첫 장면에서는 벽에 그림 하나가 걸려 있다. 이 그림은 윌리엄 홀먼 헌트(1827-1910, 영국의 화가로 라파엘로 이전 이탈리아 미술의 전형적 특징이었던 사실적이고 소박한 화풍을 지향한 라파엘 전파의 대표주자)가 그린 〈세상의 빛〉이라는 그림이다(앤서니 브라운·조 브라운, 2011). 이 그림은 음울한 네 가족이 세상에서 희망을 찾을 수 없는 상태라는 것을 반어적으로 보여주고 있다.

『돼지책』에서는 토마스 게인즈버러(1727-1788, 영국의 초상화가, 풍경화가)의 〈앤드류부부의 초상〉을 패러디하고 있다. 이 초상에서 아내의 자리가 비워져 있는 것은 '엄마의 가출'을 표현하고 있는 것이다. 『꿈꾸는 윌리』에서는 좀 더 많은 명화 혹은 영화의 장면들을 적극적으로 차용하고 있다. 엘비스 프레슬리가 된 윌리도 등장하며, 『이상한 나라의 앨리스』에 나오는 등장인물들에 둘러싸인 꿈 장면도 나온다. 앙리 루소(1844-1910, 프랑스 화가)의 작품에 근거한 장면, 살바도르 달리의 〈기억의 고집〉, 키리코(1888-1978, 이탈리아 화가로 초현실주의의 개척자 중 한사람)의 〈시인의 불확실성〉에 토대를 둔 장면 등이 나타난다(앤서니 브라운·조 브라운, 2011).

군데군데 명화를 패러디해 넣는 것에서 발전하여, 아예 명화를 패러디하는 것으로 한 권의 그림책을 만든 것이 바로 『미술관에 간 윌리』와 『행복한 미술관』이다. 이 책들에서 작가는 많은 명화들을 자신의 스타일로 새롭게 그려 명화에 대한 해석을 새롭게 할 수 있도록 독자들을 안내하고 있다.

『미술관에 간 윌리』에서 윌리는 그림 보기와 그리기를 좋아하는 고릴라다. 표지에서 고릴라 윌리가 그리고 있는 그림이 앤서니 브라운의 초상화라는 점으로 미루어 보아 윌리는 작가 자신이라고 할 수 있다. 윌리가 패러디한 그림들은 모두 앤서니 브라운이 그림을 그릴 수 있게 많은 영감을 준 작품들이다.

『행복한 미술관』은 2001년 6월부터 다음해 3월까지 테이트 브리튼 미술관 전속 화가로 일하면서 어린들과 함께 그림작업을 한 결과로 만들어진 작품이다. 이 작품은『동물원』에 나왔던 가족이 테이트 브리튼 미술관으로 나들이를 가는 이야기인데, 이번에는 두 형제 중 막내가 주인공 '나'가 된다. 이 그림책에서는 패러디한 명화와 그 명화를 감상하고 있는 가족들을 두 개의 프레임 안에 각각 그려넣어 전체적으로는 하나의 그림처럼 보이게 하였다. 처음 그림책이 시작될 때 미술관 방문에 가장 적극적이었던 엄마는 그림틀 안쪽에 있지만, 나머지 세 가족은 그림틀 바깥에 있다. 그러나 페이지가 넘어감에 따라 점차 나머지 세 가족은 명화의 적극적인 감상자가 되어간다는 것을 분명하고 화려해지는 의상 색깔의 변화로 표현하고 있다. 명화를 소개하고 명화에 얽힌 이야기를 가족들의 시선으로 풀어내는 가운데 아버지의 실없는 농담은 간간히 이어지고, 그 농담을 또 그림으로 표현하고 있다. 자칫 지루해지기 쉬운 명화 감상을 앤서니 브라운은 자신의 특장을 잘 살려 유머러스하게 소개하고 있는 것이다.

③ 숨은 그림, 다른 그림, 달라지는 그림

앤서니 브라운 그림책의 팬이 되는 가장 큰 이유 중 하나는 그의 그림책은 보고 또 보아도 무엇인가가 계속 나온다는 것이다. 독자가 그림책을 볼 때마다 새로운 것을 발견할 수 있도록 앤서니 브라운은 그림책 안에 많은 것들을 숨겨 두고 있다. 이야기와 직접적인 상관은 없지만 재미있는 장치나 상징으로 작은 동식물이나 사물들을 그려넣는다.

앤서니 브라운의 그림책들 가운데 '숨은 그림'은 이야기와 직접적인 상관이 없는 것들도 있지만, 이야기의 의미를 보다 풍부하게 해석할 수 있는 실마리를 주기도 한다.『고릴라』에는 곳곳에 숨어있는 고릴라의 그림과 형체를 찾으며 즐거움을 느낄 수 있다. 앞표지부터 그림들이 숨어있다. 본문 곳곳에서 발견되는 숨은 그림은 아빠가 보고 있는 신문, 콘플레이크 상자, 모나리자 액자, 스탠드 갓,

킹콩 브로마이드, 현관 밖 정원수, 야경 속의 그림자, 매표소 옆에 진열된 액자, 영화 속에 자유의 여신상 등이다. 그리고 맨 마지막 장면에 아빠의 바지 뒷주머니에 꽂혀있는 바나나는 그것을 발견한 독자가 웃음 짓게 만든다. 아빠가 고릴라인지, 고릴라가 아빠인지 알 수는 없지만 어쨌든 그 바나나는 한나가 현실에서 동물원으로 가게 될 것이라는 분명한 암시를 준다. 『우리 친구하자』에서는 공원 벤치의 다리에 한쪽은 여자를 상징하기 위해 여자 구두를, 다른 한쪽은 남자를 상징하기 위해 남자 구두를 그려넣었다.

『헨젤과 그레텔』에는 자유를 향한 탈출을 상징하는 새, 마녀를 상징하는 삼각형 등이 숨겨져 있고, 이러한 숨겨져 있는 그림들은 이야기를 더욱 풍부하게 해석할 수 있도록 해 준다. 『숲 속으로』의 숲 장면은 그야말로 숨은 그림 찾기의 향연 같다. 나무들의 결속에 숨겨진 숱한 그림들은 아무리 찾아도 끝이 없을 것처럼 생각지도 못했던 형상들이 계속 튀어 나온다.

앤서니 브라운의 그림책에서 즐길 수 있는 또 하나의 그림 놀이는 '다른 그림 찾기'이다. 유머 잡지에서 흔히 하는 그림 놀이, 얼핏 보면 똑같지만 세세한 부분들이 달라 몇 군데나 다른지 찾는 그런 그림 놀이가 그림책에서 펼쳐진다. 『헨젤과 그레텔』에서 첫 장면의 집 그림과 마지막 장면의 집은 똑같은 집이지만 많은 부분이 다르다. 새엄마와 함께 살던 집과 새엄마가 죽은 후의 집을 비교해 보며 어떤 점이 달라졌는지를 찾아볼 수 있다.

『고릴라』에서는 한나와 아빠가 식사하는 모습, 고릴라와 한나가 함께 식사하는 모습을 똑같은 구도로 그리고 있다. 어떤 점에서 어떻게 다른지 서로 비교할 수 있도록 말이다. 마찬가지로 한나와 고릴라가 손잡고 걸어가는 뒷모습과 한나와 아빠가 손잡고 동물원으로 가는 뒷모습을 똑같은 크기, 똑같은 구도로 그려넣음으로써 독자가 자연스럽게 두 그림을 비교하면서 어떤 점이 달라졌는지 찾도록 유도하고 있다.

『공원에서 일어난 이야기』에서도 다른 그림 찾기를 할 수 있다. 스머지 아빠가 공원으로 가는 길과 스머지와 함께 공원에서 돌아오는 길의 장면은 똑같은 구도

이지만 많은 점이 다르다. 액자 속에서 울고 있던 모나리자가 입에 꽃을 물고 춤을 추고, 구걸을 하던 산타클로스가 일어나 춤을 춘다. 가로등도 건물도 같은 듯 같지 않다.

『행복한 미술관』에서는 다른 그림 찾기를 직접적으로 제안하고 있다. 『터널』의 앞 면지와 뒷 면지도 다른 그림 찾기 놀이로 볼 수 있다. 앞 면지에는 꽃무늬 벽지 아래 그림책이 놓여 있는데, 뒷 면지에는 벽돌 무늬 벽지 아래 그림책과 축구공이 함께 놓여있다. 이를 통해 남매 사이의 관계가 어떻게 변했는지를 보여준다.

숨은 그림 찾기, 다른 그림 찾기와 더불어 앤서니 브라운이 가장 즐기는 그림 놀이는 '모양 상상 놀이'이다. 이 놀이는 단순하지만 무엇인지 정확하게 알 수 없는 도형 혹은 모양을 그려놓고, 그 위에 이것저것 새로운 선이나 모양을 추가하면서 새로운 형태를 찾아가는 놀이이다. 앤서니 브라운은『행복한 미술관』의 결말을 '모양 상상 놀이'라는 그림 놀이로 맺는다. 작가는 '모양 상상 놀이'에 대해 이렇게 말한다.

> "모양 상상 놀이는 내 삶과 일을 관통하는 하나의 고리이다. 비 내리는 오후에 할 일이 없을 때 소소한 시간 때우기용으로 시작한 놀이가 어느덧 내가 하는 모든 일의 핵심이 되었다. 내가 분명하게 아는 한 가지는 남은 삶 동안 나는 모양 상상 놀이를 계속하리라는 것이다. 그리고 그것은 정말 멋진 일이다."(앤서니 브라운·조 브라운, 2011)

'모양 상상 놀이'의 핵심은 '변형'이다. 앤서니 브라운의 처녀작『거울 속으로』가 확실히 보여주듯이 앤서니 브라운의 작품 세계에 가장 커다란 영향을 준 화가를 뽑으라면 단연 르네 마그리트다. 르네 마그리트의 초현실주의 화풍의 가장 큰 특징은 '변형'이라고 할 수 있다(앤서니 브라운·조 브라운, 2011).

이러한 초현실적인 특징인 변형, 즉 뭔가가 달라지는 그림들이 연속적으로 나오는 가장 대표적인 작품이 바로『달라질 거야』이다.『달라질 거야』는 제목에서도 알 수 있듯이 뭔가가 계속 변하는, 사물이 지속적으로 변형되는 과정을 그림책 전체에 걸쳐서 표현하고 있다. 거실에 놓인 텔레비전 화면 속에 어미 새가 등장하더니 다음 페이지의 텔레비전 화면에는 알들이 있고, 다음 화면에는 아기 새에게 먹이를 주는 어미 새의 모습이 보인다. 그리고 조셉이 밖으로 나와 찬 축구공이 알이 되고, 알 속에서 새가 깨어나오는 설정 등은 생명, 즉 동생의 탄생을 암시하고 있다. 그밖에 주전자가 줄무늬 고양이로, 세면대에 물 빠지는 구멍이 입으로 변하고 호스가 코끼리 코가 되며 자전거 바퀴는 사과가 되고 소파는 점차 고릴라로 변한다. 이러한 변화는 동생이 태어나는 것을 앞두고 뭔가 달라질 것에 대해 주인공 아이가 느끼는 불안감을 잘 표현해 준다고 할 수 있다.

'변형'을 주제로 한 초현실적인 기법은 독자들로 하여금 그림을 자세히 들여다 볼 수밖에 없게끔 만들고 익숙하면서도 낯선 그림들을 나름대로 해석하게 만든다. 독자들의 적극적인 해석을 요구하는 이러한 표현은 그림 안에는 하나로 귀결될 수 없는 숱한 이야기들이 들어 있고, 그 이야기를 찾는 것은 독자의 몫이며 작가는 결말을 열어놓고 독자를 초대하는 것이라는 그의 생각을 잘 나타내 주고 있다. 『돼지책』에서 엄마가 '너희들은 돼지야!'라고 쓴 쪽지를 남기고 사라져 버린 후, 피곳씨와 아이들은 물론 집안의 모든 사물들은 다 돼지로 변한다. 액자 속 그림의 사람들도 모두 돼지로 변했고 전화기, 단추, 벽지에서 창문 밖의 달까지도 모두 돼지의 모양으로 변한다.

숨은 그림 찾기나 다른 그림 찾기 그리고 앞서 이야기 한 옛이야기나 명화의 패러디 역시 이러한 변형의 과정이라 할 수 있다. 하나의 모양을 만들어 놓고 상상에 상상을 거듭하여 그 모양을 이리저리 바꾸어가며 찾아내는 새로운 모양들에 작가는 계속 희열을 느낀다. 앤서니 브라운은 그림을 즐기며 그림으로 하는 놀이를 즐기고 그림책 만드는 일을 즐기며 나아가 자신의 작품 세계를 끊임없이 변형해 나가는 것을 즐기는 열정적인 그림책 작가이다.

2. 그림책 안내

겁쟁이 빌리

서지정보

작가 : 앤서니 브라운 글/그림

옮긴이 : 김경미

출판사 : 비룡소

출판년도 : 2006

내 용

빌리는 걱정이 많은 아이이다. 신발이 걸어서 창문으로 도망가면 어쩌지? 큰 새가 날 잡아가면 어쩌지? 큰 비가 내려 방이 물바다로 변한다면… 빌리에게는 세상이 온통 걱정거리다. 엄마, 아빠가 도와주려고 애쓰지만 소용이 없다. 어느 날 할머니 집에서 자게 된 빌리는 할머니에게 자기의 걱정들을 이야기한다. 그러자 할머니는 방으로 가서 걱정 인형을 들고 나온다. 드디어 빌리는 걱정 인형에게 자신의 걱정을 말하고 편히 잠자는데, 나중에는 걱정 인형이 자신의 걱정을 대신 하는 사실을 또 걱정하게 되고 걱정 인형에게 각각의 걱정 인형을 직접 만들어준다.

특징 및 교육적 접근

중앙아메리카의 과테말라 인디언들에게 전해 내려오는 전설을 모티브로 한 이 그림책은 걱정하는 주인공 빌리를 통해 우리 시대의 어린이를 대변하고 있다. 걱정이 많아 늘 자다가도 악몽을 꾸고 고민을 하는 주인공 빌리의 모습을 다양한 상황과 표정으로 표현하고 있다.

1) 빌리에게 할머니가 걱정 인형을 준다. 걱정 인형에게 걱정거리를 말하면 인형이 대신 걱정을 해 주니 잠을 편히 잘 수 있다는 것이다. 유아들과 빌리에게 있었던 걱정이 나에게도 있는지 이야기를 나누어 보고 나만의 걱정 인형을 만들어 본다. 또한 그림책에서처럼 걱정 인형의 이름을 지어주고, 어떤 걱정을 걱정 인형에게 이야기해 줄 것인지 함께 이야기 나누어 볼 수 있다.

2) 주인공 빌리의 심리상태를 색깔로 표현하고 있다. 걱정을 하는 장면은 흑백으로 표현하였으며, 빌리를 위로해 주는 성인이 등장하면서 그림에 다채로운 색깔을 입히고 있다. 걱정이 사라진 장면에서 밝은 색채가 주류를 이루고 편안한 표정의 주인공이 등장한다. 유아들과 그림만을 다시 감상해 보며 왜 작가는 색깔을 다르게 표현했을지에 대해 함께 이야기를 나누어 보며, 빌리의 마음 변화에 따른 그림책 색의 변화를 느낄 수 있도록 한다.

고릴라

서지정보

작가 : 앤서니 브라운 글/그림

옮긴이 : 장은수

출판사 : 비룡소

출판년도 : 1998

내 용

고릴라를 좋아하는 한나는 아빠와 동물원에 가고 싶어하지만, 아빠는 너무나 바쁘고 피곤하다. 생일 전날 아빠는 한나에게 고릴라 인형을 사준다. 한나가 잠든 사이 커다래진 고릴라와 한나는 환상의 세계로 들어간다. 한나는 고릴라와 함께 동물원에 가고 맛있는 음식도 먹으며 무도회에서 춤도 추고 영화도 보며 아빠와 함께 해 보고 싶어 했던 것들을 고릴라와 함께 한다. 한나 생일날 아빠는 한나와 함께 고릴라를 보러 동물원에 간다.

특징 및 교육적 접근

이 그림책은 유난히 바쁜 현대 아빠들의 모습과 이로 인해 외로움을 느끼는 딸의 모습을 표현하고 있다. 아빠는 바쁜 삶에 지쳐있으며, 주인공 한나는 사랑받고 싶어 아빠에게 다가가지만 함께 할 수 없기에 혼자서 외로워한다. 부모와 함께 하고 싶어 하는 아이의 심리를 잘 그리고 있는 작품이다. 이 작품은 '케이트 그린어웨이상'을 받았다.

1) 한나와 아빠의 관계 변화를 선과 색으로 표현하였는데, 초반에 등장하는 둘의 관계는 직선과 하늘색, 파랑색의 사용으로 인해 차갑고 딱딱하게 느껴진다. 중반부터는 따뜻한 느낌의 색깔 사용으로 한나의 감정 변화를 표현하고 있다. 유아들과 그림의 이러한 변화를 살펴 보고 느낌을 이야기한 다음, 아빠의 마음, 한나의 마음에 대해 함께 이야기해 볼 수 있다.

2) 이야기의 중반으로 가게 되면 고릴라를 좋아하는 한나에게 아빠는 고릴라 인형을 사준다. 한나는 고릴라 인형을 통해 환상의 세계로 들어간다. 고릴라 인형은 아빠처럼 커져서 아빠의 옷과 모자를 쓰고 한나와 행복한 시간을 보낸다. 고릴라는 한나에게만 집중한다. 자신이 원하는 아빠의 모습은 어떤 아빠인지, 아빠와 함께 하고 싶은 일은 어떤 일인지 등을 이야기해 보고, 아빠에게 편지 쓰기를 해볼 수 있다.

3) 마지막 장면에는 한나가 아빠와 함께 동물원에 가는 모습이 그려져 있다. 이후의 이야기가 어떻게 전개될지 유아들과 이야기 나누어 볼 수 있다.

나와 너

서지정보

작가 : 앤서니 브라운 글/그림

옮긴이 : 서애경

출판사 : 웅진주니어

출판년도 : 2010

내 용

도시에 아빠 곰, 엄마 곰, 아기 곰 셋이 살고 있었다. 엄마 곰이 죽을 준비했지만, 죽이 너무 뜨거워서 가족은 죽이 식을 때까지 공원을 산책한다. 한편 엄마와 함께 집을 나온 한 소녀는 우연히 문이 열린 곰의 집에 들어간다. 식탁 위 죽을 본 소녀는 아기 곰의 죽을 다 먹어버리고 아기 곰의 의자를 부수어 놓은 채로 2층으로 올라가 아기 곰의 침대에 누워 스르르 잠이 든다. 산책을 마치고 곰 가족이 집으로 돌아오고 소녀는 부리나케 도망나와 엄마 품으로 돌아온다.

특징 및 교육적 접근

『나와 너』는 우리가 잘 알고 있는『금발머리와 곰 세 마리』가 모티브다. 이 그림책은 금발머리 소녀와 소녀의 엄마 그리고 곰 세 마리 가족의 모습을 대비시킨다. 곰 세 마리 가족은 알록달록 부유한 집에 살고 있고 함께 산책을 하지만, 서로는 각자의 이야기를 하고 있으며 금발머리 가족은 한부모 가정으로 어둡고 외로워 보이는 모습이다. 이 두 가족의 모습은 다르지만 공통적으로 현대인의 단절의 모습을 보여준다.

1) 아이의 호기심으로부터 이야기는 시작된다. 풍선을 따라가다 길을 잃은 소녀는 호기심에 이끌려 곰의 집에 들어가게 된다. 집을 어수선하게 만들어 놓은 소녀를 아기 곰은 싫어하지 않고 오히려 그 소녀가 누구인지, 어떻게 되었을지에 대해 호기심을 갖는다. 소녀는 왜 곰의 집으로 들어오게 되었는지, 곰은 왜 소녀가 궁금했는지에 대해 이야기를 해 보고 이 둘이 앞으로 어떻게 될지에 대해 함께 이야기를 나누어 볼 수 있다.

2) 그림책 오른쪽에는 곰 세 마리 가족, 왼쪽에는 금발머리 가족이 표현되고 있다. 곰 세 마리 가족이 있는 페이지에는 다채로운 색깔의 이야기가 펼쳐지고, 금발머리 가족이 있는 페이지에는 흑백의 글 없는 이야기가 분할 그림으로 전개되어 그림책의 내용이 더 분명하게 전달된다. 유아들과 서로 각자의 이야기를 하는 곰 가족의 모습에 대해 이야기를 나누어 보고 어떻게 하면 서로 소통하면서 살아갈 수 있을지에 대한 토론을 해볼 수 있다.

동물원

서지정보

작가 : 앤서니 브라운 글/그림

옮긴이 : 장미란

출판사 : 논장

출판년도 : 1992

내 용

가족들과 동물원을 구경하게 된 아이들은 무척 신이 난다. 그러나 동물원 가는 길에 차가 막히자 아이들은 서로 티격태격 싸운다. 동물원에서는 아빠가 동생의 입장료를 깎아 주어야 한다고 우긴다. 엄마는 우리 안에 있는 호랑이가 불쌍하다고 말하지만, 아빠는 호랑이가 우리 밖으로 나오면 불쌍하다고 말하지 못할 거라고 말하며 비웃는다. 가족들은 모두 동물원을 함께 구경했지만 서로 다른 생각을 한다.

특징 및 교육적 접근

이 그림책은 가족이 함께 동물원을 구경하러 갔지만 서로 화합하지 못하고 제대로 소통하지 못하는 가족의 모습과 아이들과 엄마의 의견을 무시하고 자신의 의견을 강요하는 아빠의 모습, 우리에 갇혀있는 어두운 표정의 동물들 모습을 통해 현대 사회에 만연한 가족 간, 인간과 동물 간 소외를 보여준다. 1983년『고릴라』에 이어 두 번째로 '케이트 그린어웨이상'을 수상한 그림책이다.

1) 한쪽에는 구경하는 가족과 사람들의 모습이 그려져 있으며, 다른 쪽에는 외로운 동물들의 모습이 대비되어 그려져 있다. 동물원 구경을 간 경험을 함께 이야기해 보고 동물원에 갇힌 동물의 입장에서 생각해 볼 수 있다. 동물들은 우리 안에서 어떤 생각을 하고 있을지 이야기해 본다.

2) 앞표지에서부터 그림책의 내용을 암시하듯 검은색과 흰색의 줄무늬 속에 가족의 모습이 그려져 있다. 그림책의 내용을 대변해 주듯이 개구쟁이 아이들, 가부장적으로 크게 그려진 아빠, 슬픈 눈빛으로 작게 그려진 엄마의 모습이 담겨 있다. 유아들과 그림책의 앞표지를 보면서 어떤 느낌이 드는지 그림책의 내용을 예측해 볼 수 있다.

3) 그림 곳곳에 숨어있는 그림들이 있다. 매표소에서 표를 사려고 기다리는 사람들, 동물들을 구경하는 사람들의 모습에 동물의 뿔과 새의 부리와 양서류 동물의 발과 동물의 머리가 그려져 있어 유아들과 이 그림들을 함께 찾으며 감상할 수 있다. 그리고 왜 작가는 이런 그림들을 그려넣었는지에 대해 이야기를 나누어 볼 수 있다.

마술연필

서지정보

작가 : 앤서니 브라운 글/ 그림

옮긴이 : 서애경

출판사 : 웅진주니어

출판년도 : 2010

내 용

그림을 그리면 무엇이든 진짜가 되는 신기한 마술 연필을 가진 꼬마 곰이 숲 속을 걸어가고 있다. 그때 갑자기 늑대가 군침을 흘리며 튀어나온다. 꼬마 곰은 마술 연필을 이용해서 그림을 그려 늑대를 가두어 버린다. 뱀은 스카이 콩콩을 그려서 폴짝 뛰어넘고, 사자를 만났을 때는 고기를 그려서 멀리 따돌린다. 호수를 만나자 수영복을 그려 입고 수영을 하고, 슬퍼 보이는 거인에게 기운을 불어넣어 주기도 한다. 얼음이 녹아 살 곳이 없어졌다고 슬퍼하는 북극 곰 가족을 위해 꼬마 곰은 북극에 하얀 얼음과 눈을 그려준다. 그리고 멸종 위기에 처한 동물들을 불러 그들을 돕기 위한 자선 동물파티를 열어준다.

특징 및 교육적 접근

그림을 그리면 무엇이든 진짜가 되는 '마술 연필'이라는 창의적인 소재로 어린이들과 함께 작업하여 만든 그림책이다.

1) 꼬마 곰과 같은 위기상황이라면 어떻게 문제를 해결할지 이야기를 나누어 본다.

2) 앞표지부터 끝까지 마술 연필을 든 주인공 꼬마 곰이 등장하며, 그 옆에는 실제 아이들의 그림이 콜라주 형식으로 붙여져 있다. 그림책에 등장한 실제 어린이들의 그림은 그림대회에서 뽑힌 어린이들의 그림으로 유아들의 동심을 더 실감하게 한다. 면지에는 작가가 한국의 어린이 작가들에게 쓴 편지가 들어 있어 유아들이 그림책 작가와 그림책 내용에 더욱 깊이 참여할 수 있게 해 준다. 유아들과 꼬마 곰이 되어 마술 연필로 그림책을 만들어 보는 활동, 나에게 마술 연필이 있다면 무엇을 그리고 싶은지 상상해 보는 활동, 작가가 제시한 그리기 놀이 등을 할 수 있다.

3) 그림에는 다음에 나타날 등장인물을 숨은 그림으로 표현하고 있다. 이 숨은 동물을 찾아내어 다음 장면을 유추해 보는 활동도 유아들에게 즐거움을 줄 것이다.

미술관에 간 윌리

서지정보

작가 : 앤서니 브라운 글/그림

옮긴이 : 장미란

출판사 : 웅진닷컴

출판년도 : 2000

내 용

윌리는 그림 그리는 것을 좋아하고, 그림 보는 것도 좋아한다. 윌리는 그림에는 이야기가 담겨져 있다고 생각한다. 어느 날 윌리는 유명한 화가의 그림들을 감상하고 그 그림들을 따라 그리기 시작한다. 레오나르도 다빈치의 〈모나리자〉 그림이 '신비한 미소'로 변하고, 라파엘로의 〈성 조지와 용〉 그림이 '영웅'이라는 제목으로 바뀌었으며, 윌리가 좋아하는 고릴라와 다른 그림들이 변형되어 그려져 있다.

특징 및 교육적 접근

그림책에 등장하는 주인공 윌리는 첫 장면에서 '그림 그리는 것을 좋아하고, 감상하는 것도 좋아하며 그림에는 이야기가 담겨져 있다고 생각한다'고 소개를 한다. 그리고는 자신이 감상하면서 영감을 받았던 그림들을 침팬지의 입장에서 다시 그린다. 침팬지의 입장에서 그려진 패러디 명화 그림은 원화와는 전혀 다른 새로운 시각의 그림들이다. 마지막 장면을 보면, 첫 장면에 나왔던 윌리가 침팬지 가면과 기하학적 무늬의 조끼를 책상 위에 벗어놓고 문을 나서고 있다. 가면을 벗은 주인공의 얼굴은 침팬지가 아니라 앤서니 브라운 자신이다.

1) 유아들과 '과연 가면을 썼던 주인공 윌리는 누구였을까?'에 대해 이야기 나눈다.

2) 윌리가 그린 패러디 명작들은 발상의 전환을 보여준다. 〈비너스의 탄생〉에는 침팬지가 벌거숭이로 등장하고, 쇠라의 점묘화 〈그랑자트 섬의 오후〉에서는 침팬지들이 애완동물로 인간을 끌고 나온다. 밀레의 〈이삭줍기〉에는 침팬지가 들판을 붓으로 칠하는 장면이 등장한다. 그림 밑에는 다시 지어진 제목과 짧은 이야기가 소개되어 있다. 그림의 실제 원작은 부록에 팝업 형태로 소개되어 있다. 유아들과 함께 원작과 그림책 속의 그림을 서로 비교하며 원작과 어떻게 다른지, 어떤 느낌이 드는지 이야기 나눈다. 내가 작가라면 그림을 어떻게 바꾸어 보고 싶은지 또 다른 그림으로 창작할 수 있다. 유아들과 창작한 그림들은 제목과 내용을 써서 전시하고 동생들을 초대해서 미술관 놀이를 할 수 있다.

숲 속으로

서지정보

작가 : 앤서니 브라운 글/그림

옮긴이 : 허은미

출판사 : 베틀북

출판년도 : 2004

내 용

무시무시한 소리에 잠을 깬 아이는 아침 식사 때 아빠가 보이지 않는다는 사실을 알게 된다. 엄마는 아이에게 할머니께 케이크를 갖다 드리라고 심부름을 시킨다. 아이는 멀리 돌아가라는 엄마의 말과는 반대로 지름길을 선택하는데, 지름길은 어둡고 으스스한 숲 속이다. 아이는 숲에서 전래동화에 나오는 등장인물을 만난다. 그들은 케이크를 달라고 하지만 아이는 모두 뿌리치고, 마침내 할머니 집에 도착한다. 거기서 아빠도 만나고 곧이어 가족이 모두 함께 만난다.

특징 및 교육적 접근

이 그림책은 부모의 불화로 인한 불안의 극복, 최종적으로는 가족의 사랑과 회복을 여러 상징을 통해서 전하고 있다. 아침밥을 먹는 자리에 아빠의 빈자리가 보이고 가족사진 액자에 금이 가 있는 등의 그림들은 부모님의 다툼과 아빠의 부재를 암시한다. 엄마는 아이에게 케이크를 주며 할머니에게 갖다 드리라고 한다. 아이가 택한 길은 숲길이며 환상의 세계인데, 주인공의 불안정한 심리를 나타내듯 흑백으로 처리가 되어 있고 무시무시해 보인다. 그러나 그 길에서 주인공은 불안을 극복하며 할머니 댁으로 무사히 가게 된다.

1) 환상의 세계에는 옛이야기에 나오는 주인공과 물건이 차례로 등장한다. 『잭과 콩나무』의 잭과 콩나무, 『금발머리와 곰 세 마리』에 나오는 금발머리와 곰 세마리의 집, 『헨젤과 그레텔』의 주인공들과 과자 집 등이 등장한다. 이들과 만나면서 나누는 대화에는 주인공의 심경이 잘 나타나 있다. 유아들과 함께 흑백 처리된 환상의 세계 속 옛이야기 주인공과 물건들 찾기를 할 수 있으며, 주인공의 마음상태에 대해 이야기를 나누어 볼 수 있다.

2) 첫 장면의 빈자리는 누구일지, 엄마와 아이의 표정과 어두운 그림들에 대해 유아들과 이야기를 나누어 보고 자신들의 경험에 비추어 싸움에 대해 이야기를 나누어 본다. 또한 아빠를 빨리 보고 싶은 마음에 엄마가 가지 말라는 숲 속 지름길을 선택하는 주인공의 마음과 아빠를 만났을 때의 마음상태 그리고 마지막에 엄마를 만나서 다시 화합하는 장면에 대한 느낌을 이야기 나눌 수 있다.

우리는 친구

서지정보

작가 : 앤서니 브라운 글/그림

옮긴이 : 장미란

출판사 : 웅진주니어

출판년도 : 1997년

내 용

주인공 고릴라는 손짓으로 말을 할 줄 안다. 그가 손짓으로 동물원 사람들에게 '나는 친구가 필요해'라고 말하자 동물원 사람들은 작은 고양이 '예쁜이'를 데려다 준다. 고릴라는 '예쁜이'와 모든 것을 함께 했다. 그런데 영화 ’킹콩‘을 함께 보던 중, 고릴라가 점점 화를 내더니 텔레비전을 부숴버렸다. 동물원 사람들은 '예쁜이'가 위험하다며 데리고 가려 했다. 그러나 '예쁜이'는 텔레비전을 부순 건 자신이라고 하였고, 이후 둘은 오래도록 행복하게 살았다.

특징 및 교육적 접근

몸집이 큰 고릴라와 몸집이 작은 고양이와의 우정을 담은 그림책이다. 고릴라는 손짓으로 말을 할 줄 알아 자신이 원하는 것은 무엇이든지 손에 넣을 수 있다. 그러나 고릴라는 외로워한다. 무엇이든 갖는다고 다 행복한 것은 아니기 때문이다. 고릴라에게 필요했던 것은 친구였다. 친구가 없던 고릴라는 자신과 아주 다른 고양이를 만나게 된다. 이 둘은 몸집이 다르고 생각이 달라도 서로를 인정하고 아끼며 우정을 나눈다.

1) 유아들과 그림책을 보면서 둘은 어떤 관계인지, 서로 달라도 친구가 될 수 있는지, 유아들이 생각하는 친구는 어떤 존재인지 이야기를 나누어 볼 수 있다. 또한 고릴라와 고양이가 어떻게 서로 친구가 되어 가는지 관찰해 보고 우정을 나누기 위한 자신만의 방법을 친구들에게 소개한다. 후반부에 어려움에 처한 고릴라를 위해 고양이가 취했던 행동에 대해 내가 고양이라면 어떻게 했을지, 친구를 위로하기 위해 했던 방법에 대해서 이야기 나눈다.

2) 고릴라가 고양이를 등에 태우고 날아가는 장면 뒤로 고대 신화를 피터 브뢰겔이 새롭게 창작한 <이카로스의 추락이 있는 풍경>이 보인다. 유아에게 관련 자료 그림을 보여주며 설명해 줄 수 있다. 또한 작가가 어릴 때 좋아했던 영화 '킹콩'의 장면이 등장하는데, 고릴라는 이 장면을 보고 화를 낸다. 고릴라가 왜 킹콩을 보고 화를 냈는지도 함께 이야기해 볼 수 있다. 화가 날 때 어떻게 해야 하는지도 유아들과 이야기해 본다.

터널

서지정보

작가 : 앤서니 브라운 글/그림

옮긴이 : 장미란

출판사 : 논장

출판년도 : 2002

내 용

오빠는 밖에 나가서 노는 것을 좋아하고 여동생은 방에서 책을 읽거나 공상하는 것을 좋아한다. 성격이 다른 만큼 함께 있으면 싸운다. 어느 날 둘은 싸우다가 엄마에게서 쫓겨난다. 오빠는 심심해 하다가 터널 속으로 들어갔고 동생은 오빠를 찾으려고 터널 안을 들어간다. 터널 안에서 돌로 변해버린 오빠를 보자 동생은 오빠를 안아준다. 동생이 눈물을 흘리자 오빠는 원래의 모습으로 돌아왔고, 둘만의 특별한 경험을 한 남매는 이전과는 다른 관계의 남매가 되었음을 암시하듯 마주 보며 따뜻한 눈빛을 교환한다.

특징 및 교육적 접근

그림책 곳곳에 남매의 대조적인 성격이 표현되어 있다. 여동생은 책을 좋아하며 정적이지만, 오빠는 활동적인 축구를 좋아하며 호기심도 많은 성격이다. 실내에 있기 좋아하는 여동생을 표현하기 위해 왼쪽 면지에 꽃 벽지가 그려져 있고, 바깥을 좋아하는 오빠를 표현하기 위해 오른쪽 면지에 벽돌담 그림이 그려져 있다. 그리고 그림 곳곳에 상징적인 그림이 포함되어 있다. 여동생의 빨간 외투와 여동생 방에 걸려있는 그림은 『빨간 모자』를 연상시키며, 여동생이 터널을 지나는 동안 『잭과 콩나무』의 콩나무와 『헨젤과 그레텔』의 과자 집, 빵 부스러기, 나무 곳곳에 여러 종류의 동물 그림이 숨겨져 있다.

1) 대조를 이루는 그림과 숨겨져 있는 그림들을 유아들과 함께 찾으며, 그것들의 의미와 느낌을 이야기해 볼 수 있다. 예를 들어 앞면지와 뒷면지 그림의 변화는 여동생의 성격 변화를 보여준다. 여동생을 상징하는 책이 앞면지에서는 왼쪽에 놓여 있다가 뒷면지에서는 오빠를 상징하는 축구공과 함께 오른쪽에 놓여 있다. 이는 실내에서 책만 보던 여동생이 오빠를 구한 이후 바깥 세상으로 나와 오빠와 나란히 있게 되었음을 나타내는 것이다.

2) 유아들과 형제(자매) 간의 갈등 경험에 대한 이야기를 나누고 어떻게 해결했는지에 대해 이야기를 나누어 본다. 마지막 장면의 동생의 표정을 보고 어떤 기분일지, 뒷모습만 보이는 오빠의 표정은 어떠할지에 대해 이야기를 나눈다.

활동 4-1 걱정 인형 만들기

활동목표

- 그림책을 감상하고 주인공의 마음을 이해한다.
- 걱정 인형을 통하여 자신의 마음을 표현한다.

활동자료

『걱정 많은 빌리』, 털실, 천으로 만들어진 무지 인형, 사인펜

활동방법

도입

- 유아들과 그림책을 회상하며 이야기를 나눈다.
  - 주인공 빌리는 어떤 아이였니?
  - 빌리는 어떤 걱정들을 했니?
  - 빌리는 어떻게 걱정을 안 하게 되었니?
  - 너희들도 빌리처럼 무서운 것이 있니?
  - 만약에 내가 빌리라면 어떤 걱정거리를 걱정 인형에게 이야기해 주고 싶니?

전개

- 걱정 인형을 만드는 방법에 대해 이야기 나눈다.
  - 나에게 걱정 인형이 있다면 어떨까?
  - (걱정 인형 재료를 소개) 걱정 인형의 재료로 어떤 걱정 인형을 만들어 보고 싶니?

• 걱정 인형을 만든다.

–나만의 걱정 인형을 만들어 보자.

–내가 만든 걱정 인형에게 어떤 걱정을 말해 주고 싶니?

–걱정 인형의 이름을 지어보자.

마무리

• 걱정 인형을 소개한 후 평가한다.

–걱정 인형을 소개해 보자.

–걱정 인형을 만들어 보니 어떤 마음이 들었니?

–다른 친구들의 걱정을 들어보니 어떤 생각이 드니?

활동 4-2 내가 꼬마 곰이라면?(중간 이야기 바꾸어 짓기)

활동목표

- 그림책의 내용을 이해한다.
- 그림책의 중간 부분을 바꾸어 보며 창의적인 생각을 한다.

활동자료

『마술 연필』, 꼬마 곰이 위기에 처해 있는 그림들, 색종이, 풀, 가위, 색연필, 사인펜

활동방법

도입

- 유아들에게 수수께끼를 통해 마술 연필에 관심을 가질 수 있도록 한다.
  - 수수께끼 상자에 있는 것은 마음대로 그림을 그릴 수 있는 연필이래.
  - 이것으로 주인공 꼬마 곰은 어려운 일을 극복할 수 있었대.
  - 너희들에게도 이런 마술 연필이 있다면 어떤 그림을 그려보고 싶니?

전개

- 그림책의 중간 부분을 바꾸어 보며 창의적인 생각을 한다. 꼬마 곰이 위기에 처해 있는 장면을 보여주며 이야기를 나눈다.
  - 어떤 장면이니?
  - 꼬마 곰은 여기에서 어떻게 했니?
  - 너희가 만약 꼬마 곰이라면 마술 연필로 어떤 그림을 그렸을까?

• 작가가 되어 그림책의 중간 이야기를 바꾸어 지어본다.
  – 너희가 작가라면 위기에 처해 있는 꼬마 곰이 어떻게 문제를 해결했을지 이야기를 바꾸어 지어보자.

마무리

• 완성된 이야기를 소개하며 평가를 한다.
  – 작가가 되어 이야기를 바꾸어 보니 어떤 마음이 들었니?
  – 이야기를 지으면서 어려웠던 점은 없었니?
  – 어떤 점이 재미있었니?

에릭 칼 FIVE

- 1929년 뉴욕 시러큐스에서 출생
- 1935년 독일로 이주
- Academic of Graphic Arts에서 공부
- 1952년 미국으로 돌아와 뉴욕 타임즈에서 그래픽 디자이너로 일함
- 1968년『1, 2, 3 동물원으로』출간
- 1969년『배고픈 애벌레』출간
- 2002년 매사추세츠 엠허스트에 에릭칼 그림책 미술관 세움
- 2003년 로라 잉겔스 와일더상 수상

대표작

『갈색곰아, 갈색곰아, 무엇을 보고 있니?』,『1, 2, 3 동물원으로』,『배고픈 애벌레』,『팬케이크, 팬케이크』,『나랑 친구할래?』,『수탉의 세상 구경』,『수수께끼 생일 편지』,『머리에서 발끝까지』,『내 고양이 못 봤어요?』,『뒤죽박죽 카멜레온』,『퉁명스런 무당벌레』,『파란 말을 그린 화가』,『북극곰아, 북극곰아, 무슨 소리가 들리니?』,『캥거루도 엄마가 있어요?』,『공 좀 잡아!』,『점심으로 무엇을 먹을까?』,『무지개를 그려보자』,『아주 바쁜 거미』,『아빠 달님을 따 주세요』,『소라게의 집』,『울지 않는 귀뚜라미』,『오늘은 월요일』,『외로운 개똥벌레』,『빨간 여우야 안녕!』,『정말 서투른 방아벌레』,『아빠 해마 이야기』,『고무 오리 열 마리』,『아기곰아, 아기곰아, 무엇을 보니?』,『판다야, 판다야, 무엇을 보고 있니?』

1. 작가 소개

1) 생애

에릭 칼은 1929년 미국의 뉴욕 시러큐스에서 태어났다. 그의 아버지는 돈을 벌기 위해 독일에서 미국으로 이민을 가서 세탁기에 스프레이로 페인트칠하는 일을 했다. 아버지는 어린 아들과 함께 숲 속을 산책하길 즐겨했다. 아버지는 숲 속을 거닐면서 작은 바위를 들어보곤 했다. 바위를 들어 올리면 그 아래 있던 수많은 작은 벌레들과 곤충들이 이리저리 흩어졌다. 에릭 칼은 그 벌레들을 보면서 이야기를 생각해 냈고 새로운 걸 발견하는 기쁨을 알았다. 훗날 어린이 책을 만들기 시작했을 때 에릭 칼은 그때 숲 속에서 자신이 느꼈던 그 느낌들을 끄집어내기 위해 노력했다고 한다(Eric Carle Author Study, http://www.scholastic.com/teachers, 2013년 5월 15일 인출).

학교에 들어간 에릭 칼은 햇살이 환한 교실에서 색색가지 물감과 붓으로 그림을 그리며 즐거운 학교생활을 하였다. 선생님은 에릭 칼의 어머니에게 에릭 칼이 미술에 소질이 있다고 칭찬을 해 주었다고 한다(서남희, 2005). 그러던 어느 날, 독일에 계신 할머니의 부탁으로 에릭 칼의 가족은 독일로 돌아가게 되었다. 만 여섯 살의 에릭 칼은 독일의 딱딱하고 엄격한 학교생활에 그만 질려버리게 되었다. 어린 에릭 칼은 늘 행복한 기억이 가득한 미국으로 돌아가는 것을 꿈꾸었다. 미국으로 돌아가는 것이 불가능하다는 것을 알았을 때 에릭 칼은 다리를 짓는 사람이 될 결심을 했다. 독일에서 미국까지 잇는 다리를 만들어 사랑하는 할머니의 손을 잡고 그 다리를 건너 함께 미국으로 건너가리라 결심했던 것이다.

자연을 사랑했던 어린 시절, 학교를 혐오했던 독일에서의 학창 시절은 이후 에릭 칼의 작품 세계의 바탕이 되었다. 에릭 칼의 작품에는 숱한 동물들과 곤충들, 작은 벌레들이 등장한다. 한편으로 에릭 칼은 그림책을 통해 어린이들이 즐겁게 배울 수 있도록 돕는다.

"나는 내 책들로 집과 학교 사이의 다리를 놓아주고 싶습니다…. 나는 집에서 학교로의 변화가 어린 시절 두 번째로 큰 충격이라고 생각합니다. 첫 번째는 당연히 이 세상에 태어났을 때겠죠. 따뜻하고 안전한 장소를 떠난다는 것은 미지의 세계로 들어가는 것을 의미합니다. 미지의 세계는 종종 두려움을 동반합니다. 아이들이 나의 책을 통해 이런 두려움을 줄이고, 그것을 긍정적인 메시지로 받아들일 수 있도록 저는 노력합니다. 아이들은 원래 창의적이며 배우려는 열정을 지녔다고 믿습니다. 나는 어린이들에게 배움이 얼마나 흥미진진하고 재미있는지 보여주고 싶습니다." (The Eric Carle Museum of Picture Book Art, 2012)

에릭 칼은 독일과 미국을 잇는 다리를 놓지는 못했지만, 어린 시절 학교가 싫었던 자신의 경험을 바탕으로 가정과 학교를 안전하게 이어주는 다리를 만들어 아이들의 손을 잡고 아이들을 배움의 세계로 이어주는 안내자 역할을 하였다.

에릭 칼이 학교를 다니던 시절은 히틀러가 집권하면서 나치의 광기가 휩쓸던 시절이었다. 모든 교육 현장에서 자유로운 정신은 억압되고 끊임없는 감시와 규율이 강조되던 시간들이었기에 학교생활은 더욱 고통스러울 수밖에 없었을 것이다. 미술에 재능을 보이던 에릭 칼을 눈여겨보던 미술 선생님이 어느 날, 에릭 칼을 집으로 초대했다. 선생님은 당시 금지되었던 화가들의 작품을 보여주었다. 피카소, 클레, 마티스, 칸딘스키의 그림들을 보여주며, 이들의 자유로운 기법들을 기억하라고 일러주었다.

자유로운 예술 혼에 가슴 설레던 에릭 칼은 전쟁이 끝나고 열여섯 살 되던 해, 슈르트가르트의 명문 예술학교(Akademie der bildenden Künste)에 들어갔다. 에릭 칼은 자만심에 들떠 생활하다 교수에게 재능이 없으니 학교를 그만 두라는 이야기를 듣고 정신이 번쩍 났다고 한다. 그 후 세 학기 동안 활판 인쇄 파트에서 도제 수업을 받은 후 디자인 수업을 받을 수 있었다. 학교를 졸업하고 그래픽 디자이너와 포스터 작가로 2년의 경험을 쌓은 후 그는 어린 시절부터 그토록 돌아가고 싶어 하던 미국의 뉴욕으로 돌아갔다.

'뉴욕 아트 디렉터 쇼'에 간 에릭은 아트 디렉터였던 레오 리오니를 만나 광고 일러스트레이터로 생활하게 되었다. 작가 빌 마틴 주니어는 에릭 칼이 그린 빨간 가재 그림을 본 후『갈색 곰아, 갈색 곰아, 무엇을 보고 있니?』의 그림을 그려줄 수 있느냐는 제안을 했고, 에릭 칼은 그 제안을 받아들였다. 이렇게 해서 에릭 칼은 그림책 작가로 입문하게 되었다. 자기 안에 숨어있던 '어린이'를 그림을 통해 유쾌하게 드러낸 이 책은 베스트셀러가 되고 이때부터 에릭 칼은 본격적으로 어린이 그림책의 세계로 뛰어들게 되었다. 처음에는 텍스트에 자신이 없어 글자 없는 그림책『1, 2, 3 동물원으로』란 책을, 그 다음에는『배고픈 애벌레』를 내어 놓았다. 『배고픈 애벌레』는 크게 성공하여 현재 전 세계적으로 30여 개의 언어로 번역되었고 1,700만 부 이상이 팔렸다고 한다(배고픈 애벌레, http://book.daum.net/detail, 2013년 5월 15일 인출).

『배고픈 애벌레』는 에릭 칼의 평상시 습관에서부터 시작되었다. 에릭 칼은 평소 종이 더미에 구멍 뚫는 놀이를 즐겼다. 구멍을 뚫으면서 책을 먹는 책벌레가 있으면 어떨까 생각했던 것이 이 책의 시작이었다. 어린 시절 바위 밑에 숨어있던 수많은 곤충들이 일제히 흩어져 도망가는 것을 보면서 이야기를 떠올린 것처럼 자신의 일상의 경험 안에서 자연스레 이야기를 떠올리고 그것을 발전시켜 나간 것이다.『배고픈 애벌레』는 책 속에 구멍이 뚫려있고, 책 페이지의 크기가 요일에 따라 애벌레가 먹는 것에 따라 점점 커진다. 단지 눈으로 보기만 하는 그림책이 아니라 손으로 만지며 가지고 놀 수 있는 그림책이다. 개념을 배울 수 있는 그림책, 가지고 놀 수 있는 그림책이라는 에릭 칼 그림책만의 특징이 잘 나타나 있는 작품이다.

이 책의 성공으로 에릭 칼은 'The Very'로 시작되는 시리즈를 만들기 시작했다.『울지 않는 귀뚜라미』(The very quiet cricket),『외로운 개똥벌레』(The very lonely firefly),『아주 바쁜 거미』(The very busy spider)로 이어지는 이 시리즈들은 눈으로 읽으면서 동시에 가지고 놀 수 있는 장난감책이다. 반딧불이 반짝이고 귀뚜라미 우는 소리가 들리며 거미줄을 손끝으로 느낄 수 있는 오감을 활용한 그림책들이다. 그 뒤로도 에릭 칼은『아빠, 달님을 따 주세요』,『아빠 해마 이야기』, 『뒤죽박죽 카멜레온』, 『퉁명스러운 무당벌레』 등 70여 권의 그림책을 내놓았다. 그는 깊이 있고 매력 있는 작품으로 '로라 잉걸스 와일더상', '볼로냐 아동도서전 그래픽상' 등을 탔다. 그의 그림책들은 아이들에게 엄청난 인기를 끌고 있다. 지금도 에릭 칼은 그의 그림책을 좋아하는 전 세계 어린이들이 보내는 편지를 매주 수백 통씩 받고 있다.

에릭 칼의 그림책이 어린이들의 마음을 사로잡는 이유는 무엇일까? 에릭 칼은 "할아버지의 아이디어는 어디에서 오나요?"라는 아이의 편지에 이렇게 대답한다.

> "어떤 외부의 사건은 아이디어가 갑자기 떠오르게 만드는 원인이 되기도 합니다. 하지만 사실 그 아이디어의 씨앗은 훨씬 오래 전에 심어져서 오랫동안 제 마음속에서 조용히 자라고 있었습니다. 화산 역시 갑자기 폭발하는 것 같지만, 그 폭발은 느리게, 서서히 멈추지 않고 진행되다 일어나는 것입니다. 아이디어가 생겨난다는 것은 눈물, 웃음, 심장의 두근거림이나 좀처럼 잊을 수 없는 오래 전 감정의 기억, 또는 내 어린 시절을 끊임없이 꿰뚫어 보는 것입니다." (The Eric Carle Museum of Picture Book Art, 2012)

에릭 칼의 그림책을 전 세계 어린이들이 좋아하는 이유는 바로 여기에 있다. 에릭 칼은 자신의 어린 시절을 끊임없이 꿰뚫어 보며, 그림책 안에 자신의 어린 시절의 기억과 눈물, 웃음을 담는다. 어린이들은 자신들의 마음을 그대로 꿰뚫어 보는 에릭 칼의 그림책 안에서 자신들의 눈물과 웃음, 심장의 두근거림을 만난다.

그렇게 자신의 작품 안에 자신의 어린 시절과 어린이들에 대한 사랑을 고스란히 담아왔던 에릭 칼은 2002년 메사추세츠 엠허스트에 거대하고 빛나는 현대 건축물인 에릭 칼 그림책 미술관을 세웠다. 지금 에릭 칼은 은퇴하여 아내 바바라와 함께 겨울에는 플로리다 키스에서, 날씨가 조금 따뜻해지면 노스캐롤라이나의 산 속에서 시간을 보낸다고 한다. 매년 여름에는 친구들과 함께 매사추세츠에 잠깐 머물면서 오랫동안 사용했던 작업실에 있는 걸 좋아하며, 전 세계의 많은 독자들은 여전히 그의 작품을 좋아한다.

2) 작품 세계

① 학습 동기를 유발하는 그림책

학교생활을 그다지 좋아하지 않았던 에릭 칼은 자신의 어린 시절, 학교가 좀 더 즐거운 곳이었으면 하는 아쉬움을 가지고 있었다. 그리고 아이들에게 배우는 일이 좀 더 즐거운 일이 되었으면 하는 바람이 있었다. 그의 그림책에는 그런 아쉬움과 바람이 담겨있다. 아이들이란 원래 창의적이며 배우려는 열정을 지니고 있다고 믿으며, 아이들에게 배움은 흥미진진하고 재미있는 일임을 보여주려는 에릭 칼의 의도가 담겨있다.

에릭 칼의 많은 그림책들은 책장을 넘기면서 뭔가를 재미있게 배울 수 있도록 만들어졌다. 세계적인 베스트셀러가 된『배고픈 애벌레』는 애벌레가 태어나 월요일부터 일요일까지 계속 뭔가를 먹는 그림책이다. 아이들은 책장을 넘기면서 요일의 이름과 숫자를 자연스레 배울 수 있게 된다. 요일이 달라지면서 먹는 개수도 하나씩 더 많아지기 때문이다.『오늘은 월요일』에서도 요일과 동물들, 음식의 이름을 배울 수 있다.

에릭 칼이 쓰고 그린 첫 번째 작품은『1, 2, 3 동물원으로』이다. 1부터 10까지의 숫자들이 각 숫자만큼의 동물 그림과 함께 차례로 나온다. 숫자와 동물들에 대해 배울 수 있는 그림책이다.『팬케이크, 팬케이크』에서는 농사를 지어 팬케이크을 만들게 되는 과정을 배울 수 있다.『수탉의 세상 구경』에는 세상 구경을 나선 수탉 뒤를 따르는 동물들이 숫자에 맞게 하나씩 더해지는 그림이 담겨있다. 그러나 따라 나섰던 동물들은 세상 구경이 녹녹한 일이 아님을 알고 하나씩 떠나간다. 숫자와 더하기, 빼기의 개념을 배울 수 있다.

『수수께끼 생일 편지』는 암호 편지를 해독하는 줄거리로 되어 있으며, 줄거리를 따라가다 보면 자연스레 모양에 대해 배우게 된다. 페이지의 모양 역시 소개된 모양에 맞게 잘려있어 그림책을 넘기면서 저절로 학습이 된다. 『내 고양이 못 봤어요?』는 고양이를 잃어버린 아이가 다양한 인종과 민족의 사람들을 만나서 자기 고양이를 못 봤냐고 물어보는 이야기다. 고양이 과에 속하는 여러 동물들과 세계 여러 나라 사람들을 소개하고 있다.

『퉁명스런 무당벌레』에는 자기 몸집보다 큰 동물들을 만나 싸움을 거는 허세 가득한 무당벌레가 나온다. 하루 종일 여기 저기 싸움을 걸고 돌아다니는 무당벌레를 따라가다 보면 자연스레 시간과 크기에 대해 배울 수 있다. 『점심으로 무엇을 먹을까?』에도 과일 이름과 숫자들이 나온다. 『아빠 달님을 따 주세요』를 보면 달의 변화 과정과 크기, 높이를 배울 수 있다. 『머리에서 발끝까지』는 신체 각 부위의 명칭과 동물들에 대해 알 수 있다.

『빨간 여우야, 안녕!』은 보색대비를 보여 주는 그림책이다. 제목은 '빨간 여우' 면서 '초록 여우'의 그림이 그려져 있는 이 그림책은 매 장에 소개된 보색 대비의 그림들을 뚫어지게 들여다보면 저절로 보색대비의 신기한 현상을 경험할 수 있게 해 준다. 『아빠 해마 이야기』에는 가시고기, 틸라피아, 커투스, 실고기, 불헤드, 해마 등 아빠가 알을 돌보는 물고기들이 소개되어 있다. 『고무 오리 열 마리』는 숫자와 방향 등을 배울 수 있다.

에릭 칼의 그림책에서 소개하는 개념과 정보들은 매우 다양하다. 기본적으로 시간, 요일, 숫자와 같은 개념이 반복적으로 소개되고 있다. 또한 많은 그림책에 동물과 곤충들이 등장한다. 이를 통해 자연스레 동물과 곤충의 이름을 알게 된다. 이들 개념과 정보들은 자연에서 관찰할 수 있는 것들, 우리의 일상생활에서 접하는 것들이 대부분이다.

에릭 칼이 그림책 속에서 구현하고 있는 학습의 원리는 오늘날 교육의 가장 중요한 원리인 '흥미와 경험 중심의 교육'과 일치한다. '흥미와 경험 중심의 교육'은 "어떻게 공부하는 것이 가장 좋을까?"라는 질문에 대해 자신의 어린 시절의 느낌을 잊지 않고 간직하고, 어린이들을 사랑하는 마음으로 지켜보는 사람이라면 자연스럽게 도달하게 되는 결론인 듯하다.

에릭 칼의 그림책에서 배울 수 있는 것은 개념과 정보뿐만이 아니다. 에릭 칼의 그림책은 우리가 살아가면서 반드시 기억해야 할 중요한 교훈들을 담고 있다. 이러한 교훈들을 복잡하고 지시적으로 이야기하는 것이 아니라 단순한 이야기 구조 안에 암시적으로 담아내고 있다. 그의 암시적인 교훈은 아주 어린 유아부터 현대를 살아가고 있는 성인들까지 스스로를 돌아보게 한다.

『뒤죽박죽 카멜레온』에서 카멜레온은 다른 동물들의 장점을 부러워하여 그들의 특성을 갖기 위해 복잡하게 변해가지만 결국 자기다운 모습이 가장 아름답다는 것을 알게 된다. 자신의 모습을 있는 그대로 받아들이고 사랑하는 것이 행복한 삶의 출발이라는 것을 말해 준다. 『퉁명스러운 무당벌레』는 이기지도 못할 싸움을 거는 무당벌레가 나온다. 괜한 허세를 부리는 어리석은 우리의 모습을 돌아보게 한다. 한편으로는 인정받고 싶어 하는 아이들의 모습을 이해할 수 있게 해 준다. 온 데를 돌아다니며 허세를 부리느라 지친 무당벌레를 따뜻하게 맞이해 주는 친구 무당벌레를 통해 친구와의 관계도 다시 생각해 볼 수 있다. 『소라게의 집』은 작아진 소라 껍데기 집을 떠난 소라게가 외로움과 두려움을 느끼지만 새로운 집을 구하고 바다 친구들과 우정을 쌓는 이야기다. 1년 후 다시 정든 집을 버리고 새로운 집을 찾아야 하는 소라게는 이제 새로운 상황이 두렵지 않다는 이야기를 한다. 전학, 이사, 새 학년 등 새로운 환경에 맞닥뜨리는 아이들에게 용기와 자신감을 준다.

『울지 않는 귀뚜라미』에서는 소리를 내지 못하는 귀뚜라미가 끝까지 노력해서 결국 아름다운 소리를 낸다는 이야기를 통해 유아들에게 어려움에 부딪혀도 끝까지 포기하지 말고 도전하라고 말한다. 『정말 서투른 방아벌레』에서는 아기 방아벌레가 회전돌기를 하기 위해 노력하는 모습을 보여준다. 무엇이든 자신이 원하는 것, 바라는 것이 한 번에 되는 것이 아니라 숱한 실패와 그 실패를 딛고 계속 노력하는 가운데 이루어질 수 있음을 보여준다. 뭔가 새로운 시도를 하고 새로운 것을 익히며 익숙해져 가는 과정에서 극복해야 할 어려움이 무엇인지를 말해 주고 아이들이 새로운 것을 배울 때 어른들은 옆에서 어떻게 도움을 주어야 할지를 보여주는 그림책이다.

에릭 칼이 자신과 어린이들에게 말하고 싶은 것은 자신의 모습을 받아들이면서, 한편으로는 자신이 이루고자 하는 일을 포기하지 않고 끝까지 하는 것이 중요하다는 것이다. 이러한 교훈은 아마도 미술학교 시절 체득했으리라는 생각을 해 본다. 어린 나이에 명문 미술학교에 들어가 자만에 빠져 있다가 재능이 없다는 이야기를 듣고 세 학기를 도제 수업을 받고 디자인 수업을 받았던 그 시절, 그는 자신의 현재를 받아들이면서도 자신의 꿈을 위해 끊임없이 노력하는 것이 중요하다는 것을 스스로에게 누차 강조했을 듯하다.

② 화려하고 독특한 색의 사용

에릭 칼의 그림책은 화려한 색채로 유명하다. 밝고 화려한 색깔의 조각들이 콜라주 기법으로 연결되어 하나의 모양을 만들어낸다(서남희, 2005). 에릭 칼은 지금까지 보지 못한 새로운 차원의 화려하고 다채로운 기법으로 작업을 한다.

에릭 칼 그림의 기본은 티슈페이퍼(얇은 종이)이다. 다양한 방식과 화려한 색깔로 칠한 티슈페이퍼들이 그림의 기본 재료들이다. 이 티슈페이퍼들을 자르고 찢고 하는 방식으로 이미지와 캐릭터를 만들어 낸다. 티슈페이퍼를 준비하는 방식은 이렇다. 먼저 접시 안에 아크릴, 수채물감, 또는 포스터물감을 짜 놓고 물과 함께 섞는다. 티슈페이퍼 한 장을 잘 펼쳐 놓는다. 그 페이퍼 위를 두껍게 색칠을 하고 마르면 다시 두 번째 색칠을 하고, 세 번째 색칠을 한다. 몇 번이 되었든, 색칠하는 방식이 어떠하든, 종이 하나에 여러 모양, 여러 색을 섞어 그려서 다양하고 자유롭고 다채로운 느낌이 날 수 있도록 색칠하는 것이다. 이렇게 다양한 티슈페이퍼를 만들어서 푸른색은 푸른색 계열끼리, 노란색은 노란색 계열끼리, 칸칸이 구분을 해서 모아 놓는다. 이렇게 기본 재료인 티슈페이퍼를 준비한 다음에는 캐릭터를 꾸민다. 책의 내용에 맞게 도안을 스케치한 뒤에 마음에 드는 티슈페이퍼를 올려놓고 도안대로 잘라내는 것이다. 티슈페이퍼들을 도안대로 다 잘랐으면, 그 다음에는 풀을 발라 붙이면 된다. 마지막에 필요하다면 크레용이나 색연필을 이용해서 마무리한다.

이것이 그의 화려한 색감의 비법이다. 겉으로 보이는 화려함에 비해 그 방법은 의외로 단순하다. 그는 자신의 이런 기법을 홈페이지나 다른 여러 매체를 통해 소개하고 있다. 덕분에 많은 사람들이 에릭 칼의 기법을 따라할 수 있다. 많은 어린이들이 에릭 칼의 콜라주 기법에 영향을 받아 자신이 직접 만든 그림을 에릭 칼에게 보낸다고 한다(The Eric Carle Museum of Picture Book Art, 2012).

그렇지만 그의 화려하고 다채로운 색채, 특히 콜라주 기법으로 나타내는 아름다운 그림은 누구도 따라 할 수 없다. 그의 콜라주 기법은 배경에서 등장인물을 묘하게 분리시키는 느낌을 주면서도 다양하게 섞인 색채와 결에 의해 만들어지는 등장인물은 자연의 일부분처럼 보인다. 그가 그려내는 많은 그림책의 그림이 동물과 곤충이기에 이 기법이 더욱 자연스럽게 느껴진다.

또한 그는 상식을 넘어서는 예술가이다. 그의 그림은 자연스런 색채를 나타내지만 상식적이지는 않다. 그의 마지막 그림책, 『파란 말을 그린 화가(The artist who painted a blue horse)』에서 보듯이 그가 그린 많은 동물들의 색깔은 상식을 초월한다. 그렇기에 그가 그린 그림책은 화려하면서도 눈에 띄는지도 모른다. 그는 이러한 기법을 통해 아이들의 순수한 호기심을 표현한다.

③ 가지고 놀 수 있는 그림책

에릭 칼은 그림책이란 어떠해야 한다는 개념을 바꾼 작가이다. 그는 단순한 직사각형에 평평했던 기존 책의 경계를 넘어서는 시도를 통해 아이들의 상상력을 자극한다. 그는 '읽을 수 있는 장난감', '만지고 놀 수 있는 책'을 만들고자 했다.

『배고픈 애벌레』에는 책장마다 구멍이 뚫려있어 마치 애벌레가 그 사이로 나올 것 같은 느낌을 준다. 또한 낱장의 크기가 계단식으로 점점 커져 요일이 지날수록 애벌레의 먹는 양이 많아지고 애벌레가 커지고 있음을 간접적으로 암시한다. 구멍에 손을 넣어보고, 계단식으로 커지는 페이지를 만져 보면서 촉각과 시각을 충분히 활용하여 그림책을 몸으로 읽으며 가지고 놀 수 있게 고안한 것이다.

『울지 않는 귀뚜라미』, 『정말 서투른 방아벌레』, 『고무 오리 열 마리』는 모두 소리 나는 그림책이다. 『울지 않는 귀뚜라미』에서 울지 않는 귀뚜라미를 안타까워하며 따라가다가 마지막에 책을 눌렀을 때 들리는 귀뚜라미 울음소리는 사실감을 극대화함으로써 이야기에 대한 몰입 정도를 높여준다. '소리 듣기' 자체가 하나의 즐거운 놀이가 되며, 아이들은 그저 보는 것, 읽는 것으로만 알아왔던 그림책에 대한 기존 개념을 바꿀 수 있는 획기적인 경험을 한다. 『정말 서투른 방아벌레』에서도 방아벌레가 회전할 때, 클릭 클릭 클릭 하는 소리가 난다. 이러한 소리는 방아벌레가 각고의 노력 끝에 회전할 수 있었다는 것을 더욱 기뻐하게 만드는 장치가 된다. 『고무 오리 열 마리』의 경우 바다를 떠다니던 고무 오리가 다른 오리들을 만나 인사하는 장면에서 고무 오리를 누르면 소리가 난다. 이러한 청각적인 장치들은 모두 이야기의 사실감을 높여주면서 그 자체로 하나의 놀이가 된다.

에릭 칼은 또한 그림책에 시각적, 촉각적 자극을 도입해 그림책 읽기가 시각적, 촉각적인 놀이가 될 수 있도록 만들었다. 『아주 바쁜 거미』에서는 거미줄을 입체적으로 만들어 손으로 거미줄을 만져 볼 수 있게 했다. 페이지를 넘길 때마다 아주 바쁜 거미가 부지런히 만든 거미줄이 점점 풍성해져 감을 손으로 느낄 수 있다. 『외로운 개똥벌레』에서는 개똥벌레의 불빛을 볼 수 있게 해 준다. 『아빠 해마 이야기』에서는 투명한 필름에 다양한 해초가 그려져 있어 어떤 바다 동물이 숨어있을까 상상할 수 있게 해 준다. 마치 그림책을 넘기면서 숨은 그림 찾기 놀이나 숨바꼭질 놀이를 하는 느낌이다.

에릭 칼이 그림책에서 종종 시도하는 것 중의 하나가 『배고픈 애벌레』에서 한 것처럼 책에 구멍을 뚫는 것이다. 책에 구멍을 뚫는 것의 시작은 에릭 칼 자신이 즐겨하던 구멍 뚫기 놀이에서 시작되었다. 『무지개를 그려보자』는 구멍책 기법으로 만들어져 한 장 한 장 넘기면 무지개가 칠해진다. 『공 좀 잡아!』에서는 원으로 뚫린 틈으로 원 조각을 빠져 나오게 하면서 그림책 동물들과 공 놀이를 할 수 있게 해 준다. 『점심으로 무엇을 먹을까?』에서는 책 틈으로 원숭이가 빠져나와 장면마다 무엇을 먹을지 생각하게 해 준다. 구멍 뚫린 그림책은 어린이들이 넘겨 보고 손가락을 넣어 촉각과 시각을 이용한 다양한 놀이를 할 수 있도록 해 준다.

『배고픈 애벌레』처럼 그림책 각 페이지의 모양과 크기를 달리하여 책장을 넘기는 행위 자체가 놀이가 될 수 있도록 만든 그림책도 여러 권이다. 『수수께끼 생일 편지』에서는 페이지의 모양이 매번 달라지고, 『아빠 달님을 따 주세요』에서는 위로, 혹은 옆으로 길게 펼쳐지는 페이지를 사용한다.

에릭 칼의 다양한 시도는 어린이들에게 그림책이 그저 책장을 넘기며 읽는 그림책이 아니라 소리도 나고 빛도 나며 올록볼록 하기도 하여 듣고, 보고, 만져보는 놀잇감이 될 수 있다는 새로운 발견의 기회를 제공해 준다. 그러나 뭐니 뭐니 해도 에릭 칼 그림책의 가장 큰 놀이 요소는 바로 노래이다. 에릭 칼의 많은 작품에서 사용되고 있는 단순하면서도 반복되는 문장들은 읽으면서 저절로 박자를 맞추게 되고 그 자체로 하나의 노래가 된다. 에릭 칼의 그림책이 우리나라에서 영어를 배우기 위한 책으로 많이 사용되는 이유 중의 하나는 그의 많은 책에서 볼 수 있는 반복 문장 때문일 것이다. 그의 책을 읽다 보면 어느 새 반복되는 문장을 흥얼거리는 스스로를 보게 된다.

『갈색곰아, 갈색곰아, 무엇을 보고 있니?』, 『아기곰아, 아기곰아, 무엇을 보고 있니?』, 『판다야, 판다야, 무엇을 보고 있니?』에서는 "ㅇㅇ야, ㅇㅇ야, 무엇을 보고 있니?"가 되풀이되고 있다. 『북극곰아, 북극곰아, 무슨 소리가 들리니?』에서는 "ㅇㅇ아, ㅇㅇ아, 무슨 소리가 들리니?"가 되풀이되고 있다. 『아주 바쁜 거미』에서는 "거미는 대꾸하지 않았어요, 거미줄을 치느라 아주 바빴거든요."라는 문장이 되풀이되고 있다. 『나랑 친구할래?』에서는 생쥐가 말에게 그리고 악어 위에 앉아 있는 새에게 "나랑 친구할래?"라는 말을 되풀이하고 있다. 『머리에서 발끝까지』에서는 "나는 펭귄이야. 나는 머리를 돌릴 수 있어. 너도 할 수 있니?"라는 문장을 되풀이한다. 『캥거루도 엄마가 있어요?』(Does a kangaroo have a mother, too?)에서는 "캥거루도 엄마가 있어요? 네, 캥거루는 엄마가 있어요. 나와 너 같이(Does a kangaroo have a mother, too? Yes, a kangaroo have a mother. Just like me and you.)"라는 문장을 되풀이한다. 읽으면서 어느새 리듬과 멜로디가 생기는 이런 반복 문장은 에릭 칼의 그림책을 읽는 커다란 즐거움 가운데 하나이다.

2. 그림책 안내

갈색 곰아, 갈색 곰아, 무엇을 보고 있니?

서지정보

작가 : 에릭 칼 그림/빌 마틴 주니어 글

옮긴이 : 김세실

출판사 : (주)더큰컴퍼니

출판년도 : 2007

내 용

갈색 곰은 자기를 바라보는 빨간 새를 바라보고 있다. 빨간 새는 자기를 바라보는 노란 오리를, 노란 오리는 자기를 바라보는 파란 말을, 파란 말은 자기를 바라보는 초록 개구리를, 초록 개구리는 자기를 바라보는 보라 고양이를, 보라 고양이는 자기를 바라보는 하얀 개를, 하얀 개는 자기를 바라보는 까만 양을, 까만 양은 자기를 바라보는 금빛 물고기를, 금빛 물고기는 자기를 바라보는 선생님을, 선생님은 자기를 바라보는 아이들을, 아이들은 모든 동물과 우리를 바라보는 선생님을 바라보고 있다.

특징 및 교육적 접근

이 그림책은 자신만의 색깔을 가진 동물을 각 장별로 큼직하게 그려 넣어 각 동물에 시선을 집중시킨다. 글이 쉽고 간결하게 표현되어 있어 운율을 넣어 읽는 재미가 있으며 다음 동물이 누구일지 추측할 수 있다.

1) 영유아들과 "ㅇㅇ야, ㅇㅇ야, 무엇을 보고 있니?"라고 물으면 ㅇㅇ는 다시 "나를 바라보는 ㅁㅁ를 보고 있어."라고 대답한 뒤 "ㅁㅁ야, ㅁㅁ야 무엇을 보고 있니?"라고 묻는 활동을 할 수 있다.

2) 이 책은 색깔을 익히는 데에도 유용하다. 또한 세상에는 존재하지 않는 파란 말, 자주색 고양이 등을 등장시킴으로써 상식을 깨뜨릴 뿐 아니라 상상의 나래를 펴게 해 준다. 그림책에 나오는 동물들의 모양을 나눠주고 영유아들이 각자 칠하고 싶은 색을 마음대로 골라 색칠하는 활동을 할 수 있다. 또한 각자 칠한 그림을 들고 앞에서와 같이 문장을 돌아가며 말하는 활동을 할 수 있다.

3) 같은 유형의 그림책으로는『판다야, 판다야, 무엇을 보고 있니?』,『북극곰아, 북극곰아, 무슨 소리가 들리니?』,『아기 곰아, 아기 곰아, 무엇을 보고 있니?』가 있다. 이 그림책을 함께 보면서 차이점과 공통점을 찾아 볼 수 있다.

뒤죽박죽 카멜레온

서지정보

작가 : 에릭 칼 글/그림

옮긴이 : 오정환

출판사 : (주)더큰컴퍼니

출판년도 : 2007

내 용

초록색 이파리 위에서는 초록 빛깔로, 빨간 꽃 위에서는 빨간 빛깔로 변하는 카멜레온은 배가 고프면 끈적거리는 긴 혀로 파리를 잡아먹는다. 그러던 어느 날 카멜레온은 동물원에서 여러 동물들을 보게 되었다. 카멜레온은 곰이 되고 싶을 때는 몸이 하얀 색이 되었고, 플라밍고를 보았을 때 분홍 날개가, 여우를 보았을 때 빨간 꼬리가, 물고기를 보았을 때 주황 비늘이, 사슴을 보았을 때 나무색 뿔이, 기린을 보았을 때 노란 목이, 코끼리를 보았을 때 파란색 코가, 바다표범을 보았을 때 보라색 물갈퀴가 달린다. 온몸에 여러 가지가 너무 많이 붙은 카멜레온은 혀를 이용해 파리를 잡을 수 없게 된다. 원래 모습을 생각한 카멜레온은 원래의 모습으로 돌아왔고 파리를 혀로 잡아먹을 수 있게 되었다.

특징 및 교육적 접근

동물들의 특성이 여러 가지 색과 모양으로 잘 표현되었다. 지나치게 남의 것을 따라 하다 보면 때로는 자신만의 개성을 잃어버릴 수도 있다는 걸 생각하게 하는 그림책이다.

1) 『뒤죽박죽 카멜레온』에 나오는 동물의 특성을 만들어 유아들의 몸에 붙여보는 활동을 한다. 그 외 유아들이 좋아하는 동물의 특성을 만들어 유아들의 몸에 붙인다. 하나 이상 동물의 특성을 붙였을 때 어떤 모습인지 알아보고, 유아들이 동물의 특성을 다양하게 붙여 가장 멋있는 모습을 한 유아를 뽑는 콘테스트를 한다.

2) 카멜레온이 원래의 자기 특성이 가장 자기에게 알맞았듯이 유아들과 함께 자신이 잘하는 것, 좋아하는 것 등 자신의 특성을 이야기해 보는 시간을 통해 유아 자신의 특성을 인식하는 시간을 갖는다.

배고픈 애벌레

서지정보

작가 : 에릭 칼 글/그림

옮긴이 : 이희재

출판사 : (주)더큰컴퍼니

출판년도 : 2007

내 용

따스한 해가 떠오른 어느 일요일, 이파리 위에 있는 알에서 작은 애벌레가 나왔다. 알에서 나온 애벌레는 배가 몹시 고파 먹을 것을 찾아 나섰다. 월요일에는 사과 하나, 화요일에는 배 두 개, 수요일에는 자두 세 개, 목요일에는 딸기 네 개, 금요일에는 오렌지 다섯 개, 토요일에는 초콜릿 케이크, 아이스크림 등, 여러 가지를 먹고 배가 아팠다. 다시 일요일, 애벌레는 초록색 이파리를 먹고 아픈 배가 나았다. 애벌레는 어느 새 크고 뚱뚱해졌다. 번데기가 된 애벌레는 2주가 넘게 잠을 잔 뒤 번데기 껍질을 벗고 나비가 되었다.

특징 및 교육적 접근

이 그림책은 알에서부터 시작해서 애벌레가 되어 나비가 되는 과정을 단순하고 간결하면서 재미있는 형식으로 표현한 그림책이다. 마지막 장의 여러 색깔로 된 예쁜 나비의 모습은 영유아들의 마음을 사로잡을 만큼 아름답다.

1) 애벌레가 요일별로 음식을 다르게 먹는데, 요일별로 그림책 낱장의 크기가 계단식으로 점점 커져 요일이 지날수록 애벌레의 먹는 양이 많아지고 애벌레가 커지고 있음을 시각적으로 보여준다. 또한 애벌레가 먹은 음식들에 구멍이 뚫려있어 마치 애벌레가 실제 먹은 것처럼 느끼게 해 준다. 월요일부터 일요일까지의 요일 개념, 애벌레가 먹은 과일의 수가 하나씩 증가함으로써 수 개념을 습득할 수 있도록 구성되어 있다. 아이들과 함께 요일, 수를 함께 알아본다.

2) 배고픈 애벌레는 동영상이 있다. 동영상으로 배고픈 애벌레를 감상할 수 있다. 동영상과 그림책을 비교하는 활동을 할 수 있다.

3) 애벌레가 먹은 음식 종류를 바꾸어 새로운 그림책을 만들 수 있다. 애벌레가 먹은 과일을 커다랗게 만들고 구멍을 내어 유아들이 애벌레가 되어 과일을 통과하는 활동을 할 수 있다. 그림책 크기에 맞는 애벌레를 만들어 책 구멍을 지나다니며 먹는 흉내를 내는 활동을 할 수 있다.

아빠 해마 이야기

서지정보

작가 : 에릭 칼 글/그림

옮긴이 : 김세실

출판사 : (주)더큰컴퍼니

출판년도 : 2007

내 용

바닷속을 떠다니던 엄마 해마가 아빠 해마의 주머니에 알을 낳는다. 알을 품은 아빠 해마는 해초 뒤에 숨은 트럼펫피시 옆을 지나 둥지에 알을 보호하는 물고기를 만나고, 산호초 뒤에 숨은 쏠배감펭 옆을 지나 입 안에 알을 보호하는 물고기를 만난 다음 해초 사이에 숨은 리프피시 옆을 지나 머리에 알을 붙이고 가는 물고기를 만난다. 그리고 커다란 바위 뒤에 숨은 통쏠치 옆을 지나 알을 자기 옆에 줄줄이 붙인 실고기를 만나고 새끼들을 돌보는 불헤드도 만난다. 조금 후 아빠 해마 주머니에서는 새끼 해마들이 퉁퉁 튀어나온다. 다시 아빠 주머니로 들어가려는 새끼 해마들에게 아빠 해마는 "널 아주 사랑하지만 이제는 네 힘으로 살아가야 한다."라고 말하며 새끼 해마들을 바닷속으로 헤엄쳐 가게 한다.

특징 및 교육적 접근

아빠 해마를 따라가며 화려한 바닷속을 구경할 수 있는 그림책이다. 바닷속에는 다양한 물고기들이 있지만, 모든 물고기들이 암컷이 알을 키우는 것은 아니다. 이 그림책에 등장하는 물고기들은 다른 방법으로 태어나고 그들의 엄마, 아빠는 다른 방법으로 알을 보호한다. 유아들에게 알을 키우는 바다 물고기들에 대한 정보를 재미있게 알려준다.

1) 바닷속을 표현하기 위해 작가는 투명 필름에 해초를 그려 해초 뒤에 어떤 동물이 숨어 있을지 궁금증을 유도하였으며, 염색, 오려붙이기, 물감 뿌리기, 찍기 등 여러 가지 방법을 사용하여 다채로운 바다를 표현하였다. 이와 같은 표현의 특성을 살펴보고, 이 표현기법들을 이용하여 그림책 만들기를 해 본다.

2) 투명 필름에 유성 매직으로 그림을 그리고 도화지 그림 위에 겹쳐 보는 활동을 통해 『아빠 해마 이야기』 같은 그림책 만드는 활동을 한다.

3) 『아빠 해마 이야기』에 나오는 물고기를 그리고 각각의 알을 보호하는 곳에 알을 붙이는 활동을 한다.

4) 새끼 해마들처럼 유아들이 처음으로 혼자 한 활동에 대해 이야기할 수 있다.

아빠, 달님을 따 주세요

서지정보

작가 : 에릭 칼 글/그림

옮긴이 : 오정환

출판사 : (주)더큰컴퍼니

출판년도 : 2007

내 용

모니카가 잠자리에 들려고 하는데, 달님이 아주 가깝게 보였다. 달님과 놀고 싶어 손을 뻗었지만 닿지 않는다. 모니카는 아빠에게 달님을 따달라고 한다. 아빠는 아주 긴 사다리를 높은 산꼭대기에 세우고 위로, 위로 올라갔다. 하지만 달이 너무 커서 가지고 올 수 없었고 달님은 작아지면 가지고 가라고 말했다. 정말로 달님은 작아졌고 아빠는 달님을 가지고 내려왔다. 모니카는 달님을 가지고 놀았는데 달님은 조금씩 작아지더니 없어지고 말았다. 그러던 어느 날 달님은 하늘에서 조금씩, 조금씩 커지고 있었다.

특징 및 교육적 접근

이 그림책은 달 크기의 변화라는 자연의 섭리와 아이의 마음을 재미있게 표현하였다. 모니카는 잠을 자려고 하는데, 달님이 너무나 가깝게 보여 아빠에게 달님을 따달라고 한다. 모니카의 생각은 어린이의 입장에서 누구나 해볼 수 있는 생각이다. 아빠는 아주 긴 사다리를 가지고 와 달을 따러 가는 사랑을 보여준다. 이때 아빠가 사다리를 타고 달을 따러 갔다가 내려오는 장면은 플랩 북 형식으로 표현하여 유아들에게 호기심과 기쁨을 준다.

1) 유아들과 아빠에게 달을 따달라고 하는 모니카의 마음과 달을 따러 올라가는 아빠의 마음에 대해 이야기를 나누어 볼 수 있다.

2) 아빠가 달이 너무 커서 가져올 수 없었는데, 달님은 시간이 지나서 달이 작아지면 가지고 갈 수 있다고 했다. 모니카가 달을 가지고 노는 중에 달은 조금씩 작아지다가 없어진다. 시간이 지남에 따라 달라지는 달의 변화에 대해 자연스럽게 알 수 있다. 유아들과 달 모양의 변화에 대해 이야기 나누고, 다양한 모양의 달을 만들어 달의 변화를 순서대로 놓아보는 게임 활동을 한다.

3) 펼치면 커지도록 접은 종이, 위로 아래로 길게 접은 종이로 플랩 북을 만들어 본다.

4) 유아 각자 모니카가 되어 달을 가지고 어떻게 놀 수 있는지 이야기해 보고 달을 만들어 직접 가지고 놀아본다.

아주 바쁜 거미

서지정보

작가 : 에릭 칼 글/그림

옮긴이 : 김세실

출판사 : (주)더큰컴퍼니

출판년도 : 2005

내 용

어느 날 아침, 거미가 거미줄을 만들고 있다. 말, 소, 양, 염소, 돼지 등 다양한 농장 동물들이 다가와 거미에게 놀자고 하지만 거미는 대답도 하지 않고 묵묵히 거미집을 짓기만 한다. 거미집을 다 지은 거미는 거미줄 안으로 날아든 파리를 덥석 잡았다. 밤이 되어 찾아온 부엉이가 아름다운 거미집을 보고 감탄하며 말을 걸지만 거미는 너무 피곤하여 이미 잠이 든 뒤다.

특징 및 교육적 접근

거미의 생태를 간접적으로 알려주는 책이다. 연두색의 가는 거미줄을 입체감이 느껴지게 붙여놓았으며 다채로운 색의 동물들을 오려 붙이는 콜라주 기법으로 표현하였다.

1) 거미줄, 거미, 모기 등을 만져서 느낄 수 있게 입체적으로 볼록 튀어나오게 표현하였다. 따라서 시각 장애우들도 즐겨 감상할 수 있는 그림책이다. 눈을 감고 거미줄을 만져보고 거미줄의 느낌을 이야기해 본다.

2) 왼쪽에는 동물들이 차례대로 등장하고, 오른쪽에는 거미가 등장한다. 왼쪽 동물들은 차례대로 등장하여 거미에게 놀러 가자고 하고 오른쪽에는 "거미는 대꾸하지 않았어요, 거미줄을 치느라 아주 바빴거든요."라는 문장이 되풀이되고 있다. 이와 같은 패턴이 처음부터 끝까지 반복되고 있다. 반복되는 문장을 유아들과 함께 소리 내어 읽어 본다.

3) 한 유아는 거미가 되어 같은 말을 반복하고 다른 유아들은 서로 다른 동물의 역할을 맡아 거미에게 차례로 와서 놀이를 하자고 하는 극 놀이를 할 수 있다.

4) 평평한 바닥에 가는 철사를 놓고 테이프로 고정시킨 뒤, 그 위에 A4용지를 놓고 손으로 문질러『아주 바쁜 거미』에서처럼 철사 부분이 볼록하게 느껴지는 미술 활동을 할 수 있다. 또는 종이 위에 실을 테이프로 붙여가며 자신의 거미줄을 만들고 거미는 콜라주로 붙이는 미술 활동을 할 수 있다.

외로운 개똥벌레

서지정보

작가 : 에릭 칼 글/그림

옮긴이 : 오정환

출판사 : (주)더큰컴퍼니

출판년도 : 2009

내 용

해가 질 무렵 개똥벌레 한 마리가 태어났다. 개똥벌레는 친구 개똥벌레를 찾기 위해 하늘을 날으며 개똥벌레의 불빛을 찾아 헤맨다. 불빛을 보고 반가워 날아간 개똥벌레가 본 것은 전등불, 불빛, 손전등, 등불, 개와 고양이, 부엉이의 눈에서 반사된 불빛이었다. 또 불빛을 보고 날아갔지만 그것은 자동차의 전조등, 불꽃 놀이었다. 그러던 개똥벌레가 불빛을 반짝이며 날아다니는 개똥벌레 떼를 만났다. 친구 개똥벌레를 만난 개똥벌레는 더 이상 외롭지 않았다.

특징 및 교육적 접근

이 그림책에서는 개똥벌레가 친구를 찾아다니는 여정을 보여준다. 개똥벌레가 만나는 불빛은 등불, 촛불, 손전등 등으로 진짜 개똥벌레를 만나기는 아주 힘들다. 화려한 인공 불빛이 만연한 현대 사회에 사는 사람들에게 점점 사라져가는 개똥벌레의 소중함을 느끼게 해 주며 개똥벌레의 생태를 알 수 있게 해 주는 그림책이다.

1) 그림책의 맨 마지막 장을 열면 개똥벌레의 불빛이 반짝인다. 그래서 책을 읽는 독자에게 개똥벌레의 불빛을 시각적으로 느낄 수 있게 해 준다. 불빛을 보면서 개똥벌레가 친구 개똥벌레를 만났을 때의 심정에 대해 함께 이야기해 본다.

2) 유아들이 개똥벌레가 되어 여러 불빛을 찾아다니는 활동을 한다. 개똥벌레가 발견한 불빛 이외에 또 다른 불빛이 우리 주변에 무엇이 있는지 찾는 활동을 한다.

3) 유아들에게 왜 개똥벌레가 친구를 찾기 어려웠을지에 대해 이야기하며 그 원인에 대해 알아본다. 이런 활동은 유아들로 하여금 우리 사회의 환경문제를 우리 주변의 환경 변화와 관련지어 알아 볼 수 있게 해줄 것이다.

울지 않는 귀뚜라미

서지정보

작가 : 에릭 칼 글/그림
옮긴이 : 오정환
출판사 : (주)더큰컴퍼니
출판년도 : 2009

내 용

햇볕이 따스한 어느 날, 아기 귀뚜라미가 태어났다. 엄마 귀뚜라미가 아기 귀뚜라미에게 소리를 내며 인사를 하지만, 아기 귀뚜라미는 소리를 내며 인사를 할 수 없었다. 메뚜기가 아기 귀뚜라미에게, 사마귀가 아기 귀뚜라미에게, 작은 벌레가 아기 귀뚜라미에게, 거품벌레, 매미, 벌, 잠자리, 모기, 연두색 나방이 차례로 아기 귀뚜라미에게 인사를 했다. 그러나 아기 귀뚜라미는 아무리 다리를 비벼도 소리가 나지 않는다. 나방이 사라진 뒤 슬픔에 빠진 귀뚜라미는 조용한 암컷 귀뚜라미를 만났고 다시 한번 인사를 하기 위해 다리를 비볐을 때 곱고 아름다운 소리로 노래를 부를 수 있었다.

특징 및 교육적 접근

이 그림책은 곤충의 생태에 대해 간접적으로 알려주고 있다. 아기 귀뚜라미가 인사를 하려고 다리를 비벼 보지만 소리가 나지 않는 것을 보고 슬픔에 빠진다. 다른 곤충들은 모두 자신만의 인사법으로 귀뚜라미에게 소리를 내며 인사를 한다. 아기 귀뚜라미도 결국 자신의 소리를 낼 수 있었다. 어려움에 부딪혀도 끝까지 포기하지 않고 도전하는 귀뚜라미의 모습은 유아들에게 강한 자아를 형성하는 모델이 될 수 있을 것이다. 또한 귀뚜라미와 다른 곤충의 생태에도 관심을 갖게 될 것이다.

1) 유아들과 소리가 안 났을 때 귀뚜라미의 마음을 이야기해 보거나 어려운데 열심히 노력해서 할 수 있게 된 일이 있었는지 이야기 나누어 본다.

2) 그림책의 맨 마지막 장을 열면 귀뚜라미의 울음소리를 들을 수 있게 되어 있어 독자에게 귀뚜라미가 옆에 있는 느낌을 준다. 귀뚜라미의 울음소리를 들으면서 앞에 나온 다른 곤충들의 울음소리에도 관심을 갖게 되며 생명의 소중함을 느끼게 될 것이다. 여러 곤충들의 울음소리를 직접 찾아서 들어보고 비교해 본다.

3) 유아들이 귀뚜라미가 되어 귀뚜라미 소리를 흉내 내는 활동을 하거나 다른 곤충의 소리를 찾아보는 활동으로 확장시킬 수 있다. .

퉁명스러운 무당벌레

서지정보

작가 : 에릭 칼 글/그림

옮긴이 : 엄혜숙

출판사 : (주)더큰컴퍼니

출판년도 : 2007

내 용

오전 6시부터 오후 6시까지 퉁명스러운 무당벌레는 말벌, 사슴벌레, 참새, 바다가재, 스컹크, 보아뱀, 하이에나, 고릴라, 코뿔소, 코끼리, 고래를 만난다. 만날 때마다 "나와 싸워볼래?" 하고 물은 뒤 "너는 나하고 싸울 만큼 덩치가 크지 않아"라고 이야기하며 날아간다. 5시에 고래를 만난다. 5시 15분에 고래의 앞 지느러미, 5시 30분에 고래의 등지느러미, 6시 15분 전에 고래의 꼬리에게 말한다. 6시, 자기가 떠났던 땅으로 지쳐 돌아온 무당벌레는 상냥한 친구 무당벌레가 권하는 진딧물을 먹은 후 잠을 자러 간다.

특징 및 교육적 접근

그림책 낱장의 크기가 계단식으로 점점 커짐에 따라 뒤로 갈수록 앞서 나온 곤충과 동물보다 큰 곤충과 동물을 볼 수 있게 되어 있다. 크기를 시각적으로 비교할 수 있다.

시간의 경과에 따라 해가 올라가고 내려오므로 시간별 해의 위치에 대해 인식할 수 있게 해 주며, 해의 위치에 따른 시간이 시계 그림으로 제시되어 있다. 이를 통해 시간 개념을 배울 수 있다.

상대도 되지 않는 상대에게 의시대는 무당벌레를 친절하게 맞이해 주는 친구 무당벌레를 통해 친구의 의미를 되돌아보게 한다.

1) 각 장면마다 커다란 동물 그림에서 작게 그려진 무당벌레를 찾는 활동을 한다.

2) 고래의 부분 부분을 맞추는 퍼즐 활동을 한다.

3) 장난감 시계로『퉁명스러운 무당벌레』에 나오는 시간을 맞춰보는 활동을 한다.

4) 시간에 맞추어『퉁명스러운 무당벌레』에 나오는 동물 카드를 드는 게임 활동을 한다.

5)『퉁명스러운 무당벌레』에 나오는 동물을 크기 순서대로 놓아보는 활동을 한다.

활동 5-1 '○○야, ○○야, 무엇을 보고 있니' 문장 놀이

활동목표

- 그림책을 이해하고 감상한다.
- 다양한 색에 관심을 가질 수 있다.

활동자료

『갈색 곰아, 갈색 곰아, 무엇을 보고 있니?』, 그림책에 나왔던 등장인물 목걸이, 등장인물 주사위

활동방법

도입

- 유아들과 그림책을 회상하며 이야기를 나눈다.
  - 이 그림책을 기억하고 있니?
  - 갈색 곰이 무엇을 보고 있었니?
  - 그림책에는 어떤 색깔의 동물들이 나왔니?
- 『갈색 곰아, 갈색 곰아, 무엇을 보고 있니?』를 다시 한번 들려준다.
  - 선생님이 다시 한번 그림책을 들려줄게. 반복되는 부분을 함께 읽어보자 (○○야, ○○야, 무엇을 보고 있니? 부분을 유아들과 함께 읽는다)

전개

- 그림책의 반복되는 부분으로 만드는 '문장 놀이'를 소개한다.
  - 우리가 그림책에 나오는 등장인물이 되어 보려고 해.
  - (등장인물은 유아들이 등장인물 주사위를 던져 정한다) 주사위를 던져보자. 와~ 갈색 곰이 되었구나. 갈색 곰 목걸이를 걸어보자.

–갈색 곰 목걸이를 건 친구에게 '갈색곰아, 갈색곰아, 무엇을 보고 있니?'라고 다 같이 물어보면 갈색 곰은 뭐라고 대답해야 할까?

–"난 ○○색 ○○을 보고 있어"라고 대답하면 우리가 뭐라고 물어보면 되니?

• '○○야, ○○야, 무엇을 보고 있니' 문장 놀이를 한다.

마무리

• 유아들과 '문장 놀이'를 평가한다.

–그림책에 등장하는 색깔 동물이 되어 보았는데, 어떤 느낌이 들었니?

–가장 재미있었던 부분은?

–다르게 놀이하고 싶은 방법이 있니?

활동 5-2 그림책 기법으로 바닷속 표현하기

활동목표

- 그림책의 그림기법을 이해한다.
- 그림의 표현기법을 활용해 창의적으로 표현한다.

활동자료

『아빠 해마 이야기』, 물감 찍기 재료, 바닷속 잡지 그림, 물감, OHP 필름

활동방법

도입

- 유아들과 그림책의 내용과 특징에 대해 이야기를 나눈다.
  - 아빠 해마가 바닷속에서 어떤 물고기들을 만났니?
  - 아빠 물고기들은 어떤 모습을 하고 있었니?
  - 너희들이 아빠 해마와 바닷속을 구경했는데 특이한 부분이 있었니?

전개

- 그림책의 매체에 관심을 갖는다.
  - 『아빠 해마 이야기』 그림책의 그림을 보면 어떤 생각이 드니?
  - 그림책의 그림은 무엇으로 그려진 것일까?
    (오려붙이기, 물감 뿌리기, 염색하기, 찍기, 물감으로 그리기)
  - 바닷속 해초, 산호초, 바위는 어떻게 표현이 되었니?
    (투명 필름을 겹쳐서 표현된 보습을 보여준다.)
  - 너희들이 이러한 재료로 그림을 표현한다면 어떻게 표현해 볼 수 있겠니?

• 다양한 매체로 작가가 되어 표현해 본다.

– 에릭 칼 선생님처럼 다양한 재료를 사용하여 재미있었던 부분을 표현해 보자.

마무리

• 유아들이 표현한 그림에 대해 이야기를 나눈다.

– 어떤 장면이니?

– 작가가 표현한 것 중 어떤 것을 사용하여 표현했니?

– 이렇게 다양한 매체로 표현해 보았는데, 어떤 느낌이 드니?

에즈라 잭 키츠 SIX

- 1916년 뉴욕 주 브루클린 출생
- 1940년 만화가로도 활동했으며, 2차 대전에 참전하여 미공군의 위장술 전문가로 활약하기도 했음
- 1962년『눈 오는 날』로 칼데콧 메달 수상
- 1970년『피터의 안경』으로 칼데콧 아너상 수상
- 1983년 에즈라 잭 키츠가 죽은 후, 1997년 브룩클린의 프로스펙트 공원 놀이터에는 에즈라 잭 키츠 그림책의 두 주인공, 피터와 윌리의 청동상과 피터의 의자가 만들어짐

대표작

『눈 오는 날』,『휘파람을 불어요』,『제니의 모자』,『피터의 의자』,『피터의 편지』,『피터의 안경』,『고양이 소동』,『애완동물 뽐내기 대회』,『꿈꾸는 아이』,『내 친구 루이』,『상자 속 여행』,『클레멘티나의 선장』

1. 작가 소개

1) 생애

에즈라 잭 키츠는 1916년 3월 11일, 미국 뉴욕의 브루클린에서 폴란드계 유대인인 아버지와 어머니 사이에 셋째 아이로 태어났다. 위로는 누나 매이와 형 윌리가 있었다. 에즈라 잭 키츠의 작품들 속에는 몇몇 인물들이 반복해서 등장한다. 어떻게 보면 작품 전체가 피터와 피터의 동네 친구들이 계속 등장하는 여러 편의 이야기처럼 보인다. 작품에 등장하는 캐릭터들 가운데 피터의 애완견 이름이 형의 이름과 같은 '윌리'이다. 어머니의 중간 이름인 '구씨'도 『상자 속 여행』과 『내 친구 루이』에서 루이의 생쥐 인형 이름으로 등장한다.

에즈라 잭 키츠의 어렸을 때 이름은 에즈라 제이콥 키츠이다. 나중에 유대인에 대한 사회적 차별과 편견의 시선 때문에 제이콥을 잭으로 바꾸었다. 에즈라 제이콥 키츠가 살던 동네는 유대인들이 모여 사는 무척 가난한 동네였다. 물론 에즈라 잭 키츠의 집도 가난했다. 그는 그림에 발군의 실력을 보여 8살 때는 가게 간판을 그려 25센트를 벌었다. 그의 아버지는 에즈라 잭 키츠가 간판을 그려 돈 벌기를 바랐으나 그는 순수 미술을 좋아했다.

집에서 적극적으로 밀어주지는 않았지만, 에즈라 잭 키츠는 미술에 재능이 있는 학생이었다. 중학교를 졸업하면서 그림으로 메달을 수상했다. 이 메달은 그다지 볼품은 없었지만 그가 무척 자랑스럽게 여겨 평생을 간직했다고 한다(Ezra Jack Keats, http://en.wikipedia.org/wiki/Ezra_Jack_Keats, 2013년 5월 12일 인출). 토마스 제퍼슨 고등학교를 다니는 동안에는 스콜라스틱 출판사가 주최한 전국 미술 대회에서 거리의 부랑자들이 불을 쬐고 있는 장면을 그린 유화로 상을 받았다. 이때 그가 그린 그림이 거리에 사는 가난한 부랑자들이 불을 쬐고 있는 모습이라는 데 주목해 볼 필요가 있다.

에즈라 잭 키츠는 그림책의 주인공으로 흑인 아이를 등장시켜 많은 논란을 일으킨 작가이기도 하다. 소수민족과 가난한 이들에 대한 차별이 극심하던 시절, 그는 성장과정 속에서 자연스레 차별받고 핍박받으며 어려운 시절을 보내는 이웃들에 관심을 가지게 되었던 것이다. 이러한 관심은 이후 에즈라 잭 키츠의 작품 세계에 고스란히 반영되어 가난한 동네에 살지만 서로 도와 가며 함께 살아가는 아이들의 천진한 모습으로 나타나고 있다.

1930년대 대공황이 오자 에즈라 잭 키츠의 가족을 포함한 많은 사람들이 어려움을 겪었다. 그의 어머니는 에즈라 잭 키츠의 예술적 재능을 믿고 지지했다. 그러나 아버지는 그의 재능을 삶에 유용한 기술로 활용하기를 원했다. 그의 아버지는 그리니치 빌리지에 있는 커피숍에서 웨이터로 일을 했었다. 어느 날, 아버지는 에즈라 잭 키츠에게 물감을 가져다주며 이렇게 말했다. "예술가가 굶지 않는다고 생각한다면, 내가 해줄 말이 있다. 어느 날 어떤 사람이 와서 물감을 스프로 바꾸어 갔어." (A biography, http://www.ezra-jack-keats.org/introduction, 2013년 5월 17일 인출)

1935년 1월 고등학교 졸업식에서 에즈라 잭 키츠는 미술 분야에서 메달을 수상했다. 그러나 졸업 하루 전날, 그의 아버지는 거리에서 심장마비로 사망했다. 경찰이 확인해 보라고 건네준 아버지의 지갑 속에는 지폐 몇 장과 신문에서 오려낸, 그가 미술 대회에서 상을 탄 기사들이 들어 있었다. 그림이 밥을 먹여주냐며 늘 화를 내던 아버지가 언젠가 가지고 왔던 물감은 사실 돈을 주고 사온 것이었다. 에즈라 잭 키츠의 아버지는 아들이 가난한 예술가로 살 것이 걱정되어 아들의 재능을 무작정 밀어주지 못했지만, 그림을 잘 그리는 아들을 속으로는 무척 자랑스럽게 여기고 있었던 것이다.

소년 가장이 된 에즈라 잭 키츠는 어려운 가계를 돕기 위해 상급학교 진학을 포기하고 만화 프로덕션에서 밑그림을 그리고 벽화와 만화책 일러스트레이션을 그리기도 하였다. 전쟁이 터지자 제2차 세계대전에 나가서 군인 봉급을 다달이 집에 부치며 가계를 도왔고 군용 트럭이나 군복에 쓰일 위장 패턴을 만드는 작업도 했다. 그러다가 1947년, 한 잡지사에서 일하게 되면서 일러스트레이터로 첫 발을 내딛게 된다.

그러던 어느 날, 어려서부터 고생을 일삼던 에즈라 잭 키츠의 일생에 꿈같은 일이 일어난다. 어느 서점 주인이 에즈라 잭 키츠가 그린 책표지가 상당히 마음에 들어 지나가는 사람들 눈에 잘 들어오도록 그 책을 보기 좋게 진열해 놓았다. 크로웰 출판사의 엘리자베스 라일리라는 여성 편집자는 전시된 책표지를 보고 에즈라 잭 키츠에게 연락하게 된다. 그리고 마침내 에즈라 잭 키츠에게『Jubilant for Sure』라는 책의 삽화를 그려보지 않겠느냐고 묻는다. 그것은 켄터키 언덕을 배경으로 하는 이야기였다.

이렇게 1954년에 어린이 책에 입문하여 10년간 다른 작가 책의 일러스트를 맡았다. 1960년에는 팻 쇼(Pat Scherr)와 함께 창작한『우리 개를 찾아주세요』라는 그림책을 만들었고, 그 뒤로도 몇 년간 다른 사람들의 원고에 그림을 그리다가, 마흔 여섯 살에야『눈 오는 날』의 이야기를 구상하게 된다.『눈 오는 날』은 흑인 꼬마 피터가 주인공으로 등장한 그림책이다. 물론 1899년 헬렌 반너맨이 쓰고 그린『검둥이 삼보 이야기』가 있긴 하지만, 현대의 그림책이 시작되었다고 보는 1900년대 이후의 그림책에서는 흑인 아이가 주인공인 그림책은 없었다. 게다가 1960년대는 흑인에 대한 차별이 국가적·법적으로 이루어지던 시기였다. 흑인과 백인은 철저히 분리되었고 차별되었던 시절이다. 그러므로 흑인 소년이 주인공이라는 사실 자체만으로 사회적으로 큰 반향을 일으킬 수밖에 없었다.

에즈라 잭 키츠는 계속해서 그림책에 주인공 피터의 생활을 소재로 피터가 성장하면서 겪는 내면과 생활 이야기를 그렸다. 피터가 에즈라의 그림책에 계속 반복해서 등장하자 사람들은 피터가 누구인지 궁금해 했다. 에즈라 잭 키츠가 피터를 만난 건 1940년이라고 한다. 직접 만난 건 아니고,『라이프』라는 잡지에 실린 흑인 꼬마 아이 사진을 본 것이다. 그림책을 만들 거라고는 생각도 안했던 그 시절, 에즈라 잭 키츠는 왠지 모르게 마음이 끌리는 그 아이의 사진을 오려 작업실의 벽에 꽂아 두었다. 그 뒤 오랜 세월이 지난 다음, 에즈라 잭 키츠가 본격적으로 그림책을 그리기 시작할 때 피터는 자연스레 그림책의 주인공이 되었다.

피터는 가난한 동네에 사는 조금은 소심한 것 같지만 아이다움을 그대로 간직하고 있는 흑인 소년이다. 작가는 피터를 통해 소수민족과 가난한 이들에 대한 따뜻한 애정을 잘 그려냈다.

2) 작품 세계

① 콜라주 중심의 그림 표현

에즈라 잭 키츠의 그림책은 단순한 콜라주에 물감을 흘리거나 뿌리거나 번지게 하는 마블링 기법을 응용한 것이 많다. 일러스트레이션의 주요 재료였던 물감, 색연필 등의 화구에서 탈피하여 생활 속에서 흔히 볼 수 있는 물건들로 작품을 구성하였다. 즉, 신문지, 포장지, 노끈, 상자, 솜 등 다양한 재료를 사용하여 독특한 그림 세계를 표현하였다.

에즈라 잭 키츠의 콜라주 기법은 독특하다. 때로는 무늬가 있는 종이, 마른 잎, 천 조각과 오래된 밸런타인데이 카드 같은 재료를 사용하기도 한다(편선미, 2003). 이미 만들어진 재료들을 활용해서 효과를 극대화시킬 수 있는 콜라주는 재료와 기법의 다양성으로 인해 영유아의 상상력을 향상시킬 수 있는 표현방법이다. 에즈라 잭 키츠는 이야기의 분위기를 전달하기 위한 적절한 소재를 조화시켜 이미지를 재현하는 방식으로 콜라주를 이용한 그림의 세계를 보여준다(신명호, 1994).

『눈 오는 날』, 『휘파람을 불어요』, 『피터의 의자』에서는 깔끔한 콜라주 기법을 활용하고 있다. 『눈 오는 날』에서 피터의 방은 빨간 색 무늬의 벽지로 표현되어 있고, 피터의 잠옷 또한 패브릭 느낌을 주는 소재의 콜라주로 표현되어 있다. 눈 속에서 놀이를 하는 피터의 빨간 옷이나 온통 눈으로 덮인 배경 속의 나무 콜라주 기법은 입체감을 더한다. 또한 눈 더미 산에서 피터가 미끄럼을 타는 장면의 새털구름은 솜을 활용한 콜라주 기법으로 독특한 느낌을 준다. 『휘파람을 불어요』에도 피터의 옷, 길거리의 풍경, 집 안의 벽지 등이 단순한 콜라주 기법으로 표현되어 있으며 배경으로 쓰인 신호등, 붉은 벽돌담, 낙서, 커다란 노랑꽃 무늬 벽지 등 피터가 있는 공간도 콜라주로 다양하게 묘사되어 있다.『피터의 의자』도 마찬가지로 등장인물들의 옷은 패브릭 패턴으로, 집안의 벽은 다양한 소재의 벽지를 활용하여 독특한 콜라주를 보여주고 있다.

『피터의 안경』,『고양이 소동』,『애완동물 뽐내기 대회』의 콜라주는 다소 거칠고 투박하다.『피터의 안경』에서는 등장인물의 옷이 콜라주 기법으로 표현되어 있으며, 주변의 담벼락에서도 다양한 소재의 콜라주 표현을 발견할 수 있다.『고양이 소동』과『애완동물 뽐내기 대회』에도 옷, 커튼 등에 콜라주 기법이 활용되었으며, 쓰레기 더미를 나타내는 데는 조금 더 거친 콜라주 기법이 활용되었다.

이 외에도 에즈라 잭 키츠의 그림책은 마블링, 찍기, 뿌리기로 만들어낸 여러 무늬의 종이들을 적절히 잘라 활용하거나 다양한 배경으로 이용한다.『눈 오는 날』에서는 '뿌리기' 기법으로 어두운 밤의 느낌을 표현하고 있으며, 다양한 눈 모양의 결정을 '찍기'로 나타내어 환상적인 분위기를 자아내고 있다.『휘파람을 불어요』에서 피터가 빙글빙글 돌기를 하는 장면에서는 마블링을 활용하여 어질어질한 하늘을 표현함으로써 피터의 혼란스러운 마음을 잘 표현하고 있다.『피터의 편지』에서도 비 오기 전 먹구름이 하늘을 덮고, 번개가 번쩍하는 어두운 하늘의 모습을 마블링 기법으로 표현하여 분위기를 극대화하고 있다.『꿈꾸는 아이』에서는 물과 기름의 오묘한 조합으로 로베르토의 심리적 상태를 표현하고 있다.『상자 속 여행』은 루이가 낯선 동네로 이사를 한 다음, 예전 동네를 그리워하며 상자를 만들어 그 속으로 여행을 간다는 이야기다. 이 그림책에는 상자 안에 색종이로 오려 만든 예전 동네의 건물들이 반복해서 나온다. 재미있는 것은 루이가 비행기를 타고 날아가는 장면에 건물에서 루이를 바라보는 사람들의 얼굴 사진을 붙여 놓았는데, 그 가운데 작가의 얼굴도 있다는 것이다.

어린 시절부터 고등학교 졸업할 때까지 발군의 미술 실력을 보였지만 집안 사정으로 인해 미술을 전문적으로 공부하지는 못했던 에즈라 잭 키츠는 타고난 미술 실력으로 자신만의 작품 세계를 구축하였다. 상업적 그림을 그리다가 자신의 그림책을 만들면서 그동안 자신이 영향 받았던 입체파에서 추상주의까지 아울러 자신의 이야기 안에 표현해 내었다. 다양한 콜라주와 마블링이 그만의 이야기와 스타일 안에 자리 잡은 것, 등장인물의 감정 표현에 탁월한 것이 에즈라 잭 키츠의 작품 세계의 특징이라고 할 수 있다.

② 놀면서 자라는 피터와 친구들

에즈라 잭 키츠는 흑인 소년, 피터를 주인공으로 한 그림책에 글도 쓰고 그림도 그렸다. 1940년에 나온 잡지, 『라이프』에서 오린 흑인 꼬마 사진을 보고 영감을 얻어 책 주인공으로 삼았다고 한다. 그는 이와 관련하여 "그동안 내가 그려온 원고에는 흑인 아이가 나오는 이야기가 하나도 없었다. 이제부터 내 책에는 저 아이가 나올 것이다…. 나는 그 아이를 바라보는 게 그저 좋았다." (조은수, 2003)라고 회고하였다. 『눈 오는 날』을 시작으로, 이어지는 책에서 피터는 차츰 성장하게 된다. 유년기 피터가 나오는 그림책으로는 『눈 오는 날』, 『휘파람을 불어요』, 『피터의 편지』가 있다.

『눈 오는 날』에는 눈 오는 날 아이들이 겪을 법한 기대, 즐거움과 좌절이 섬세하게 그려져 있다. 피터는 눈밭에 발자국을 찍기도 하고 막대기로 선을 긋기도 하면서 혼자 논다. 그러다가 형들이 하는 눈싸움에 끼어든다. 하지만 눈뭉치만 얻어맞고 물러난다. 형들처럼 멋지게 눈뭉치를 던지고 싶지만 아직 어린 피터로선 역부족이다. 피터는 눈을 간직하고 싶어 호주머니에 넣어보기도 하지만, 조금 뒤 녹은 것을 발견한다. 그리고 피터는 다시 눈 내린 세상 속에서 즐거운 놀이를 한다.

『휘파람을 불어요』의 피터는 동네 형이 하듯 휘파람으로 애완견 윌리를 부르고 싶어 한다. 길을 걸으면서도 휘파람 부는 연습을 하고 아빠 모자를 쓰고도 연습해 보았으나 휘파람 소리는 나지 않는다. 결국 휘파람 소리 내기에 성공한 피터는 자랑스러운 나머지 부모 앞에 입을 쑥 내밀고 휘파람을 불어 보인다. 이렇듯 키츠는 일상 속 아이의 기대와 실망, 성공의 기쁨과 성장을 섬세하게 표현하고 있다.

『피터의 의자』는 여동생이 생긴 피터가 소외감을 느끼고 샘을 내다가 작은 의자에 더 이상 자기의 엉덩이가 들어가지 않자 자기가 컸다는 것을 깨닫게 되는 이야기이다. 자기의 침대, 자기가 쓰던 방, 자기가 쓰던 물건들, 언제까지나 자기 것이라고 생각하던 모든 것들이 동생 수지가 태어나면서 하나씩 동생의 것이 되고, 모든 것은 동생을 중심으로 돌아간다. 동생이 깰까봐 마음 놓고 놀지도 못하게 된 피터는 결단을 내린다. 자신의 마지막 남은 의자를 동생에게 빼앗기지 않기로 말이다. 피터는 의자를 들고 가출을 감행한다. 가출을 결심하고 피터가 가방을 싸는 걸 보면 웃음이 저절로 나온다. 과자와 강아지 비스킷 그리고 장난감 악어랑 아기였을 때 찍은 사진을 쇼핑백에 챙겨 넣는 것이다. 아이들과 외출할 때 아이들이 가방 챙기는 거 보면 진짜 거창하다. 외출의 목적지하고는 상관없이 이것저것 챙겨 넣는 피터의 행동에는 또래 아이들의 보편적인 모습이 잘 담겨있다. 게다가 가출! 씩이나 했는데 결국은 집 앞에 의자를 놓고 앉아 있다. 엄마가 이제 그만 돌아와 밥 먹으라는 소리에 피터는 나름 꾀를 낸다. 자신의 자존심을 지키며 상황을 자연스럽게 마무리할 방법으로 피터가 선택한 것은 숨바꼭질 놀이이다. 집으로 들어가긴 하되 엄마를 놀라게 하자, 그것이 피터의 작전이다.

아직 어려 형들의 눈싸움에도 끼지 못하고 휘파람이 잘 안 되어 열심히 연습하며, 이제 막 태어난 동생을 질투하던 어린 피터는 이제 여자 친구에게도 관심을 가지고 동네 불량배 형들한테서도 지혜롭게 도망칠 수 있을 정도로 자랐다. 이렇게 어느 정도 자란 피터가 등장하는 그림책이 『피터의 편지』와 『피터의 안경』이다.

『피터의 편지』에서는 스스로 생일초대 편지를 써서 부칠 정도로 자란 피터를 묘사하고 있다. 아직 아무에게도 편지를 써본 적이 없는 피터가 처음으로 혼자 편지를 쓰고 편지를 부치러 간다. 갑자기 부는 바람에 편지가 날아가 그것을 잡으려다 에이미와 부딪히게 되고 이 일로 에이미가 생일에 오지 않을까봐 피터는 전전긍긍한다. 마침내 생일에 에이미가 등장하자 안도하는 피터의 모습에는 그렇게 커가는 우리 아이들의 모습이 그대로 잘 담겨 있다. 이후 작품인『피터의 안경』에서는 피터가 친구 아치, 애완견 윌리와 함께 동네 불량배들을 따돌리는 이야기가 펼쳐진다.

아치는 피터의 단짝 친구이다. 에즈라 잭 키츠의 그림책에는 항상 피터가 주인공은 아니다. 피터의 친구들, 피터의 동생과 그 친구들도 주인공으로 등장한다.『피터의 안경』에서 피터의 단짝 친구로 나왔던 아치는『고양이 소동』과『애완동물 뽐내기 대회』의 주인공이다. 이 두 이야기도 자세히 보면『고양이 소동』에서 만난 고양이를 아치가『애완동물 뽐내기 대회』에 데리고 나온다. 앞의 그림책과 뒤 그림책의 등장인물, 사건과 내용이 서로 연결되어 있다. 이렇게 에즈라 잭 키츠의 그림책에 나오는 주인공들은 모두 한 동네에 살고 있는 또래들이거나 동생들이다.

에즈라 잭 키츠는 아이들이 성장하면서 겪는 일상을 담은 생활의 이야기를 그렸다. 아이들의 일상 모습, 노는 모습을 아이들의 심리적 특성에 맞게 잘 살려 보여준다. 피터가 주인공으로 등장하는 그림책을 읽고 있노라면 그림책들 안에서 성장하는 피터의 모습을 확인하게 되고, 조금은 소심하면서 친구들과 놀기를 즐겨하는 피터라는 아이가 주변 어디선가 살고 있을 것 같은 생각이 든다.

에즈라 잭 키츠가 그려내는 아이들의 모습 속에 반복해서 등장하는 것이 있는데, 그것은 바로 아이들의 놀이이다.『내 친구 루이』에서는 아이들이 인형극을 하며 놀고 있다.『피터의 안경』에서도 아이들의 놀이터가 나온다. 버려진 침대와 건축 폐기물들이 아무렇게나 늘어져 있는 쓰레기장 같은 곳에서 아이들은 버려진 물건들을 주우며 논다. 버려진 것들은 아이들의 놀이터가 되며 놀잇감이 되고 때로는 피난처가 되기도 한다.『루이의 우주선 상상 1호』에서는 상상의 우주여행이 펼쳐진다. 아이들이 부모님이 고물상이라고 놀리자 루이는 울적해 한다. 그러자 루이의 부모님은 고물로 만든 우주선을 만들어 준다. 그런데 그 우주선이 움직이는 동력은 상상력이다. 아이들은 고물로 만든 우주선에 들어가 자신들의 상상력으로 짜릿하고 신나는 우주여행을 한다.『고양이 소동』에도 아이들이 고양이를 쫓아다니며 아이스크림으로 수염을 만들어 할아버지 역할극을 하고 낡은 종이봉투를 쓰고 괴물 놀이를 하는 모습이 나온다. 아이들은 놀이 속에서 자신을 표현하고 다른 사람을 수용하는 법을 배운다.

가족과 친구들과 함께 하는 아이들의 일상 그 가운데 문제도 있고 갈등도 있지만, 함께 어울려 놀다보면 어느새 다 같이 한 마음이 되는 아이들의 모습은 먼 미국의 가난한 변두리나 한국의 어디나 별 다를 바가 없다는 것을 에즈라 잭 키츠의 그림책을 보면서 다시 한번 확인할 수 있다.

③ 약자에 대한 애정과 배려

유태계 폴란드인이었던 에즈라 잭 키츠는 자신이 받은 차별과 어린 시절 브룩클린에서 겪은 소수민족으로서의 경험을 그림책 속 주인공 흑인 꼬마 피터를 통해 잘 녹여내고 있다. 에즈라 잭 키츠는 가난한 동네에서 자라나 대공황까지 겪었다. 가난하고 헐벗은 사람들이 늘 이웃이었고, 자신도 그들의 일부였기에 자연히 그들에게 관심과 애정을 기울이게 되었다.

그가 전국 대회에서 일등상을 받은 그림도 공황시대 노숙자들의 모습을 그린 <빈민가>였다. 평생 그의 머리에서 떠나지 않던 가난, 굶주림, 고통, 뒷골목이 가장 커다란 자산이 되어준 것이다. 소외된 어린이를 바라보는 마음이 각별했던 그는 매 작품마다 아이들만의 고민이나 생각들을 너무도 생생하게 그려내고 있다.

그런 점에서 에즈라 잭 키츠 자신이 그림을 그리고 글을 쓰기 시작하기 전에 다른 작가의 글에 그림을 그렸던 첫 그림책인『우리 개를 찾아 주세요』가 미국에 갓 이주하여 스페인어만 할 줄 아는 후아니토가 주인공인 것은 우연이라고 할 수 없을 듯하다.『우리 개를 찾아 주세요』이후, 에즈라의 그림책에는 줄곧 약자에 대한 애정과 배려가 잘 담겨 있다.

『내 친구 루이』에는 자폐 친구에 대한 따뜻한 배려가 그려져 있다. 소심하고 자폐 증세가 있는 루이는 인형극을 하는 날, 누구에게도 초대받지 않았지만 누구보다도 크게 손뼉 치며 좋아한다. 수지와 로베르토는 루이가 올 줄은 몰랐다는 이야기를 하면서 루이의 등장에 최대한 관심을 기울이며 인형극을 시작한다. 또한 공연이 끝나자 깡충깡충 뛰면서 손뼉을 크게 치며 인형 구씨와 떨어지지 않으려는 루이를 잘 다독여주고는 루이가 다시 구씨를 만날 수 있게 배려해 준다. 이렇게 모두들 혼자 있을 때는 외롭고 약하지만, 서로가 서로를 인정하고 다독여 줄 때 우리는 살아갈 희망과 용기를 얻는다. 친구들이 루이의 존재를 인정하고 루이가 원하는 것이 무엇인지를 알아주자 루이는 친구들과 어울리기 시작했다.

『상자 속 여행』은 루이가 친구들과 어울리게 되었지만 다시 낯선 곳으로 이사를 가 또 다시 혼자가 된 모습으로 시작한다. 루이는 상자 속에 전에 살던 동네를 만들고 상상 속에서 그 동네로 날아가 친구들을 만난다. 그리고 다시 현실의 친구들이 부르는 소리를 듣고 밖으로 새 친구들을 만나러 나간다. 누군가와 나누었던 따뜻한 사랑, 서로가 서로를 인정하는 관계 속에서 새로운 삶을 살아갈 힘을 얻는다는 것을 에즈라 잭 키츠는 잘 알고 있는 것이다.

『애완동물 뽐내기 대회』에서 아치는 자신의 고양이를 데리고 대회에 나가서 상을 받고 미안해 하시는 할머니께 선뜻 상을 양보해 드리는 따뜻한 마음을 가진 아이다. 또한 아치와 친구들의 애완동물 모두가 각기 다른 특징으로 최고상을 받는 내용에서도 다른 사람을 인정하고 배려하는 마음이 나타난다. 이를 통해 아이들은 잘하는 한 가지만으로도 최고라고 인정받을 수 있으며 자신감을 가지고 성장할 수 있다는 믿음을 갖게 된다.

『내 친구 루이』에서 수지와 함께 인형극을 했던 로베르토는『꿈꾸는 아이』의 주인공으로 등장한다. 로베르토는 종이 생쥐를 만들고 나서 친구 에이미에게 자랑을 한다. 그러자 에이미는 종이 생쥐를 무엇에 쓸 거냐고 한다. 로베르토는 종이 생쥐를 창가에 놓고 깊은 생각에 빠진다. 작고 약한 종이 생쥐를 무엇에 쓸까? 알 수 없는 불안으로 잠 못 이루던 밤, 로베르토는 위기에 빠진 아치의 고양이를 보고 깜짝 놀라고, 그때 작고 약한 종이 생쥐가 아래로 떨어지면서 개를 쫓는다.

비록 현실의 아이들은 작고 약할지라도 서로를 인정하고 다독이며 마음을 나누는 따뜻한 관계 속에서 자신을 도울 뿐만 아니라 누군가를 도울 수 있는 힘을 얻으며 자란다. 에즈라 잭 키츠가 그림책을 통해 말하고 싶었던 것은 바로 이것이 아닐까?

> "나는 그 아이가 누구든 자신을 느끼며 희망을 가질 수 있다는 것을 보여주고 있다." (에즈라 잭 키츠, http://www.picturebook-museum.com/book, 2013년 5월 16일 인출)

지금의 처지가 어찌 되었든, 자신을 느끼며 서로를 인정하고 서로를 포근히 안아준다면 그것만으로 희망이 생길 것이라는 걸 에즈라 잭 키츠는 자신의 삶 속에서 체험하고 자신의 그림책으로 표현하고 있다.

2. 그림책 안내

내 친구 루이

서지정보

작가 : 에즈라 잭 키츠 글/그림

옮긴이 : 정성원

출판사 : 비룡소

출판년도 : 2001

내 용

수지와 로베르토가 인형을 움직이며 인형극을 하는데, 루이는 수지가 들고 있는 인형 '구씨'가 너무 좋다. 루이는 다른 친구들은 아랑곳 않고 자리에서 벌떡 일어서서 '구씨'에게 큰 소리로 말을 걸어 인형극의 진행을 방해하기도 한다. 루이는 꿈에서조차 구씨와 함께 있지 못하고 친구들에게 놀림을 당하지만 자신에게 온 쪽지를 따라 가 보니 거기에는 인형극에 나왔던 '구씨'와 생쥐 인형이 있다. 이제 루이에게 친구가 생긴 것이다.

특징 및 교육적 접근

이 그림책은 진정한 우정이 무엇인지 생각해 볼 수 있도록 하는 따뜻함이 있다. 주인공 루이는 고립되어 있고 친구와 어떻게 어울리고 상호작용하는지 잘 모르는 친구이다. 루이의 친구들은 루이를 배척하지 않고 루이의 입장에서 생각하고 배려한다. 특히 구씨 인형을 루이에게 전해 주는 장면에는 루이에 대한 수지와 로베르토의 애정이 잘 담겨 있다.

1) 유아들과 루이를 도와주었던 수지와 로베르토의 마음에 대해 이야기를 나누어 보거나 주인공 루이는 어떤 아이였을까 이야기를 나누어 볼 수 있다. 또한 도움이 필요한 친구를 도와준 적이 있는지, 어떤 방법으로 도움을 주었는지 경험을 나누어 보며, 우리 주위에 도움이 필요한 친구들이 있는지, 그들은 어떠한 점이 불편한지, 왜 그런지, 그들에게 어떠한 도움을 줄 수 있는지 이야기를 나눈다.

2) 주인공 루이가 인형극을 하는 자리에서 인형극을 시작하고 스토리가 진행이 될 때 구씨 인형에게 관심을 보이는 장면이 나온다. 또한 인형극이 끝나고 루이 친구들은 인형극에 등장했던 인형들을 루이에게 전해 준다. 유아들과 루이가 구씨 인형을 왜 좋아하게 되었을지에 대해 이야기를 나누어 보고 루이에게 들려줄 인형을 여러 가지 재료로 만들어 보고 인형극을 꾸며 인형극 놀이를 해볼 수 있다.

눈 오는 날

서지정보

작가 : 에즈라 잭 키츠 글/그림

옮긴이 : 김소희

출판사 : 비룡소

출판년도 : 1995

내 용

겨울날 아침, 잠에서 깬 피터는 창밖에 눈이 하얗게 온 것을 본다. 밖으로 나온 피터에게 눈은 훌륭한 친구가 된다. 피터는 깡충깡충 뛰면서 발자국 모양을 새기기도 하고 팔자걸음으로 발자국 끝을 서로 마주 보게도 만들며 두 발을 질질 끌어서 선을 만들기도 하고 눈으로 할 수 있는 재미난 놀이들을 한다.

특징 및 교육적 접근

이 그림책은 눈이 내렸을 때의 즐거움과 신비감을 아이들의 시선으로 잘 그리고 있다. 눈 오는 날 풍경에서 천진난만하게 놀이하는 아이의 모습을 발견할 수 있으며, 눈 오는 날의 설렘과 즐거움을 느낄 수 있다.

1) 눈 오는 날 주인공 피터는 어떠한 놀이를 하였으며, 이 밖에 겨울에 할 수 있는 다양한 놀이 또는 눈 오는 날 있었던 자신의 경험을 이야기해 본다.

2) 피터의 침실 벽 무늬, 피터의 잠옷, 나뭇가지, 눈 속에서 미끄럼을 타는 장면에서의 하늘 등과 같이 다양한 소재를 활용한 콜라주 기법을 발견할 수 있다. 유아들과 그림책의 장면에 나타나는 콜라주 기법들을 찾아보고, 어떤 재료를 어떻게 사용했는지를 찾아보는 경험을 통하여 또 다른 콜라주 그림을 창작해 보는 활동으로 확장해 볼 수 있다.

3) 주인공 피터는 눈 뭉치를 외투 주머니에 넣어 집으로 돌아온다. 외투 주머니에 손을 넣어보고 눈이 녹은 것을 발견한 피터는 눈이 모두 녹아버리는 꿈을 꾼다. 이러한 피터의 심리 변화에 대해 그림책에서는 그림의 색깔과 빈 공간을 이용하고 있다. 유아들과 피터가 왜 눈을 주머니에 넣었는지, 눈이 녹았을 때 피터는 어떤 마음이었을지 이야기를 나누어 볼 수 있다. 또한 주머니에 있었던 눈이 어떻게 되었는지 이야기를 나누어 보며 이와 관련하여 물이 얼고 녹는 특성을 관찰할 수 있는 실험을 해 본다.

4) 면지에는 눈 결정체가 그려져 있다. 면지의 디자인에 대해 관심을 갖도록 하며 눈 모양을 관찰하고 표현해 보도록 한다.

애완동물 뽐내기 대회

서지정보

작가 : 에즈라 잭 키츠 글/그림

옮긴이 : 맹주열

출판사 : 비룡소

출판년도 : 2008

내 용

애완동물 뽐내기 대회가 열린다. 아이들은 신이 나서 모두들 애완동물을 찾아 돌아다닌다. 아치도 대회에 나가고 싶은 마음에 애완동물을 찾아보지만, 적절한 것을 찾지 못해 제멋대로인 고양이를 데리고 가기로 한다. 대회가 시작되자 심사위원들은 애완동물을 가져온 친구들 모두에게 최고상을 준다. 상의 이름도 각 애완동물의 특징에 맞는 상들이다.

특징 및 교육적 접근

아치의 고양이와 함께 등장하신 할머니와 고양이를 못 찾아 빈병을 가지고 나타난 아치에게 각각 '세상에서 최고로 긴 콧수염 고양이상'과 '최고로 얌전한 세균상'이 주어진다. 아치의 고양이를 데리고 대회에 나가서 상을 받고 미안해 하시는 할머니께 선뜻 상을 양보해 드리는 주인공 아치의 따뜻한 마음이 잘 전해진다.

등장하는 애완동물 모두가 각기 다른 특징으로 '최고상'을 받는 장면에서 다양성을 인정하고 수용하는 모습을 찾아볼 수 있다. 누구에게나 그럴듯한 이름을 지어 상을 주는 모습, 아치가 가지고 온 눈에 보이지도 않는 것에까지 상을 주는 배려가 감동을 준다.

1) 내가 좋아하는 애완동물을 직접 가져오거나 사진을 찍어서 친구들에게 소개한다. 나의 애완동물의 이름은 무엇인지, 무엇을 좋아하는지, 언제부터 나의 애완동물이 되었는지 등에 대해 이야기 나눈다.

2) 그림책처럼 나의 애완동물 자랑하기 대회를 열어본다. 친구들의 애완동물에게 줄 상과 상품도 만들어 본다. 친구들의 애완동물에게 줄 상의 이름들도 재미나게 지어본다.

3) 내가 좋아하는 애완동물을 잃어버린 적이 있는지, 어떻게 해서 애완동물을 잃어버렸는지, 그랬을 때 어떻게 했는지, 애완동물을 잃어버렸을 때 마음은 어떠했는지에 대한 경험을 이야기 나누어 본다.

야옹, 고양이 놀이

서지정보

작가 : 에즈라 잭 키츠 글/그림

옮긴이 : 공경희

출판사 : 시공주니어

출판년도 : 1995

내 용

아기 고양이들이 있는 곳에 강아지 한 마리가 나타난다. 고양이들은 강아지에게 "너도 고양이니?" 라고 묻고, 강아지는 "어, 그럴 걸"이라고 대답하며 놀이가 시작된다. 강아지와 고양이는 함께 우유도 먹고 야옹하고 울기도 해 보고 의자들을 건너뛰어 보기도 하며 생쥐를 쫓아다니기도 한다. 다음에는 강아지 놀이를 하자면서 헤어지는 강아지와 고양이들은 서로가 다른 존재인 것은 상관없이 서로 금방 친해져서 노는 아이들의 천진난만함을 닮았다.

특징 및 교육적 접근

이 그림책은 아이들과 친근한 애완동물인 고양이, 강아지들의 모습이 세밀하게 묘사되어 있다. 높은 곳을 잘 오르내리는 고양이들은 의자 위로 사뿐히 다니지만, 강아지는 쿵 떨어진다. 고양이들은 쥐를 쫓는 데 있어서도 사뿐히 자기 몸을 잘 지탱하지만, 강아지는 전력 질주를 하다가 벽에 머리를 들이박고 만다.

1) 유아들과 그림책에 등장하는 강아지와 고양이의 모습을 잘 관찰하도록 주의를 기울이도록 하여 각각의 동작을 살펴보도록 한다. 그림책 속에 나타난 고양이의 모습, 강아지의 모습과 동작을 흉내 내는 놀이를 해볼 수 있다.

2) 글이 적고 동작과 소리 중심의 책이라 영아에게도 읽어줄 수 있다. 또한 장난치는 아기 동물들의 모습은 책을 읽기 시작하는 아이들의 관심을 끌기 좋고, 다양한 의성어와 의태어가 담겨져 있어서 흥미롭게 읽을 수 있는 그림책이다. 유아들과 그림책 속에 반복되는 의성어와 의태어를 찾아보고, 이와 비슷한 소리를 찾아본다.

3) 고양이와 강아지들이 놀이하는 모습을 통해 아이들의 일상에서 일어날 수 있는 경험을 이끌어낼 수 있다. 서로 다르지만 다른 것에 대한 편견 없이 동화되는 모습을 자연스럽게 그리고 있다. 그러므로 강아지와 고양이의 특징을 이야기하고, 비슷한 점과 다른 점을 찾아보는 활동을 해 보거나 강아지와 고양이가 어떻게 친구가 되었는지 이야기해 볼 수 있다.

피터의 의자

서지정보

작가 : 에즈라 잭 키츠 글/그림
옮긴이 : 이진영
출판사 : 시공주니어
출판년도 : 2000

내 용

동생이 생긴 피터는 자기의 침대와 방을 비롯하여 자기가 쓰던 모든 것이 동생 수지의 것이 되어버리고, 자신의 행동이 엄마의 제재를 받게 되자 불만을 느낀다. 그래서 자신의 마지막 남은 의자는 동생에게 빼앗기지 않으려고 의자를 들고 가출을 감행한다. 하지만 피터는 그 의자가 자신에게는 너무 작아 더 이상 앉을 수 없음을 알고 동생에게 물려준다.

특징 및 교육적 접근

이 그림책은 동생이 생긴 피터의 시샘과 소외감을 표현하고 있다. 또한 자신의 의자를 동생에게 내어줌으로써 동생을 자연스럽게 받아들이는 성숙한 피터의 모습이 잘 그려져 있다.

1) 이 책이 따스하게 느껴지는 것은 자연스럽게 동생에게 다가가는 피터의 행동 때문이다. 화가 나서 집을 나오긴 했지만 장난기 어린 행동으로 집에 들어와 아빠와 함께 동생의 의자를 색칠한다. 최근에 동생이 생긴 친구들이 있는지, 동생이 생겨서 좋은 점이 무엇인지, 불편한 점은 무엇인지, 피터와 비슷한 경험을 한 적이 있는 친구들의 이야기를 들어본다.

2) 피터의 부모 또한 피터에게 그 의자를 동생에게 주라고 성급하게 요구하지 않는다. 다만 피터의 행동을 차분하고 따스한 눈길로 지켜 볼 뿐이다. 피터의 엄마와 아빠는 어떤 마음이었을지 유아들과 함께 이야기해 볼 수 있다.

3) 자신이 어렸을 때 입었던 옷이나 좋아했던 장난감, 어릴 적 찍었던 사진 등을 가져와서 그때와 비교하여 어떤 점이 달라졌는지, 얼마나 자랐는지 이야기해 본다.

피터의 편지

서지정보

작가 : 에즈라 잭 키츠 글/그림

옮긴이 : 이진수

출판사 : 비룡소

출판년도 : 1996

내 용

피터는 좋아하는 여자 친구 에이미에게 편지로 생일 초대장을 보내기로 한다. 정성들여 쓴 편지를 부치러 가는 길에 갑자기 바람이 불어 편지는 바람에 날리고, 그 순간 에이미와 부딪히게 된다. 피터의 생일날, 에이미의 모습이 보이지 않자 낙심한다. 그러나 케이크를 준비하고 있는 사이에 에이미가 도착하자 피터는 기쁜 표정으로 촛불을 끈다.

특징 및 교육적 접근

피터는 생일에 초대하고 싶은 친구가 하나 있다. 바로 예쁜 여자 친구 에이미이다. 피터는 에이미를 자신의 생일에 초대하기 위해 정성들여 편지를 쓴다. 그러나 편지를 부치러 가는 사이에 에이미와 부딪히자 미안하다는 말도 못하고 편지를 우편함에 넣고 집으로 온다. 이 그림책은 이성 친구에게 자신의 마음을 수줍게 표현하는 아이의 심리가 섬세하게 묘사되어 있다.

1) 유아들과 피터는 편지에 어떤 이야기를 썼을지 이야기를 나누어 보거나 내가 만약 피터라면 에이미와 부딪혔을 때 어떻게 했을지 이야기를 나누어 볼 수 있다. 또한 주인공 피터처럼 자신이 친하고 싶은 친구에게 편지 쓰는 놀이를 한 후, 우체통과 우표를 만들어 그림 카드나 편지를 주고받는 우체국 놀이로 확장할 수 있다.

2) 이 그림책에는 마블링 기법이 다양하게 활용되어 있다. 피터가 에이미에게 편지를 부치러 가는 길의 경우, 비 오기 전 먹구름이 끼고 번개가 번쩍하는 어두운 하늘의 모습을 마블링 기법으로 표현하여 분위기를 극대화하고 있다. 마블링이 어떠한 방법으로 표현하는 것인지 설명한 후 피터의 편지 장면 속에서 마블링으로 표현된 장면이 어느 것인지 찾아보고, 어떤 방법으로 마블링 기법을 활용하였는지 이야기 나눈다. 아이들과 함께 마블링으로 다양한 표현을 해 보고, 자신과 친구들의 작품이 각각 어떠한 느낌이 나는지 이야기해 본다.

휘파람을 불어요

서지정보

작가 : 에즈라 잭 키츠 글/그림

옮긴이 : 김희순

출판사 : 시공주니어

출판년도 : 1999

내 용

피터는 다른 아이처럼 자기의 애완견인 윌리를 휘파람으로 불어서 자신을 따라 다니게 하고 싶어 한다. 큰 상자에 숨어서 휘파람 소리를 내려고 연습을 하고, 길을 따라 걸을 때도 휘파람 부는 연습을 한다. 열심히 연습하는 데 생각만큼 안 된다. 어른처럼 옷을 입으면 휘파람이 잘 불어질까 싶어서 아빠의 모자를 쓴 채 거울을 보면서도 연습해 본다. 결국 성공하고 엄마, 아빠 앞에 자랑스럽게 입을 쑥 내민 피터의 모습이 천진난만하다.

특징 및 교육적 접근

휘파람을 불고 싶어 애를 쓰는 피터는 휘파람이 잘 불어지지 않자 빙글빙글 돌아보거나 색분필로 긴 선을 그리며 걸어가면서까지 휘파람 연습을 한다. 작은 바람을 이루고자 노력하는 아이의 모습이 일상생활 속에 자연스럽게 표현되어 있다.

1) 주인공 피터처럼 엄마, 아빠의 의상, 소지품으로 꾸미고 역할 놀이를 해 본다. 엄마, 아빠처럼 꾸미고 해 보고 싶은 일이 무엇인지 이야기해 본다.

2) 피터는 휘파람을 불기 위해 수많은 실패를 하지만 좌절하지 않고 즐겁게 받아들이면서 성공의 기쁨과 성취감을 경험한다. 아이들의 마음을 있는 그대로 순수하게 표현한 그림책이다. 유아들과 열심히 노력했는 데 잘 되지 않았던 경험과 성공했을 때의 경험을 함께 이야기해 본다.

3) 피터처럼 휘파람을 불어본 적이 있는지, 휘파람을 시도했을 때 어떤 점이 어려웠는지 이야기해 본다. 휘파람처럼 우리 몸을 이용해서 소리를 낼 수 있는 방법은 무엇인지 이야기한 후 직접 소리를 만들어서 들어본다. (예 입으로 '똑딱똑딱' 시곗소리를 내거나 몸으로 다양하게 소리를 만드는 방법 등)

활동 6-1 콜라주 그림책 만들기

활동목표

• 그림책의 특징을 이해하고 감상한다.
• 그림책의 특징을 살려 창의적으로 표현할 수 있다.

활동자료

『눈 오는 날』, 『피터의 의자』, 『내 친구 루이』, 『상자 속 여행』, 콜라주로 표현할 수 있는 다양한 재료들(사진 자료, 잡지책, 마블링 그림, 에즈러 잭 키츠의 등장인물 모습들)

활동방법

도입

• 에즈라 잭 키츠 작가 그림책을 살펴보며 이야기 나눈다.
 – 작가 선생님의 그림책은 어떤 점이 다른 그림책과 다르니?
 – 그림을 보면 어떤 느낌이 드니?

전개

• 에즈라 잭 키츠 작가 그림책의 특징에 대해 이야기 나눈다.
 – (다양한 콜라주 표현 그림책 장면을 보여주며) 그림이 어떻게 표현되었니?
 – 어떤 방법으로 그림을 표현했을까?
 – 그림책마다 다른 콜라주 기법을 사용하였는데, 각 장면마다 어떤 느낌이 드니?
 – 왜 이렇게 표현하였을까?

- 그림책 기법을 활용하여 표현할 수 있는 다양한 재료들을 소개한다.
  - 사진 자료, 잡지책, 마블링 그림, 에즈라 잭 키츠 그림책의 등장인물로 어떤 것을 해볼 수 있을까?
- 그림책 기법을 사용하여 그림책을 재구성한다.
  - 작가처럼 콜라주 기법을 사용하여 그림책을 만들어 볼 수 있을까?
  - 내가 하고 싶은 것을 골라서 콜라주 그림책을 만들어 보자.

마무리

- 각자 만든 그림책을 소개한다.
  - ○○는 어떤 재료를 가지고 그림책을 만들었니?
  - 친구들이 만든 그림책을 보면서 어떤 느낌이 들었니?
  - 또 어떤 재료들로 표현할 수 있을까?

활동 6-2 피터의 성장 앨범 만들기

활동목표

- 에즈라 잭 키츠 작품의 주인공 피터가 그림책 속에서 어떻게 성장했는지 탐색한다.
- 그림책의 내용을 이해하고 등장인물에 관심을 갖는다.

활동자료

『눈 오는 날』, 『휘파람을 불어요』, 『피터의 의자』, 『피터의 편지』, 『피터의 안경』 (피터가 등장하는 에즈라 잭 키츠의 그림책들)

활동방법

도입

- 그림책의 표지를 살펴보며(그림책의 제목, 저자 등) 공통점을 발견하도록 한다.
  - 이 책들에는 같은 이름의 사람이 나오는데, 어떤 사람일까?
  - 그런데 이 책들에 나오는 피터의 모습은 어떤 것 같니?
  - 무엇이 비슷하니? 무엇이 달라졌니?
  - 책 속에 있는 피터가 자라나는 순서대로 그림을 놓아볼까?
  - 왜 그렇게 생각했니?

전개

- 주인공 피터의 성장 과정에 대해 이야기 나눈다.
  - 『눈 오는 날』에 등장하는 피터는 몇 살 정도 되었을까? 이 그림책에서는 피터에게 어떤 일이 있었니?

–『휘파람을 불어요』, 『피터의 의자』, 『피터의 편지』, 『피터의 안경』의 피터는 몇 살일까? 피터에게는 어떤 일이 있었니?

• 5명씩 한 모둠이 되어 피터의 성장을 담은 앨범을 만들어 본다.

–각자 피터의 모습을 그리고 오려 붙이며, 그것이 몇 살 때의 모습인지 쓴다.

–어린 피터의 모습부터 점차 커가는 피터의 모습 순으로 묶는다.

–앨범의 겉장을 만든다.

마무리

• 모둠별로 앨범에 대해 이야기를 나눈다.

–피터가 몇 살 때의 모습이니?

–그때 어떤 일이 있었니?

–피터의 앨범을 만들어 보았는데, 어떤 느낌이 들었니?

확장활동

• 내가 조금 더 성장한 모습을 상상해 보고, 조금 더 자랐을 때 할 수 있는 일들을 이야기 나누어 본다.

• 피터의 성장 과정을 그래프로 나타내 본다.

• 피터에게 편지 써보는 활동을 함께 해 본다.

윌리엄 스타이그 SEVEN

- 1907년 뉴욕주 브루클린 출생
- 1930년 『라이프』, 『뉴요커』 등의 잡지에 카툰 기고
- 1969년 『당나귀 실베스터와 요술 조약돌』 칼데콧 메달 수상
- 1972년 『도미니크』로 크리스토퍼상, 내셔널북상 수상
- 1976년 『아벨의 섬』 뉴베리 아너상 수상
- 1982년 『치과의사 드소토 선생님』 칼데콧 아너상 수상
- 1982년 한스 크리스찬 안데르센상 수상
- 1990년 『슈렉!』 출간
- 2003년 미국 보스턴 백 베이 자택에서 별세

대표작

『당나귀 실베스터와 요술 조약돌』, 『엉망진창 섬』, 『아모스와 보리스』, 『도미니크』, 『뒤죽박죽 달구지 여행』, 『아벨의 섬』, 『멋진 뼈다귀』, 『강아지가 된 칼렙』, 『티프키 두프키의 아주 멋진 날』, 『치과의사 드소토 선생님』, 『아프리카에 간 드소토 선생님』, 『녹슨 못이 된 솔로몬』, 『용감한 아이린』, 『자바자바 정글』, 『부루퉁한 스핑키』, 『슈렉!』, 『장난감 형』, 『아빠랑 함께 피자 놀이를』.

1. 작가 소개

1) 생애

윌리엄 스타이그는 1907년 뉴욕 브루클린에서 태어났다. 그의 어머니와 아버지는 호주에서 이민을 왔고 페인트칠하는 일을 했으며 사회주의자였다. 어머니와 아버지는 자신들의 사상에 따라 아이들의 자율성을 존중하고 독립심을 키워 주려 했다.

윌리엄 스타이그는 어린 시절, 그림 그리기도 좋아했지만, 글 읽기도 무척 즐겼다. 어린 시절 가장 좋아했던 이야기는 콜로디의『피노키오』였다. 피노키오는 늘 낯설지만 재미있어 보이는 것에 마음을 빼앗긴다. 가야할 곳은 저기 빤히 보이는데 자꾸만 다른 길로 새버리는 통에 보는 사람의 마음을 조마조마하게 만든다. 윌리엄 스타이그 작품의 캐릭터와 피노키오는 참 많이 닮아 있다. 낯설고 엉뚱하고 재미있으며 새로운 것만 보면 들썩이지만 늘 아빠에게 돌아가려고 했던 피노키오처럼 윌리엄 스타이그 그림책의 인물들은 모험을 떠나지만 언제나 집으로 돌아간다.

윌리엄 스타이그는 그림 그리기와 독서 같은 정적인 활동을 즐겼지만 운동에도 아주 뛰어난 실력을 보였다. 대학교 다닐 때는 수구(water polo) 대표선수로 활약하기도 했다. 15살에 고등학교를 졸업한 후 미술을 공부하였다. 뉴욕 시립대학에서 2년 동안 미술을 전공했고 국제 디자인 아카데미에서 3년을 공부했으며 예일 대학교에서 파인 아트 과정을 단 5일 다녔다. 어느 한 군데 끝까지 마친 학교는 없다(Wry Child of the Unconscious; William Steig, 90, on Art, Life and the Mysterious Orgone, http://www.nytimes.com/1997, 2013년 5월 13일 인출).

학교를 뛰쳐나온 그는 돈과는 상관없는 재미있는 일거리를 찾아 떠돌아다녔다. 운동선수, 선원, 부랑자, 정원사, 소설가, 밴드 연주자, 여행가 등의 직업을 가졌고, 뱃사람이 되어 타히티에 정착하는 꿈을 꾸기도 했다. 윌리엄 스타이그의 그림책에 항해를 하는 이야기가 유독 많이 나오는 건 그의 이런 이력 때문인 듯싶다. 『아모스와 보리스』에서 아모스의 항해 준비는 무척 전문적으로 보인다. 『아벨의 섬』에서도 모험과 항해를 경험하지 않았으면 표현하기 힘든 장면들이 나온다.

그러나 뱃사람이 되어 항해하다 천국과 같은 섬에 정착하여 살고 싶다는 꿈은 안타깝게도 스무 살 초반에 접어야 했다. 1930년, 그의 나이가 23살 되던 해, 미국에 대공황이 닥쳐왔고 아버지는 직업을 잃었다. 윌리엄 스타이그는 가족을 부양하기 위해 돈을 벌어야 했다. 윌리엄 스타이그가 선택한 직업은 프리랜서로 그림을 그리는 것이었다. 1930년부터 『뉴요커』와 『라이프』, 『뉴스위크』에 그림을 그렸고, 1940년부터는 나무에 초상을 새기거나 광고 일을 하기도 했다. 기존에 나온 축하 카드를 증오와 악의에 찬 카드로 패러디하기도 했는데, 이 카드들은 좋은 반응을 얻었다고 한다.

윌리엄 스타이그는 '카툰 왕'으로 손꼽히는 인기 있는 카투니스트가 되었으나 그는 자신을 드러내는 작업을 하지 못해 답답함을 가지고 있었다. 1967년 60세의 윌리엄 스타이그는 은퇴를 결심하고 소일거리로 그림을 그리고 있었다. 그때 『뉴요커』의 동료 만화가였던 밥 크라우스가 그림책을 출판해 보라는 제안을 했고 윌리엄 스타이그는 친구의 제안에 따라 1968년 『CDB!』를 출간했다. 이 책은 좋은 평을 받지 못했지만, 그는 이 책을 출판하는 과정을 통해 어린이 책을 어떻게 만들어야 하는지 알게 되었다.

1969년 2월 두 번째 그림책, 『당나귀 실베스터와 요술 조약돌』을 출판했다. 이 책으로 그는 그해 가장 뛰어난 그림책에 주는 '칼데콧 메달'을 받았다. 그 후에도 『아벨의 섬』으로 '뉴베리상'을 받았고, 『치과의사 드소토 선생님』으로 '뉴베리 아너상'을 받았다. 그의 전 창작 세계를 기초로 어린이 그림책의 노벨상이라고 하는 '한스 안데르센상'도 받았다. 또한 그의 책 『슈렉!』은 영화 <슈렉>의 원작이 되었다. 자유로운 항해를 꿈꾸었지만, 가족들의 생계를 책임지기 위해 타히티 대신 뉴욕에 머물러야 했던 윌리엄 스타이그는 60세가 되는 해까지 2,600여 장의 그림과 117장의 표지 그림 그리고 모두 30여 권의 어린이 책을 만들었다(William Steig, http://en.wikipedia.org/wiki/William_Steig, 2013년 5월 15일 인출).

텍스트가 짧은 그림책부터 동화책에 이르기까지 그의 작품 세계는 아주 다양하다. 윌리엄 스타이그의 많은 그림책들에서 반복적으로 나오는 주제 가운데 하나는 '가족'이다. 그의 그림책에는 대부분 가족이 등장한다. 어떤 계기로 모험을 떠나거나 고난을 당하여 가족과 헤어지더라도 항상 가족의 품으로 돌아가기 위해 노력하고 가족과 다시 만났을 때 기쁨이 넘친다. 가족을 위해 자신이 추구하던 꿈과 자유를 포기하고 자신의 재주로 가족들의 생계를 책임져야 했던 윌리엄 스타이그는 어쩌면 스스로를 『용감한 아이린』에서 아픈 어머니를 위해 공작부인에게 끝까지 옷을 배달하는 아이린처럼 여겼는지도 모르겠다.

그러나 무엇보다 그의 작품 세계의 특징은 자유롭다는 것이다. 고래와 생쥐가 우정을 나누고, 돼지 농부와 일꾼 당나귀가 우정을 나눈다. 발가락을 꼼지락거리면서 콧구멍을 후비면 변신을 하고 그냥 아무 이유 없이 정글에서 헤매기도 한다. 그러나 그들은 모두 모험과 도전을 즐기는 용기를 가졌다. 시련이 오더라도 좌절하지 않는다.

윌리엄 스타이그가 창조한 등장인물들은 어쩌면 모두 윌리엄 스타이그를 닮았을지 모른다. 윌리엄 스타이그가 용기와 자유로운 정신을 가지고 있지 않았다면 은퇴할 나이에 그림책을 만들기 시작하지는 못했을 것이다. 그리고 죽기 몇 달 전까지 그 어디에도 구애받지 않고 자신의 자유로운 정신을 고스란히 작품 안에 담아내지도 못했을 것이다.

윌리엄 스타이그는 모두 네 번 결혼했다. 자식은 모두 세 명이었는데, 윌리엄 스타이그의 아버지가 그에게 그러했듯이 자식들에게 자신들이 원하는 삶을 살기를 원했다. 윌리엄 스타이그의 자식들은 스타이그 집안에 흐르는 예술가의 피를 이어받아 아들은 재즈 플루트 연주자, 딸 주시는 화가, 메기는 배우가 되었다.

자유로운 정신을 가진 용감한 윌리엄 스타이그는 2003년 95세의 나이로 별세했다. 그는 가족을 사랑했고 아이들을 좋아했다. 그리고 자신의 일을 사랑했다.

"나는 성인으로서 여러 가지 일을 하면서 살아왔어요. 하지만 나는 그걸 스스로에게 강요해야 했어요. 나는 내가 성인이라고 생각하지는 않았어요." (Obituary : William Steig 1907-2003, http://www.comicsreporter.com/index.php, 2013년 5월 15일 인출)

가족을 위해 그림 그리기를 선택했고, 의무와 자유 속에 갈등하던 윌리엄 스타이그는 은퇴 이후 자유를 갈망하던 자신의 진정한 정신을 작품 속에 오롯이 담아냈다. 윌리엄 스타이그는 몸은 어른이었지만, 어른답지 않은 세계로 어른과 아이들을 매혹하고 숱한 매력적인 캐릭터들을 우리 마음속에 심어놓고 떠나갔다.

2) 작품 세계

① 변신

윌리엄 스타이그의 그림책에는 다양한 형태의 변신이 등장한다. 변신이란 몸이 바뀌는 것을 말한다. 몸이 바뀐다고 했을 때는 여러 가지 차원이 있을 수 있을 것이다. 늘 꾀죄죄하게 하고 다니던 사람이 화려하게 외모를 가꾸고 나왔을 때도 우리는 변신에 성공했다고 한다. 엄청나게 살이 빠져도 변신했다고 한다.

윌리엄 스타이그 그림책에 나오는 변신은 이런 몸의 변화하고는 좀 다르다. 그냥 좀 바뀌는 게 아니라 확 바뀐다. 토끼가 못이 되기도 하고 사람이 강아지가 되기도 하며 당나귀가 바위로 바뀌기도 한다. 이렇게 완전히 다른 종으로, 혹은 다른 사물로 변하는 경우도 있지만, 사람이 아주 작아지는 변신도 있다. 윌리엄 스타이그 작품 속에서 이런 변신은 자연스레 작품의 주요한 사건이 된다.

『당나귀 실베스터와 요술 조약돌』에서는 실베스터가 소원을 들어주는 요술 조약돌을 발견하는 것으로 이야기가 시작된다. 처음부터 자신의 몸을 바꾸려고 한 것은 아니지만 사자가 나타나는 바람에 사자가 먹을 수 없는 바위로 변하겠다는 소원을 빌고 만다. 그 다음에는 바위가 된 실베스터와 아들을 잃어버린 부모의 이야기가 나오고, 우여곡절 끝에 실베스터가 다시 당나귀로 돌아와 가족들과 상봉하는 이야기가 진행된다. 『당나귀 실베스터와 요술 조약돌』에서는 빨간색 조약돌이 요술을 부린다. 어린 아이들은 실베스터처럼 특이한 모양과 색을 가진 조약돌 모으는 것을 좋아한다. 『당나귀 실베스터와 요술 조약돌』을 보다 보면 어렸을 때 모았던 예쁜 색깔의 그 조약돌들도 어쩌면 요술 조약돌이었을지도 모른다는 생각을 하게 된다. 또한 당나귀가 바위가 될 일은 없겠지만, 그래도 아이들은 자신들도 요술 조약돌을 발견하게 되어 소원을 빌어 볼 수 있을지도 모른다는 상상을 하게 된다. 변신이라는 굉장한 일이 어쩌면 나에게도 일어날 수 있을 것 같은 설렘이 생긴다.

『녹슨 못이 된 솔로몬』은 이런 변신을 더욱더 현실적으로 받아들일 수 있게 한다. 솔로몬이 변신을 하게 된 계기라는 게 엄청난 뭔가가 아니라 그저 발가락을 꼼지락거리며 동시에 코를 후비는 것이다. 아이들이 하루에도 수십 번씩 하는 이런 행동들이 변신의 열쇠일 줄이야. 어쩌면 아이들은 솔로몬을 보면서 자신들의 일상 행동들 가운데 어떤 조합이 변신을 일으키지 않을까 열심히 연구하게 될지도 모를 일이다.

『당나귀 실베스터와 요술 조약돌』과 『녹슨 못이 된 솔로몬』의 공통점은 우연한 기회에 변신을 하게 된다는 것이다. 그러나 이 두 그림책의 결정적인 공통점은 그들을 잡아먹으려고 하는 천적이 나타났을 때 변신하게 된다는 것이다. 실베스터는 사자 앞에서 바위로 변신을 한다. 그러나 조약돌을 붙잡을 수 있는 손이 사라지는 바람에 조약돌을 붙들고 소원을 말할 수 없게 된다. 소원을 들어주는 조약돌이 바로 등허리에 있는데 그걸 잡을 수 있는 손이 없어 고통스러워하는 세월을 보내게 되는 것이다. 그리고 자신을 잡아먹으려고 하는 고양이 앞에서 녹슨 못으로 변한 토끼 솔로몬은 고양이네 집의 벽에 박힌 채 속절없이 시간만 보내게 된다. 천적에게 잡아먹히지 않으려고 한 변신은 또 다른 위기와 절망의 시간으로 이어진다. 변신이라는 이런 요술 같고 마술 같은 환상적인 일도 잡아먹고 잡아먹히는 현실의 논리 앞에서는 무력해지고 절망과 무력의 시간 속에서도 우연한 사건은 또 다른 희망이 된다. 인생의 많은 일들이 하나의 면만 가지고 있지 않다. 위기라고 생각했지만 그것은 또 다른 기회가 되고 절망 속에 희망이 있으며 절대적인 희망이라고 믿었던 것이 또 다른 절망으로 이어질 때가 있는 것이 인생이다. 윌리엄 스타이그의 변신에는 인생의 이런 면들이 잘 녹아 있다.

평상시 크기보다 비교할 수 없을 만큼 무지무지 작아지는 변신이 일어나는 그림책도 있다. 『장난감 형』에서는 연금술을 공부하던 형이 손가락만 해지는 변신이 일어난다. 물론 어설프게 연금술을 배운 형의 자충수이다. 동생 찰스는 너무 작아져서 보살핌이 필요한 형을 보살피면서 그동안 자신을 거들떠보지 않았던 형과 새로운 관계를 형성하게 된다. 늘 나를 내려다보며 잘난척하던 형이나 어른들이 어느 날 내 주머니에 쏙 들어갈 만큼 작아지면 어떨까? 어린 시절 한두 번 해 보았음직한 상상이 자연스레 펼쳐진다. 크기의 변화를 통한 관계의 전복이 주는 짜릿함을 맛볼 수 있는 그런 상상이다.

『강아지가 된 칼렙』에서는 제목처럼 칼렙이 강아지로 변신한다. 칼렙이 부부싸움을 하고 숲 속으로 갔다가 잠깐 잠든 사이, 지나가던 마녀 예디다가 시험 삼아 자신이 배운 주문을 거는 바람에 칼렙은 강아지가 된다. 아내 케이트는 강아지가 된 칼렙과 함께 칼렙을 찾으러 다닌다. 아내가 잠든 사이 도둑이 들고 강아지가 된 칼렙은 아내를 지키기 위해 도둑을 공격한다. 그때 발가락을 다치고 다친 발가락에서 흘러나오는 피와 더불어 마녀의 주문도 빠져 나가 칼렙은 사람이 된다. 어떻게 그런 일이 가능하냐고? 윌리엄 스타이그는 이렇게 말한다.

> "칼렙이 강아지가 되었던 이 놀라운 일은 풀리지 않는 수수께끼로 남았어요. 사실 이 세상에는 우리가 모르는 일들이 아주 많이 일어나고 있잖아요."(『강아지가 된 칼렙』 중)

이 세상에는 변신까지는 아니더라도 정말 이유를 설명할 수 없는 황당하고 어처구니없는 수수께끼 같은 일들이 많이 일어난다는 걸 윌리엄 스타이그는 오랜 세월 살아오면서 터득한 게 아닐까? 그래서 때로는 그저 벌어지는 일들을 담담히 받아들이는 게 우리가 할 수 있는 최선이라는 이야기를 하고 싶은 듯하다.

윌리엄 스타이그 변신 이야기의 재미는 변신이 거창한 계획과 절차에 따라 이루어지지 않는 데 있다. 우연히, 살다보니, 어느 날, 갑자기 일어난다. 연금술을 배웠던 요릭의 경우는 예외지만, 윌리엄 스타이그의 변신 이야기는 자연스레 변신을 꿈꾸거나 상상하게 만든다.

윌리엄 스타이그 변신 이야기의 또 다른 재미는 변신을 통해 우리 삶의 핵심을 보여준다는 점이다. 이야기 속 인물들은 이러저러한 과정을 거쳐 변신을 하면서 위기를 경험하고 아픔을 겪으며 위기를 벗어난다. 솔로몬은 녹슨 못이 되어 잡아먹히는 위기는 벗어났지만 가족들과 떨어지고, 실베스터도 바위가 되어 잡아먹히지는 않았지만 가족들과 헤어져 산다. 칼렙은 강아지가 되어 아내 옆에 있지만 아내는 칼렙을 알아보지 못한다. 헤어져 있는 것이나 마찬가지다. 요릭은 가족과 헤어지지는 않았으나 너무나 작아져 이전과 같은 생활을 할 수 없다. 이런 위기상황은 적극적인 노력 혹은 우연으로 극복이 된다. 이렇게 극복이 되는 계기와 과정은 달라도 그 끝은 모두 한결같다.

다시 만나게 된 가족은 서로 부둥켜안고 눈물을 흘리며 기쁨으로 팔짝팔짝 뛰어 오른다. 결국 윌리엄 스타이그의 변신은 새로운 모험을 가능하게 하고 새로운 위기를 만들어 내지만, 모든 것이 지나간 뒤에는 사랑하는 가족이 남게 된다.

② 가족애에 기초한 사랑 이야기

윌리엄 스타이그의 그림책에는 가족의 사랑을 그리는 것이 많다. 그림책 속 가족은 아주 화목하고 사랑이 넘치는 모습이다. 물론 항상 그런 건 아니다. 『강아지가 된 칼렙』에서 칼렙은 아내 케이트와 부부 싸움을 하고 집을 나온다. 『장난감 형』의 찰스와 요릭은 그다지 사이좋은 형제는 아니다. 『부루퉁한 스핑키』에서 스핑키는 다른 가족들에 대해 불만이 무척 많다. 칼렙과 케이트처럼 사랑한다고 해서 서로 싸우지 않는 건 아니며, 싸운다고 해서 서로 사랑하지 않는 건 아닌 게 가족이니까 말이다.

젊은 시절 그가 가족의 생계를 위해 자신의 꿈을 포기하고 돈을 벌어 가족들을 도왔던 것처럼 가족은 서로 돕고 사는 것이라는 윌리엄 스타이그의 생각이 잘 드러나는 그림책이『용감한 아이린』이다. 아이린은 아픈 엄마를 대신하여 공작부인에게 드레스를 갖다 주기 위해 눈보라가 휘몰아치는 밤길을 간다. 세차게 몰아치는 눈보라를 뚫고 드레스 상자를 들고 한 발 한 발 나아간다. 바람에게 버럭 소리를 질러보지만 바람은 멈출 줄 모른다. 아이린은 어두워진 겨울 숲 속에서 길을 잃어버린다. 게다가 절벽에서 미끄러져 눈 속에 파묻혀 이대로 죽을 수도 있겠다는 생각을 한다. 그때 엄마를 생각한다. 이대로 죽는다면 다신 엄마를 보지도 못하고 엄마의 냄새를 맡지도 못할 것 아닌가. 아이린은 벌떡 일어나 다시 눈을 헤치고 앞으로 나아간다. 사랑하는 가족은 삶의 고난과 역경을 헤쳐 나갈 수 있는 힘이 된다는 것을 아이린이 보여주고 있는 것이다.

가족 안에서 서로를 사랑하며 서로를 돕기 위해 최선을 다하는 또 다른 모습은『부루퉁한 스핑키』에서 볼 수 있다. 어쩌면 이렇게까지 고집불통일까 싶게 스핑키는 온 가족들의 지극한 노력에도 불구하고 좀처럼 삐진 걸 풀려고 하지 않는다. 결국 하룻밤을 밖에서 자고 스핑키는 스스로 자신의 자존심을 지키며 집안으로 들어갈 수 있는 자신만의 비책을 찾아 집안으로 들어간다. 가족들은 그런 스핑키를 웃음으로 맞아준다. 그리고 그 다음부터 식구들은 스핑키를 훨씬 더 세심하게 배려해 준다. 그게 그리 오래 못 가는 게 탈이지만 말이다.『부루퉁한 스핑키』는 가족 안에서 서로 배려하고 평화롭게 지내는 일이 쉽지 않다는 걸 보여준다. 가족이라고는 하나 가족 한 사람 한 사람의 개성은 모두 다르다. 그러니 결국 가족이 함께 사랑하며 살기 위해서는 서로를 존중하는 것이 필요하다는 걸 윌리엄 스타이그는 말하고 있다.

『아빠랑 함께 피자 놀이를』는 무척 단순한 구조의 그림책이다. 비가 와서 밖에 나가 놀 수 없는 피트를 위해 엄마와 아빠는 피자 놀이를 한다. 아이들에게 놀이는 자연스레 마음을 열러주고 녹여주는 역할을 한다. 윌리엄 스타이그는 기본적으로 아이들의 마음을 어떻게 풀어주어야 하는지를 잘 알고 있는 작가이다.

『어른들은 왜 그래?』는 어쩌면 이렇게 아이들의 눈높이에 딱 맞출 수 있을까라는 감탄이 절로 나오게 하는 그림책이다. 어른들에게 나타나는 이율배반적인 모습들, 거울을 보면서 자신의 언행은 돌아보려 하지 않는 어른들의 모습을 아이들의 눈높이로 그려내고 있다. 이렇게 아이들의 마음을 잘 아는 어른이라면 그의 아이들도 행복했으리라 짐작된다.

『장난감 형』에도 가족들의 관계와 가족 간의 사랑이 잘 그려져 있다. 형제란 원래 사이 좋을 때보다는 사이가 나쁠 때가 더 많다. 동생 찰스는 형과 놀고 싶어 하지만 형 요릭은 동생을 귀찮게만 여긴다. 형 요릭이 작아지자 동생은 신이 난다. 함께 놀고 싶었지만 놀아 주지 않았던 형을 이제 자기가 장난감처럼 데리고 놀 수 있게 된 것이다. 찰스는 평생 형을 돌보겠다고 결심한다. 장가를 가서도 색시에게 형을 보살펴야 한다는 말을 하겠다고 한다. 장가가서 색시하고 같이 형을 돌볼 생각을 하는 동생 찰스의 반응도 재미있지만 엄마, 아빠의 반응도 무척 재미있다. 아빠는 가족이니 다 같이 약을 먹고 작아져야 한다고 이야기하고 엄마는 그럼 우리 가족은 누가 보살피느냐며 작아진 아들을 꿋꿋하게 보살피기 시작한다. 아빠는 찰스와 함께 요릭의 크기를 다시 크게 만들 약을 만든다. 가족들이 함께 문제를 해결하고 위기를 극복해 나간다. 그 가운데 형제들의 형제애는 더욱 공고해진 걸까? 윌리엄 스타이그의 결론은 『부루퉁한 스핑키』와 크게 다르지 않다. "이제 두 형제는 진심으로 서로를 고맙게 생각했습니다. 단, 둘이 싸울 때만 빼고요." (『장난감 형』 중에서)

가족들이 이렇게 함께 지내면서 문제를 해결하고 위기를 극복하는 이야기가 있는 반면에 이런저런 이유로 가족들과 헤어졌다가 다시 만나 가족의 소중함을 다시 한번 절절히 알게 되는 이야기들도 여러 편이다. 『당나귀 실베스터와 요술 조약돌』의 실베스터도 바위로 변하는 바람에 가족들과 몇 달이나 헤어져 있어야 했다. 그들은 다시 만났을 때, '서로 끌어안고 입을 맞추며 춤을 추고 눈물을 흘렸다.' 『녹슨 못이 된 솔로몬』에서도 녹슨 못이 되었다가 우여곡절 끝에 돌아온 솔로몬을 보고 가족들은 '소리치고 펄쩍펄쩍 뛰며 껴안고 뽀뽀'를 한다. 『멋진 뼈다귀』에서도 모험을 겪은 펄은 엄마, 아빠가 기다리는 집으로 돌아가 엄마, 아빠의 품에 안긴다. 이렇게 집은 모험과 고난을 극복하고 돌아갔을 때 언제나 따뜻하고, 때로 격렬하게 맞아주는 곳이다.

가족의 기초는 사랑이다. 사랑하기에 기다리고 사랑하기에 함께 있고자 하며 사랑하기에 때로 싸우기도 한다. 윌리엄 스타이그는 가족 이야기도 즐겨하지만 몇 편의 그림책에서는 사랑하는 사람을 만나는 이야기도 한다. 『아주 멋진 날』은 티프키 두프키가 예언대로 사랑하는 연인을 만나는 이야기다. 『내 사랑 홀쭉양』은 둥글씨가 홀쭉양에게 사랑을 느끼고 구애작전을 통해 사랑을 이루는 이야기다. 『슈렉!』도 세상에서 가장 흉측한 괴물 슈렉이 세상에서 가장 못생긴 공주를 만나 사랑을 이루는 이야기다. 쓰레기를 청소하는 티프키 두프키도, 유쾌한 둥글씨도, 흉측한 괴물도 모두 사랑을 한다. 많은 사람들이 그렇게 산다. 사랑하는 사람을 만나 가족을 이루고, 그 가족 안에서 서로 사랑하며, 때로는 싸우기도 하면서 살아간다. 윌리엄 스타이그는 우리가 살아가는 이야기를 유머와 위트 넘치게 그려내고 있다.

윌리엄 스타이그가 말하는 사랑은 이런 가족 간의 사랑에만 제한되지는 않는다. 『아모스와 보리스』는 영 만날 일이 없을 것 같은 생쥐와 고래의 우정 이야기다. 죽음의 위기에서 서로를 구하는 둘의 우정은 종의 차이를 뛰어 넘는다. 『뒤죽박죽 달구지 여행』은 돼지 농부 팔머와 팔머의 마차를 끄는 에브네저의 우정 이야기다. 서로를 생각하는 마음은 서로의 역할과 처지를 뛰어넘어 진정한 우정을 만들 수 있다는 메시지를 전해 준다. 고마운 걸 고맙게 여기는 마음이 우정의 기초임을 알게 해 준다.

사랑이야말로 우리가 살아가는 데 가장 큰 힘이 되며, 서로 사랑하며 살아가는 것이 우리가 살면서 가장 힘쓸 일이라는 것을 윌리엄 스타이그는 말해 주고 있다.

③ 현실 원리 속에 빛나는 유머

청년 시절 윌리엄 스타이그는『모비딕』의 작가 허먼 멜빌처럼 뱃사람이 되어 타히티에 정착하려고 했다(윌리엄 스타이그, http://picturebook-museum.com/book, 2013년 5월 15일 인출). 그만큼 자유로운 영혼을 가진 사람이었다. 그러던 그가 60살까지 일러스트레이터로 미국 사회의 생존경쟁에서 살아남기 위해 어떤 경험들을 했을까? 그림책 속에 나타나는 주인공들의 모습과 이야기들로부터 그의 경험과 생각들을 추론해 보면, 그는 기본적으로 삶을 긍정적으로 보고 있다. 그의 그림책 주인공들은 위기와 고난 속에서도 결코 좌절하거나 낙담하지 않는다. 그의 주인공들은 늘 새로운 도전과 모험을 즐긴다. 그의 그림책 등장인물들은 늘 자유롭고 유머가 넘친다.

그러나 그가 그려내는 세상이 마냥 이상적이고 자유롭지는 않다. 그는 그림책 안에 현실 세계의 냉혹함 혹은 현실 세계의 질서를 철저하게 인정하고 언급한다. 마법과 요술, 우연이 넘쳐나는 한편, 현실의 원리들은 그림책의 주요한 축이 된다.

『멋진 뼈다귀』에서 펄은 '말하는 뼈다귀'라는 상상의 세계에서나 있을 법한 마녀의 뼈다귀를 줍는다. 하지만 펄은 어린 돼지를 보고 입맛을 다시는 여우를 만난다. 마법이 나온다 해도, 그것이 여우가 돼지를 잡아먹는 현실의 먹이사슬을 바꾸어 놓지는 않는다. 그럼에도 불구하고 그의 그림책을 읽으면서 웃음이 배어 나오는 것은 그런 현실 세계의 기반 위에 만들어지는 유머와 따뜻함이 있기 때문이다.

『치과의사 드소토 선생님』에서는 치과 의사인 쥐가 여우의 이를 치료해 준다. 어차피 쥐가 치과의사라는 것 자체가 판타지이니 쥐가 아무 문제없이 여우의 이를 치료해 줄 수 있으나, 여우가 쥐를 먹는다는 생태적인 특성을 주요한 갈등의 요인으로 만들고 있다. 이렇게 시치미 뚝 떼면서 현실과 환상의 경계를 넘나드는 것이 윌리엄 스타이그만의 스타일이라고 할 수 있다.『녹슨 못이 된 솔로몬』

에서도 역시 잡아먹고 잡아먹히는 먹이사슬이 사건을 만드는 주요한 원인이 된다. 『당나귀 실베스터와 요술 조약돌』에서도 역시 당나귀 실베스터가 사자의 공격을 받는다.

『아모스와 보리스』에서 아모스는 아주 그럴듯한 선원이다. 아모스의 항해 준비는 그가 한 때 뱃사람을 꿈꾸었다는 사실을 자연스레 떠올릴 만큼 아주 세밀하다. 그렇게 현실적이고 구체적으로 항해를 준비하던 아모스가 항해 도중 생명체의 아름다움과 신비로움에 취해 바다에 빠지게 된다. 그리고 고래 보리스를 만나 목숨을 구한다. 둘은 그렇게 우정을 나누지만 고래가 바다에서, 쥐가 육지에서 산다는 세상의 이치에서는 벗어나지 않는다.

『뒤죽박죽 달구지 여행』에서도 돼지 농부 팔머와 당나귀 일꾼인 에브네저는 주종관계다. 그러나 에브네저가 다치자 팔머는 에브네저를 달구지에 싣고 자신이 달구지를 끌고 간다. 달구지마저 고장 나자 팔머는 에브네저를 업고 자전거를 탄다. 정해진 역할, 고정된 관계가 이렇게 전복된다. 조금은 얼떨떨한 얼굴로 책을 들여다보는 독자에게 윌리엄 스타이그는 아무렇지도 않게 이렇게 질문을 던진다. "왜 안 되지?" 그래, 안 될 것 없지. 독자는 다시 작가가 그려놓은 세상을 따라 맘껏 들떠 좇아간다. 그러다 어느 순간 작가는 시치미 뚝 떼고 이렇게 말한다. "그래도 안 되는 것도 있지." 아모스와 보리스가 다시 만나기 힘든 것처럼 팔머가 에브네저를 업고 왔다고 하더라도 에브네저는 그 이후에도 달구지를 끌게 되는 것처럼 말이다.

윌리엄 스타이그 그림책 안에 현실 원리가 주요한 축이 되기도 하지만 때로는 그 어떤 현실 원리도 그의 상상력을 막아서지 못할 때도 있다. 『자바자바 정글』이 그렇다. 레너드가 정글 속에서 열심히 정글을 헤치고 나간다. 도대체 여기는 어디이고 레너드는 왜 여기에 있는 걸까? 독자들은 자연스레 의문을 가진다. 하지만 윌리엄 스타이그는 이렇게 말하는 듯하다. "왜냐고? 나도 몰라. 레너드도 모르고 독자들도 모르지만 그게 뭐? 세상에 항상 말되는 일만 있는 건 아닌 것처럼 그냥 그런 거야."라고 말이다. 처음엔 좀 당황스럽지만 자꾸 보다보면 작가가 애써 설명하려고 하지 않는 이야기의 개연성에 대해 더 이상 연연해 하지 않게 된다. 그래서『엉망진창 섬』을 보면서 "뭐 이런 섬이 다 있어?" 하기보다는 '정말 이런 데가 어딘가에 있을 것 같다'는 생각이 든다. 심지어 아마도『슈렉!』의 조상들이 이 섬에서 살았을 것 같다는 막연한 추측도 해 보게 된다.

이것이 윌리엄 스타이그 유머의 특징이다. 자유로운 상상과 전복이 생동감 있게 넘쳐나는 것, 정말이지 어떤 제한도 없이 갈 데까지 가는 듯 상상의 나래를 펴다가도 내가 살고 있는 이 곳이 어떤 곳인지 문득문득 돌아보게 하는 것, 하지만 이 모든 것이 분명 재미있게 이루어지는 것, 그것이 그만의 유머가 지닌 특징이다.

윌리엄 스타이그 그림책에서 종종 나타나는 재미의 또 다른 요소는 주문이다.『슈렉!』에서 마녀는 '오치키 포치키 이치키 피치'를 외치며 슈렉의 운명을 예언한다. 그리고 슈렉에게 '사과잼 롱롱'이라는 주문을 가르쳐 준다. 마녀가 외우는 주문은『강아지가 된 칼렙』에도 나온다.『멋진 뼈다귀』에도 무슨 뜻인지는 알 수 없지만 소리 내어 읽다 보면 저절로 흥이 나면서 뭔가 멋진 일이 생길 것 같은 주문이 줄줄이 나온다. "웹밤 시비블, 지브라켄 시비블 디그레이, 알라밤 시누크 베보핏 게보즐, 아두니스 이시굴락 케보킨 웹밤, 스크라부닛!"

윌리엄 스타이그의 이런 상상력과 유머는 그의 그림 스타일과 만났을 때 더욱 빛나게 된다. 윌리엄 스타이그의 그림은 낙서를 한 것 같이 선이 간결하고 자유분방하다.『엉망진창 섬』이나『자바자바 정글』을 보면, 이와 같은 그의 독특한 장난기 어린 간결한 선으로 희화한 동물과 식물들을 표현하고 있다.『아빠와 함께 피자 놀이를』이나『어른들은 왜 그래?』에서는 그림의 테두리를 검은색으로 진하게 그린 후 수채물감으로 그 안을 칠하고 있으며 배경을 아주 간단하게 묘사한다.

쉽고 간단하게 거침없이 쓱쓱 그려나간 윤곽선과 수채화로 꼼꼼하지 않게 채색한 만화풍의 그림은 윌리엄 스타이그만의 유머와 상상력을 잘 담아내고 있다. 그는 이런 그림을 통해 시간과 공간의 제약을 뛰어넘는 이야기를 자유롭게 전개하고 동심을 가진 다양한 성격의 등장인물들을 표현한다. 그의 그림 특성 중의 또 하나는 등장인물들의 표정이다. 단순한 몇 개의 선으로 그려진 눈썹과 눈은 그가 표현하고자 하는 다양한 감정을 재미있으면서도 명확하게 나타내고 있다.

윌리엄 스타이그 그림책의 특징을 한마디로 말하자면 '재미!'이다. 온갖 변신과 듣도 보도 못한 괴물, 새로운 세계, 도전과 모험, 마법과 주문, 마녀와 공주, 우정과 사랑이 넘실대는 가운데 느끼는 짜릿한 재미, 그것이 바로 윌리엄 스타이그가 우리에게 주는 선물이다.

2.그림책 안내

녹슨 못이 된 솔로몬

서지정보

작가 : 윌리엄 스타이그 글/그림

옮긴이 : 박향주

출판사 : 시공주니어

출판년도 : 2000

내 용

토끼 솔로몬은 코를 후비면서 동시에 발가락을 꼼지락거리기만 하면 녹슨 못으로 변신하는 신기한 재주를 가지고 있다. 이 재주 덕분에 솔로몬은 애꾸눈 고양이에게서 목숨을 구하게 된다. 하지만 이 재주를 눈치 챈 애꾸눈 고양이는 못이 된 솔로몬을 집에 박아 토끼로 돌아가지 못하게 한다. 그러던 어느 날 고양이집에 불이 나고 집이 다 타 버리자 못이 된 토끼는 다시 토끼로 돌아와 가족이 있는 집으로 돌아간다.

특징 및 교육적 접근

윌리엄 스타이그의 작품 중에는『녹슨 못이 된 솔로몬』과 같이 변신을 보여주는 그림책들이 있다.『멋진 뼈다귀』,『장난감 형』,『당나귀 실베스터와 요술 조약돌』,『강아지가 된 칼렙』 등이다. 이 그림책들은 조금씩 다른 변신을 보여줌으로써 다양한 재미를 선사한다.『녹슨 못이 된 솔로몬』은 자신의 신체를 움직임으로써 변신을 한다.『당나귀 실베스터와 요술 조약돌』에서는 조약돌을 매개로 변신한다.『강아지가 된 칼렙』에서는 지나가던 마녀에 의해 변신한다.『장난감 형』에서 형은 자신이 만든 요술약을 먹고 손가락만하게 작아진다. 윌리엄 스타이그가 그려내는 변신의 세계는 변신하는 계기도 다양하고 변신하는 모습도 다양하다.

1) 코를 후비며 발가락을 꼼지락거리는 우리의 일상적인 행동이 우리의 모습을 변화시키는 주문이 될 수 있다는 상상의 이야기이다. 변신하게 하는 주문에는 어떤 것이 있을지 변신 주문 만들기 활동을 해볼 수 있다.

2) 변신의 좋은 점, 나쁜 점 그리고 녹슨 못으로의 변신이 어느 때 좋고, 어느 때 안 좋은지 이야기해 볼 수 있다. 녹슨 못이 아니라면 무엇으로 변신하면 좋을지, 그 무엇으로 변했을 때 어떤 이야기가 펼쳐질지 등에 대해 이야기 나누어 볼 수 있다.

3) 여러 변신이 나타나는 윌리엄 스타이그의 다른 작품들을 비교하여 같은 점과 다른 점을 찾는 활동을 할 수 있다.

부루퉁한 스핑키

서지정보

작가 : 윌리엄 스타이그 글/그림

옮긴이 : 조은수

출판사 : 비룡소

출판년도 : 1995

내 용

스핑키를 스컹크라고 부르기도 하도 스핑키가 맞는데 틀렸다고 하기도 하는 식구들의 모습에 스핑키는 부루퉁해진다. 스핑키의 화를 풀기 위해 가족들은 다양한 방법으로 노력하지만 그럴수록 스핑키는 점점 더 화가 난다. 시간이 지남에 따라 스핑키는 화가 조금씩 풀리기는 하는데 화가 풀렸다는 것을 가족들에게 어떻게 알려야 할지 모른다. 결국 스핑키는 가족의 아침 식사를 차려놓고 광대 모습으로 가족을 맞이하며 가족과 화해한다.

특징 및 교육적 접근

주인공은 스핑키지만, 스핑키의 화를 풀려고 하는 가족의 노력에 비중을 둔 그림책이다. 또한 가족 간의 화목, 즉 스핑키의 화를 풀기 위해 노력하는 가족의 모습을 통해 가족의 이해와 사랑을 잘 보여주는 그림책이다.

1) 화가 풀릴 때의 쑥스러움과 같은 아이의 특성을 잘 나타낸 그림책이다. 유아들도 언제 이와 같이 쑥스러웠는지 알아본다. 또한 스핑키의 표정으로 스핑키의 다양한 감정을 잘 표현하고 있다. 스핑키의 다양한 표정을 그려놓고 표정과 어울리는 생각들을 이야기한다.

2) 윌리엄 스타이그의 아이에 대한 생각, 즉 아이도 자기만의 생각과 감정이 있는 사람이라는 것을 어른들도 알아달라는 메시지가 표현되어 있는 그림책이다. 가족들이 자신의 감정을 알아주지 않아 화가 난 적이 있는지, 혹은 가족들 가운데 스핑키처럼 삐졌던 사람이 있었는지 등에 대해 이야기해 본다. 어떻게 감정을 풀어주는 것이 좋을지에 대해 여러 방법을 이야기해 본다.

3) 스핑키 주변에 가족의 사진을 붙이고 각 가족이 스핑키에게 하고 싶은 말을 꾸며보는 활동, 스핑키의 표정을 그려서 각 표정에 적합한 감정을 말로 표현하는 활동 등을 할 수 있다.

슈렉!

서지정보

작가 : 윌리엄 스타이그 글/그림

옮긴이 : 조은수

출판사 : 비룡소

출판년도 : 2001

내 용

엄청나게 못생겼지만 뻔뻔하고 당당한 초록색 괴물 슈렉! 다른 사람을 괴롭히면서 즐거움을 느끼는 슈렉에게 가장 끔찍한 것은 아이들이 자기에게 뽀뽀하는 것이다. 슈렉은 자기보다 더 못생긴 공주와 결혼하기 위해 모험을 떠나고 가장 못생긴 공주를 만나 행복하게 결혼을 한다.

특징 및 교육적 접근

윌리엄 스타이그의 그림책에는 교훈적 이야기에 흔히 등장하는 착하고 얌전하며 예의바른 어린이들의 모습보다는 자유분방하고 호기심 많고 자의식이 강한 어린이들이 종종 등장한다. 60세가 넘어 그림책을 그리기 시작한 윌리엄 스타이그에게 인간은 '착하다' 혹은 '나쁘다'와 같이 하나의 특성으로 판단할 수 있는 존재가 아니었다. 그의 그림책에서는 인간을 사회의 윤리나 도덕을 뛰어넘는 존재로 그리고 있다. 사회의 관습적인 틀 같은 건 가볍게 뛰어넘으며 도덕적 판단으로 행동을 제약받지 않는 슈렉과 같은 주인공은 독자로 하여금 해방감과 자유를 느끼게 하고 자신을 솔직하게 드러낼 수 있게 해 준다.

1) 『슈렉!』은 애니메이션 <슈렉>의 원작이다. 그림책을 읽고 나서 영화를 본 다음 영화와 그림책의 공통점과 차이점을 찾아 볼 수 있다. 애니메이션과 그림책에서 서로 다른 등장인물을 찾아보고 등장인물의 성격을 비교해 보는 것도 가능하다.

2) 『슈렉!』에서는 요술 주문이 나온다. 요술 주문을 함께 합창해 보기도 하고, 요술 주문을 만들어 보기도 할 수 있다. 슈렉은 동극으로 하기에도 상당히 흥미로운 부분이 있다. 슈렉과 공주가 만나는 장면을 동극으로 꾸며 음악극으로 표현해 볼 수도 있다.

3) 슈렉이 제일 끔찍하게 여겼던 일은 아이들이 뽀뽀를 하는 것이다. 슈렉이 아이를 낳아서는 어떻게 길렀을지 한번 상상해 볼 수 있다. 슈렉이 자기 아이를 사랑하는 방법은 어땠을까? 슈렉은 아이들이 뽀뽀하는 것을 왜 그렇게 끔찍하게 여겼을까 등의 이야기를 나누며 슈렉에 대해 보다 구체적으로 상상하며 이야기 나누어 볼 수 있다.

아빠랑 함께 피자 놀이를

서지정보

작가 : 윌리엄 스타이그 글/그림
옮긴이 : 박찬순
출판사 : 보림
출판년도 : 2000

내 용

밖에 나가 놀고 싶지만 비가 내려서 시무룩해진 피트를 달래주기 위해 아빠는 피자 놀이를 한다. 아빠는 피트로 피자를 만들기로 한다. 식탁 위에 피트를 눕혀 놓고 반죽을 한다. 반죽을 하기 위해 잡아당기기도 하고, 빙빙 돌리기도 한다. 피자 반죽을 한 다음에는 피자 위에 온갖 양념을 얹은 뒤 피자를 완성한다. 완성된 피자를 썰기 위해 아빠가 피트를 썰려고 하자 피트는 도망을 간다. 아빠가 피트를 잡았을 때 창 밖에는 다시 해가 나고 피트는 친구들과 놀기 위해 밖으로 나간다.

특징 및 교육적 접근

윌리엄 스타이그가 자신의 어린 딸과 실제로 놀았던 경험을 가지고 이 책을 만들었다고 한다. 이 책은 비가 와서 놀 수 없는 아이의 마음을 알아주고, 그런 아이의 마음을 달래 주기 위해 아이와 함께 재미있는 신체 놀이를 함께 하는 자상한 아빠의 모습을 담고 있다.

1) 그림책을 읽고 난 뒤, 이 책에 나오는 아빠는 어떤 성격인 것 같은지, 어떤 부분에서 그렇게 느꼈는지에 대해 유아들과 이야기해 볼 수 있다. 아이들이 바라는 아빠의 모습은 어떠한지, 아빠의 어떤 점이 좋은지, 싫은지 등의 이야기로 확장해서 나누는 것도 가능하다.

2) 『아빠랑 함께 피자 놀이를』에 나오는 피트의 모습은 『부루퉁한 스핑키』의 스핑키나 『어른들은 왜 그래?』에 나오는 아이들의 모습과 비슷하다. 이 그림책들에 나오는 아이들의 특성을 비교하거나 아이들의 표정을 비교하면 윌리엄 스타이그가 생각하는 아이의 모습과 그림의 특징을 알 수 있을 것이다.

3) 유아들과 그림책 속 등장인물이 되어 피자 놀이를 해 보거나 우리 몸이 피자의 반죽이 아닌 잡채 속의 당면 혹은 떡볶기의 떡이라면 요리가 될 때 어떤 동작을 해야 할까 또는 양념은 무엇으로 표현할 수 있을까 등을 이야기 나눈 뒤 실제로 떡볶기나 당면이 되어보는 활동을 할 수 있다.

엉망진창 섬

서지정보

작가 : 윌리엄 스타이그 글/그림

옮긴이 : 조은수

출판사 : 비룡소

출판년도 : 2002

내 용

머리 둘 달린 두꺼비들, 가시투성이에 배배 꼬인 식물들, 바닷속에는 날카로운 이빨과 가시 돋친 지느러미가 달린 기분 나쁜 물고기 등, 모든 것이 흉측하고 끔찍한 괴물들로 가득한 볼썽사나운 섬이 있다. 이들은 서로 잡아먹으며, 서로를 괴롭힐 방법을 꿈꾸며 즐거워한다. 그러던 어느 날 모든 것이 끝이나 연기와 검게 탄 재만 남게 된 날, 비가 오고 그친 뒤 온갖 아름다운 꽃이 피고 하늘에는 무지개가 걸렸다.

특징 및 교육적 접근

시작도 끝도 없는 상상의 세계인 엉망진창 섬은 이유도 없이 아름다운 섬이 된다. 이렇게 시작도 끝도 없는 상상의 세계를 표현한 윌리엄 스타이그의 또 다른 작품으로는『자바자바 정글』이 있다. 자바자바 정글에서도 윌리엄 스타이그 특유의 선으로 그려진 상상의 동식물들이 나온다. 또한 왜 자바자바 정글에 오게 되었는지 알지 못하는 주인공 레너드의 탐험이 나온다. 이 두 그림책은 두루뭉실한 검은 테두리 선 안에 수채화로 색을 칠하는 윌리엄 스타이그만의 기법이 잘 나타나 있는 그림책이다.

1) 이 그림책은 장난치고 싶고, 다른 사람들을 괴롭혀보고도 싶은 아이들의 심리를 아름다운 끝맺음으로 순화시키고 있다. 아름답게 변한 마지막 장면으로부터 시작하는 새로운 이야기 짓기를 할 수 있다.

2) 엉망진창 섬을 새로운 상상의 세계로 구성하는 활동, 엉망진창 섬에 등장인물을 넣어 이야기를 꾸미는 활동, 엉망진창 섬에 더 희한한 동식물 그리기 활동 등을 할 수 있다.

3) 엉망진창 섬은 작가의 상상 속에서 만들어진 섬이다. 아이들과 함께 무엇이든 자신만의 상상 속에서 펼쳐지는 자신만의 섬을 만든다면 어떤 섬을 만들고 싶은지 이야기해 볼 수 있다.

용감한 아이린

서지정보

작가 : 윌리엄 스타이그 글/그림

옮긴이 : 김서정

출판사 : 웅진닷컴

출판년도 : 2000

내 용

아이린은 아픈 엄마를 대신하여 눈보라 치는 추운 날 공작부인에게 드레스를 갖다 주기 위해 밖으로 나섰다. 바람이 너무 세게 불어 옷이 날아가기도 하고, 날이 어두워져 발을 헛디뎌 절벽에서 떨어지기까지 하면서도 아이린은 포기하지 않는다. 공작님 집 앞에서 드레스를 다시 찾아 공작님 댁으로 들어간 아이린은 칭찬을 받으며 파티를 함께 즐긴다.

특징 및 교육적 접근

이 그림책은 아이의 내면에 잠재되어 있는 성인을 능가하는 용기와 모험심을 그려낸 이야기이다. 주인공 아이린이 극한 어려움을 이겨낼 수 있었던 원동력은 엄마에 대한 사랑 때문이었다.

1) 유아들과 아이린의 모험과 용기에 대해 어떻게 생각하는지 이야기 나눠본다. 내가 아이린이라면 이렇게 어려운 상황에서 어떻게 할 수 있을까 생각해 보고, 아이린처럼 용기 있었던 적이 있었는지 경험을 나누어 본다.

2) 빈 상자를 가지고도 공작님 집으로 향하는 책임감 있는 아이린에게서 성숙한 인간의 모습을 엿볼 수 있다. 겉모습이 화려한 사람보다 책임감 있고 용기 있는 인간의 내면적인 아름다움을 생각해 보게 하는 그림책이다. 유아들과 그림책 장면을 보며 아이린에 대해 이야기 나누어 보고, 우리가 멋있다고 생각하는 인간은 어떤 모습인지, 나는 어떤 사람이 되고 싶은지 그림을 그리거나 이야기를 나누어 볼 수 있다.

3) 역할과 위상의 변화(엄마가 아파서 누워있고 아이가 엄마의 역할을 대신하는 상황)가 나온다. 유아들과 함께 엄마의 역할은 무엇인지, 엄마를 도와서 우리가 할 수 있는 일들에는 어떤 것이 있는지, 집안에서 자신의 역할은 무엇인지 그리고 그 역할이 바뀌는 경우에는 어떤 것이 있을지 등에 대해서 이야기해 볼 수 있다.

치과의사 드소토 선생님

서지정보

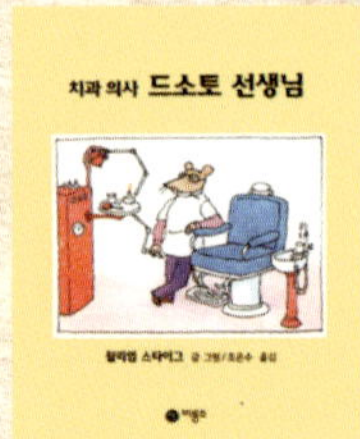

작가 : 윌리엄 스타이그 글/그림

옮긴이 : 조은수

출판사 : 비룡소

출판년도 : 1995

내 용

치과의사 드소토 선생님은 커다란 동물의 입 안에 들어가 하나도 아프지 않게 이를 치료해 주는 아주 인기 있는 의사 선생님이다. 어느 날 드소토 선생님에게 여우 환자가 찾아온다. 여우에게 잡혀 먹힐지도 모르는 드소토 선생님은 고민을 하다가 여우의 이를 치료해 주기로 결정한다. 드소토 선생님은 지혜롭게 위험한 상황을 잘 넘기고, 여우의 이를 치료해 주었다.

특징 및 교육적 접근

이 그림책은 뉴베리 아너상 수상작품으로 분명한 먹이사슬 내에서 쥐가 여우의 먹이가 되지 않는 흥미로운 이야기를 담고 있다. 그림책에서 여우는 쥐를 잡아먹는 본능을 그대로 드러내지만 약한 동물인 쥐가 여우의 이를 고쳐줄지 말지를 고민하는 치과의사, 즉 강자로 나오는 것이 이 그림책의 매력이다.

1) 유아와 그림책을 읽고 작은 동물이 큰 동물을 치료하는 또 다른 방법(사다리, 도르래 등)을 찾아보는 활동을 해볼 수 있다.

2) 『치과의사 드소토 선생님』의 드소토 선생님이 주인공으로 나오는 또 다른 그림책이 『아프리카에 간 드소토』이다. 이 그림책은 『치과의사 드소토 선생님』에 나오는 드소토 선생님의 명성에 기반을 두어야 왜 아프리카에 있는 코끼리가 드소토 선생님을 아프리카로 초빙했는지를 이해할 수 있다. 또한 크기가 다른 동물에게 도움주기라는 점에서 『아프리카에 간 드소토』역시 『치과의사 드소토 선생님』과 맥을 같이 하고 있다. 유아들과 함께 두 그림책을 모두 읽고 나서 드소토 선생님은 어떻게 해서 치과의사가 되었고, 치과의사가 되어 무엇을 하려고 했는지 등의 이야기를 함께 생각해 보고, 드소토 선생님의 전기를 써 보는 활동을 해볼 수 있다.

활동 7-1 가족의 생각 들어보기

활동목표

- 스핑키의 화를 바라보는 가족들의 입장과 생각을 알아본다.
- 스핑키의 행동에 대한 자신의 생각을 표현한다.

활동자료

『부루퉁한 스핑키』, 『부루퉁한 스핑키』에 나오는 등장인물 그림, 전지, 색연필이나 사인펜

활동방법

도입

- 『부루퉁한 스핑키』에 나오는 스핑키의 화내는 모습에 가족이 어떤 반응을 보였는지에 대해 이야기한다.
  - (그림책들을 보여주며) 스핑키는 왜 화가 났을까?
  - 가족들은 스핑키의 화를 어떻게 달래려고 했니?

전개

- 스핑키의 행동에 대해 알아본다.
  - 화가 난 스핑키는 가족에게 어떻게 행동했니?
  - 너희는 스핑키의 행동에 대해 어떻게 생각하니?
  - 너희가 만약 스핑키였다면 어떻게 행동했을 것 같니?
- 등장인물 그림을 보여주며 스핑키가 한 행동에 대해 해당 가족이 어떤 생각을 했을지 유아들과 이야기 나눈다.
  - 누나가 스핑키에게 사과했을 때 스핑키가 한 행동을 보며 누나는 어떤 생각이 들었을까?

–형이 사과하고 같이 저녁을 먹으러 가자고 했을 때 스핑키가 어디를 올라갔지?

• 모둠별로 가족의 느낌에 대해 이야기를 나눈 다음, 전지에 말풍선으로 등장인물들의 생각을 표현한다.

–(모둠별로 전지, 『부루퉁한 스핑키』에 나오는 등장인물 그림, 색연필이나 사인펜을 나누어 준 뒤) 전지 가운데 스핑키의 그림을 붙여보자. 그리고 주변에 스핑키에 나오는 등장인물들을 붙여보자.

–등장인물에 대해 스핑키가 어떤 생각을 할지 모둠별로 이야기한 후, 스핑키에 말풍선을 그려 그 안에 표현해 보자.

–등장인물 각각에 말풍선을 그린 뒤 그들이 스핑키에 대해 어떤 생각을 했을지 모둠별로 이야기하고 말풍선 안에 표현해 보자.

마무리

• 모둠별로 표현한 스핑키 가족들의 생각을 발표한다.

–자신들이 생각한 스핑키의 생각을 발표해 보자.

–모둠별로 스핑키가 생각한 것이 같은지, 다른지 이야기해 보자.

–누나나 형이 스핑키에 대해 생각한 것이 모둠별로 어떠한지 이야기해 보자.

확장활동

• 스핑키와 같이 가족에 대해 화가 난 일들에 대해 이야기 나눈다.

• 화가 났을 때 화를 푸는 방법들에 대해 이야기를 나눈다.

활동 7-2 변신해 봐요

활동목표

- 그림책의 내용을 이해한다.
- 변신을 위한 주문을 만들어본다.

활동자료

『당나귀 실베스터와 요술 조약돌』, 『녹슨 못이 된 솔로몬』, 『멋진 뼈다귀』, 유아 수만큼의 종이(A4), 색연필이나 사인펜, 사각 탁자

활동방법

도입

- 『당나귀 실베스터와 요술 조약돌』, 『녹슨 못이 된 솔로몬』, 『멋진 뼈다귀』에 나오는 주인공에 대해 이야기를 나눈다.
  - (그림책들을 보여주며) 이 그림책에는 누가 나왔지?
  - 어떤 일들이 일어났니?
  - 주인공들이 무엇으로 변했지?

전개

- 유아들이 그림책에 나오는 주인공들이라면 어떻게 했을지 알아본다.
  - (『당나귀 실베스터와 요술 조약돌』을 보여주며) 실베스터는 왜 변했니?
  - 너희 같으면 실베스터의 상황에서 무엇으로 변하겠니?
- 그림책의 내용을 유아에게 적용하여 유아들이 변신하고 싶은 것들과 이유를 알아보고 변신하고 싶은 것들을 종이에 그린다.
  - 너희들은 무엇으로 변신하고 싶니? 왜 그렇게 변신하고 싶니?
  - 변하고 싶은 것들을 그림으로 그려보자.

- 그림책에서 변신이 가능했던 주문 혹은 매체들에 대해 알아보고 이것을 교실상황에 적용시켜 본다.
  - (『당나귀 실베스터와 요술 조약돌』, 『녹슨 못이 된 솔로몬』, 『멋진 뼈다귀』를 보여주며) 실베스터는 어떻게 바위가 되었지?, 솔로몬은 어떻게 못이 되었을까?, 펄은 어떻게 여우로부터 살아날 수 있었지?, 무엇이 여우의 키를 작게 했지?
  - 변신하게 해줄 물건을 교실에서 찾아보자.
- 유아들이 변신 과정을 직접 해 본다. (사각 탁자를 준비해 놓고 유아들이 찾아온 물건을 탁자 위에 올려놓은 후 변하고 싶다고 그린 그림을 가지고 역할극을 한다.)
  - ○○야, 네가 가지고 나온 이 물건을 탁자 위에 놓고 실베스터가 하듯이 "아~◇◇이 되고 싶다"라고 말하며 아까 그린 그림을 얼굴에 대보자.
  - 이번에는 『멋진 뼈다귀』에서처럼 주문을 외우며 변신해 보자.

마무리

- 변신을 해본 느낌에 대한 이야기를 나눈다.
  - 실베스터처럼 변신을 해 보니 느낌이 어땠니?
  - 또 다른 것으로 변신하고 싶은 것이 있니?
  - 이 그림책들과 관련해서 또 어떤 활동을 하고 싶니?

확장활동

- 각 그림책의 이야기로 동극을 한다.
- 변신의 또 다른 형태로 가면이나 의상 만드는 조형 활동을 한다.

이억배 EIHGHT

- 1960년 경기도 용인 출생
- 1979년 홍대 미술계열 입학, 3학년 때 조소 전공
- 안양 지역문화운동모임 일원으로 노동자 교재에 삽화, 만평 그림
- 시민 미술학교에서 판화 강습, 걸개 그림 제작
- 1993년 두손 미디어에서 만든『세계는 내 친구』전집에 그림 그리기 시작
- 1995년 어린 딸에게 그림책을 만들어 주기 위해『솔이의 추석 이야기』를 만듦
- 1997 BIB(브라티스라바 국제 일러스트레이션 비엔날레) 선정 작가
- 1998 어린이문화대상 미술 부문 수상
- 세 사람의 그림책(초방), 한국 그림책 원화전(일본), 그림책에서 소리 난다(경기문화재단) 등 국내외에서 그림책 원화전 다수 참가
- 현재 경기도 안성에서 일러스트레이터 정유정씨와 아들, 딸과 살고 있음

대표작

『솔이의 추석 이야기』,『잘잘잘 123』,『개구쟁이 ㄱㄴㄷ』,『이야기 주머니 이야기』,『비무장지대에 봄이 오면』,『세상에서 제일 힘센 수탉』,『반쪽이』,『손 큰 할머니의 만두 만들기』,『모기와 황소』,『넌 누구니?』

1. 작가 소개

1) 생애

이억배는 1960년 경기도 용인에서 태어났다. 초등학교 시절 만화를 좋아해 돈만 생기면 만화책을 사는 데 다 써버렸다고 한다. 만화를 사보고, 읽고 하는 데 그친 것이 아니라 만화를 따라 그리기를 좋아했다. 초등학교 4학년 때 수원으로 이사를 하면서 전학을 하게 되었고, 새로운 환경에 적응해야 했다. 갑작스레 바뀐 환경에 적응하는 건 쉽지 않았기에 혼자서 그림 그리는 시간이 점점 늘어났다.

1979년 홍익대학교 미술계열에 입학했고, 3학년 때 조소과로 전공 선택하였다. 군대를 다녀와 학교에 복학한 1985년부터 '민화반' 활동을 시작했다. 민화, 무속화, 풍속화, 불화와 같은 한국의 전통 시각 문화를 알게 된 건 그에게 커다란 충격이었다고 한다. 그에게 민화는 복잡한 관념과 심오한 뜻을 담는 그릇이기보다 그리는 사람 자신이 알고 있는 사물, 느낌들을 굉장히 편안하고 소박하게 드러내는 방법이다. 민화는 주제가 강하고 주관적이라는 면에서 그리고 싶은 주제를 자연스럽게 부각시키는 아이들의 그림을 닮았다. 그동안 서양미술의 사조, 방법, 시각에 길들여져 있다가 우리 그림을 만났기에 그 반가움과 친숙함은 더욱 컸을 것이다. 그는 우리의 옛 그림에 빠져들기 시작했다. 옛 그림들에 대한 끌림이 얼마나 강렬했는지, 국립 박물관에서 김홍도와 신윤복의 풍속화를 보았을 땐 가슴이 뻥 뚫리면서 눈물이 핑 돌았다고 이야기한다(공혜조, 2002). 이억배는 그 때부터 옛 그림의 전통에 대해 관심을 가지고 공부를 시작했다.

민화반에서 전통문화를 연구한 전력은 이후 지역문화운동 모임에 적극적으로 참여하는 계기가 되었다. 1990년대 초까지 안양 지역문화운동 모임에서 노동자 교재에 삽화나 만화를 그리고 시민 미술학교에서 판화를 가르치고 걸개 그림을 제작하면서 결혼을 하고 아이를 낳았다.

1993년에는 처음으로 두손 미디어에서 만든『세계는 내 친구』전집에 그림책을 그리면서 그림책 작업을 본격적으로 시작하였다. 그동안 해 오던 문화운동을 그만두고 무슨 일을 할까 모색하던 중 어린 딸아이에게 그림책을 읽어주려고 찾았으나 마땅한 그림책을 찾을 수 없었다. 1990년대 초반만 해도 국내에서 나온 그림책들은 무척 제한적이었으며 창작물들은 거의 찾아보기 힘들었고 번역된 책들도 대중적으로 인기 있는 책들 위주였기 때문에 작품성 높은 그림책이 거의 없었다. 그러던 중 외국의 그림책들을 보게 되었는데, 예술적 경지라고 느껴지는 그림책의 그림들을 보면서 자신도 도전해 보고 싶다는 생각을 하게 되었다(공혜조, 2002).

서양회화에서 조소로, 조소에서 다시 민화로, 민화에서 민중미술로 자신의 그림의 지평을 바꾸어 나가거나 혹은 확장해 왔던 그는 현대의 풍속화를 그려보자 마음먹고 출판사도 직접 섭외하여 '솔이의 추석 이야기'를 기획하고 글을 쓰고 그림을 그렸다. 그의 첫 그림책인『솔이의 추석 이야기』가 민화의 느낌이 생생한 건 그의 전력으로 볼 때 너무도 당연한 일이라고 할 수 있다. 이 그림책은 고구려 벽화나 옛 그림의 〈행렬도〉를 현대판으로 바꾼 우리식 풍속화이다(공혜조, 2002). 이 그림책을 만들면서 그는 아이에게 보여줄 그림이니 아이에게 부끄럽지 않을 그림을 그리리라 결심했다고 한다. 그 때의 그 결심은 지금도 그림책 작업을 하는 기본적인 원칙이다(박유신, 2005).

그가 그림책 그림에서 중요하게 생각하는 것은 사실적이고 구체적인 그림들이다. 자기 삶의 근원에서 나오는 사실적이고 구체적인 그림들만이 시각적인 공감대를 이룰 수 있다고 생각하기 때문이다. 때문에 당연하게도 이억배의 그림책에 나오는 등장인물들의 특징은 친근함이다. 모두들 어디선가 본 듯한, 잘 아는 듯한 느낌의 등장인물들이 나온다. 우리 삶에 근거한 시각적 공감대를 가장 확실히 느낄 수 있는 그림책은『개구쟁이 ㄱㄴㄷ』이다. 이 그림책의 장면 하나하나에는 모두 어디선가 본 듯한 소품들, 배경들과 등장인물들이 묘사되어 있다.

1993년 이후 그는 꾸준히 그림책 작업을 해 오고 있다. 하나의 그림책 안에서 자신이 구축해 놓은 세계가 보다 치밀하기를 바라고, 구조가 더 완성도 있기를 바라기에 그는 다작을 하지 않거나 못한다. 하지만 그는 만나는 매 작품마다 "그림책 작가로서 실력은 안 되어도 적당히 그리지는 말자."라는 생각으로 최선을 다한다(박유신, 2005).

치밀한 그림 세계를 추구하는 그는 작품 구성을 꼼꼼하게 하는 섬세한 작가로 소문이 나 있다. 작품을 구상할 때는 먼저 손톱 스케치라는 작은 그림으로 흐름을 잡고 그림의 기법을 정하여 캐릭터를 구상한다. 『모기와 황소』는 캐릭터를 구상하고 황소를 실감나게 그리기 위해 직접 황소를 관찰하고 세밀하게 표현하는 데 1년이라는 시간이 꼬박 걸렸다. 그러나 그의 그림책 작업은 천천히, 꾸준히, 앞으로도 계속될 것이다. 그림책이 좋아서 시작했으니 그림책이 싫어질 때까지 하고 싶다고 한다. 그런데 그가 그림책을 싫어하게 될 일은 당분간 없을 것 같다. 그가 앞으로 하고 싶은 그림책 작업에 대해 이야기한 걸 들어보면 말이다.

> "당분간은 옛이야기 그림책을 해 보고 싶다는 생각이 있고, 한편으로는 글 없는 그림책처럼 그림만으로도 충분히 이야기가 되고, 그 안에 볼거리가 많은 그림책 작업을 해 보고 싶어요. 그리고 지금과 같은 스타일이 아닌 다양한 그림책을 가능하다면 해 보고 싶은 마음이 있어요. 이억배가 그린 것 맞느냐는 얘기가 나올 수 있는 그런 그림책을 말입니다." (박유신, 2005)

2) 작품 세계

① 전통의 멋이 담긴 민화

『솔이의 추석 이야기』부터 『비무장 지대에 봄이 오면』까지 그의 작품은 일관된 스타일을 유지하고 있다. 사람들은 그의 그림 스타일을 '민화풍'이라고 한다. 민화는 과거에 그려졌던 그림으로, 주로 병풍 등에 그려졌던 그림을 말한다. 민화는 주로 실용적인 목적으로 무명인들이 그린 그림이다. 민화는 일반 서민들의 생활 속에서 그려진 그림이므로 쉽고 재미있으며 친숙한 그림이다. 민화는 서민들의 실제 생활을 반영한 그림이다. 실제 생활을 그대로 반영했기에 공감대가 형성된다. 민화 속 실제 생활에서 절대 빠질 수 없는 것이 풍자와 해학, 유머이다. 유머는 우리의 삶을 관조하게 만들고 위안과 여유를 갖게 한다.

작가가 본격적인 그림책 작가로 입문하는 계기가 되었던『솔이의 추석 이야기』는 만들어진지 20년이 다 되어 가는데도 아직도 여전히 잘 팔리는 그림책 가운데 하나이다. 뿐만 아니라 일본과 유럽에도 많이 알려진 그림책이다.『솔이의 추석 이야기』는 우리 고유의 명절인 추석에 대한 이야기이다. 우리 옛 전통이 오늘날 어떤 식으로 우리 생활에 남아 있는지, 사람들은 어떤 식으로 전통을 이어 나가고 지켜 나가는지 그 모습들이 생생하게 담겨있다.『솔이의 추석 이야기』를 펼치면 누구나 한 번쯤 보고 겪었을 사태, 가보았음 직한 장소를 만날 수 있다. 화면 가득 보이는 동네 상가의 정경, 고향에 내려가기 위해 길게 줄 서 있는 사람들, 그 사람들을 찬찬히 살피다 보면 아는 사람 얼굴이 있을 것도 같은 그런 착각이 절로 든다. 그림 하나하나 살펴보면서 슬그머니 미소 지을 수 있는 아주 친숙한 일반 대중의 생활상을 곳곳에서 만날 수 있다. 작가는 추석 즈음 텔레비전 화면에 비친 '민족 대이동'을 보면서 고구려 벽화나 조선시대 〈행렬도〉를 떠올렸다고 한다. 무척이나 친숙한 추석 행렬을 보면서 추석을 맞아 일어나는 일들을 풍속화로 그려내기로 하고 꼬박 2년을 매달려 작품을 완성했다.『솔이의 추석 이야기』는 정말이지 '현대적 풍속화'라는 명칭이 안성맞춤인 그림책이다.

『세상에서 제일 힘센 수탉』에서 위풍당당한 수탉의 모습은 생동감이 흘러넘친다. 보고만 있어도 힘이 불끈불끈 솟는 수탉의 기운을 느낄 수 있다. 이 수탉이 어디선가 많이 본 듯한 이유는 민화에 나오는 닭의 모습과 닮았기 때문이다.『세상에서 제일 힘센 수탉』의 백미는 수탉의 환갑잔치 장면일 것이다. 옛날 우리의 전통방식대로 차린 환갑상의 모습을 제대로 보여준다. 민화적인 그림 스타일로 우리 전통의 행사들을 그려내어 푸근하고도 친근한 느낌을 주는 것이 이 그림책의 매력이다.

『반쪽이』는 우리 옛이야기이다. 곳곳에 장기판, 떡시루, 담뱃대 같은 옛 물건들이 나온다. 지금은 생활 속에서 쉽게 찾을 수 없지만, 우리의 옛 모습이기에 친숙하게 느껴진다. 무엇보다 이 그림책의 압권은 호랑이다. 『반쪽이』에 등장하는 호랑이는 민화에 나오는 호랑이와 똑 닮았다. 무섭기보다는 웃기는, 그래서 왠지 더 친근하게 느껴지는 그런 호랑이들이다.

『이야기 주머니 이야기』에서는 아주 세밀하게 잘 묘사된 옛날 집안의 정경이 나온다. 옛날 양반집 도련님 방이 어땠는지 잘 알 수 있다. 그리고 신부 집으로 장가 들러가는 우리의 옛 풍습도 알 수 있다. 곳곳에 펼쳐지는 문양이나 꽃들은 민화에서 많이 본 것들이다. 그래서 그림책 전체가 훨씬 더 친숙하게 느껴지고, 뭔가 이야기를 잔뜩 담고있는 것처럼 느껴진다.

『개구쟁이 ㄱㄴㄷ』은 개구쟁이 남자아이의 모습이 ㄱ에서 ㅎ까지 펼쳐진다. 마당, 욕실, 거실, 방에서 아이가 동물 인형들과 놀고 있는 모습은 귀엽고 자연스럽다. 거실과 방, 욕실, 마당의 모습도 언젠가 본 적이 있는 듯하며, 우리 집에서도 찾을 수 있는 그런 물건들이 곳곳에 널려 있다. 일상생활 속에서 볼 수 있는 소품들은 친숙하고, 주인공 남자아이 얼굴 역시 우리 동네 어떤 꼬마가 생각날 만큼 정겹다. 그림에 등장하는 사물들과 인물들은 글과 상관있게 혹은 상관없이 다 나름의 제 이야기들을 품고 있다. 민화 속에 등장하는 인물들이 마치 우리에게 뭔가 이야기를 건네고 있는 것처럼『개구쟁이 ㄱㄴㄷ』에서 화면 가득 등장하는 살아있는 장난감들은 금방이라도 말문을 터뜨릴 듯하다. 주변에서 볼 수 있는 물건들, 장난감들, 동물들 모두가 왕성한 생명력을 가지고 한데 어우러져 있는 그림들은 그야말로 민화적 상상력이라 할 수 있겠다. 민중을 지향하고 민중과 함께 하고자 했으며 민중의 생활 속 고민을 함께 풀어나가고자 했던 작가 삶의 이력이 이렇게 민중들 삶의 모습을 고스란히 그려 내는 민화적 상상력으로 드러난 게 아닌가 생각해 본다.

② 삶의 모습이 녹아 있는 리얼리즘

이억배의 그림을 보고 있노라면, 어디선가 꼭 본 적이 있는 것 같은 그런 친근함이 느껴진다. 이억배는 무엇보다도 삶에 근간을 두고, 자신이 경험한 바에 기초하여 누구나 공감할 수 있는 그림으로 그려내는 것을 중요하게 여기는 작가이다. 삶의 경험에 기초하여 구체성을 살린 그림을 보면서 느끼는 것을 작가는 '시각적 공감대'(공혜조, 2002)라고 부른다. 이 시각적 공감대는 리얼리즘에 기초하여 형성된다.

우리에게 알려진 리얼리즘은 객관적 사물을 있는 그대로 정확하게 묘사하는 것이다. 그런 맥락에서 본다면, 이억배의 그림은 결코 사실주의가 될 수 없다. 『반쪽이』에서 세상에 없는 반쪽이가 등장하고 『이야기 주머니 이야기』에서는 이야기들이 날아다니고, 『개구쟁이 ㄱㄴㄷ』에서는 도깨비의 한바탕 놀이가 벌어진다. 손 큰 할머니는 또 어떤가. "천사를 한 번도 본 적이 없기에 천사를 그릴 수 없다"는 사실주의 입장하고는 상당히 다르다. 그가 이야기하는 사실주의는 "그리는 대상의 본성을 통해 나타나기도 하고, 감수성이나 정신이 배어 드러나기도 하는 것"이다(박유신, 2005). 대상의 세부묘사가 사실주의가 아니라 삶의 리얼리티를 보여주는 게 사실주의라는 것이다.

그가 삶의 리얼리티를 추구한다는 것은 창작 과정에 잘 나타나 있다. 첫 그림책인 『솔이의 추석 이야기』는 수원의 매교동과 인계동의 거리풍경과 역전, 터미널 등을 취재해 이뤄진 작품이라고 한다(이윤희, 2011). 그림책에 등장하는 아줌마의 옷을 그리기 위해 사진 관찰도 하고 카탈로그도 많이 보며 볼 수 있는 건 닥치는 대로 봤다고 한다. 『솔이의 추석 이야기』에 등장하는 종이가방은 현실에 있는 백화점 쇼핑백이고 아주머니가 든 명품백은 아마 가짜일 거라고 생각하고 그리는 것이 리얼리즘이라고 한다. 사실에서 출발해야 판타지나 추상으로 갈 수 있다는 것, 그것이 리얼리즘에 대한 그의 입장이다.

『세상에서 제일 힘센 수탉』도 그러하다. 한때 술에 취해 비틀거리는 모습을 아이들에게 보여주어도 되겠느냐는 우려들이 많이 있었다. 하지만 어린이들은 현실 속에 살면서 술에 취해 비틀거리는 숱한 어른들을 만난다. 삶의 모습을 있는 그대로 보여주는 것이 그가 추구하는 리얼리즘이기에 이런 우려들은 커다란 문제가 되지 않는다. 『세상에서 제일 힘센 수탉』에 나오는 수탉을 그리기 위해 우리 토종 수탉이 있을 법한 전국의 시골 장터를 뒤지고 다니면서 자료를 수집했으며, 작업을 할 때는 수탉처럼 목소리 크고 성질도 곧으며 술도 많이 드시다 돌아가신 자신의 할아버지를 떠올렸다고 한다(탁정은, 2005).

이억배의 리얼리즘은 민화와 밀접한 연관이 있다.

> "우리 민화는 그리는 사람의 시각에 따라서 움직이는 아주 특이한 그림이지요. 민화의 그림은 아이들 그림과 같아요. 아이들은 제가 그리고 싶은 주제를 부각시키지요. 즉, 그리고 싶은 대상만 그립니다. 그래서 주제가 강하고 주관적인 그림처럼 보이지만 아이들에게는 그게 객관적이지요. 『세상에서 제일 힘센 수탉』 그림은 바로 아이들이 그리는 그런 방식으로 그린 거예요." (공혜조, 2002)

민화에서는 객관적인 것이 주관적인 것이며 주관적인 것이 곧 객관적일 수 있다는 것이다. 그것은 대상을 어떻게 인식하느냐에 따라 크기의 차이로 나타날 수는 있으나 존재하는 형태의 왜곡으로 이어지지는 않는다는 것이다. 이런 점은 『모기와 황소』에서도 그대로 나타난다. 『모기와 황소』에서 모기는 진짜 모기처럼, 황소는 정말 까딱하면 눈이라도 끔뻑거릴 것 같은 정말 살아있는 황소처럼 그려졌다. 여물 씹는 황소를 그리기 위해 며칠 동안 외양간에 들락거리며 스케치를 하였다 하니 작가가 얼마나 리얼리즘을, 진짜 같음을 추구하는지 알 법하다. 파리와 모기 역시 얼마나 천연덕스러운지 그림책을 보고 있노라면 이렇게 파리와 모기가 머리를 맞대고 쑥덕거리는 걸 본 적이 있는 것도 같다는 생각이 들 정도다. 문제는 황소와 모기 크기의 비율인데, 이 비율은 현실을 그대로 반영하지 못한다. 이때 작가는 사실적인 표현을 토대로 황소와 모기의 교감을 독자들도 느낄 수 있도록 크기를 과장한 것이다.

『솔이의 추석 이야기』는 추석 귀경길 풍경을 사실적으로 잘 묘사하고 있어 누구나 공감하는 그림책이다. 그러나 남자들이 바둑을 둘 때 여자들은 마당에서 일을 하고, 남자들이 절을 할 때 여자들은 방 밖에서 음식 준비를 한다. 이런 모습 때문에 지나치게 보수적이며 남녀차별적인 시각을 보여주는 건 아니냐는 비판을 받기도 했다. 그러나 작가 스스로는 자신은 매우 진보적인 가치관을 가진 사람이라고 한다. 자신의 가치관과 상관없이 우리의 현실이 그러하므로 현실을 반영하는 그림을 그렸을 뿐이라고 한다(박유신, 2005).

이억배의 리얼리즘은 공감을 위한 것이다. 『손 큰 할머니의 만두 만들기』는 터무니없는 이야기지만 손 큰 할머니가 어디선가 아주 많이 보았음직한 정감 가는 할머니이기에 이야기 몰입이 가능한 것이다. 실감나는 캐릭터에 대한 공감이 이야기를 더욱 맛깔나게 만드는 것이다.

③ 작은 부분에 숨어있는 유머

『반쪽이』에서 엄마는 꿈에서 본 신령님의 말대로 뒤뜰 우물에서 잉어를 잡아 구워 먹고 있었다. 두 마리를 먹고 마지막 남은 잉어를 반 마리 먹고, 반 마리 남긴 채 잠시 숨을 돌리고 있는 사이 고양이 한 마리가 잉어를 채간다. 엄마는 잉어 반쪽을 먹고 반쪽이를 낳았다. 그런데 반쪽이와 나란히 서 있는 고양이 두 마리가 있다. 자세히 보니 고양이 한 마리가 반쪽이다. 글에도 나오지 않고, 그림에서도 아주 작게 그려지지만, 엄마가 잉어 반쪽을 먹고 반쪽이를 낳았다면 반쪽 잉어를 먹은 고양이는 어떻게 됐을까? 반쪽이 고양이를 낳지 않았을까? 하는 작가의 재미있는 상상이 반쪽짜리 고양이로 나타났다. 그림 한 귀퉁이에서 고양이 반쪽이를 발견했을 때 아하! 하면서 무릎을 치게 된다. 맞아! 그럴 수 있구나, 하는 생각이 절로 든다. 『반쪽이』에서는 호랑이가 여러 마리 등장한다. 이 호랑이들은 모두 반쪽이에게 당해 눈이 뺑뺑 돌아가고 혀를 길게 빼물며 나가떨어진다. 호랑이가 맥없이 당하는 모습도 재미있다.

『세상에서 제일 힘센 수탉』에도 곳곳에 푸하하! 웃게 만드는 장면들이 나온다. 닭의 손자, 손녀들이 책가방을 잔뜩 쌓아놓고 말 타기를 하는 장면, 수탉이 술에 취해 있는 장면, 수탉이 멍든 눈을 달걀로 문대는 장면, 늙은 수탉의 생일잔치 그리고 장면 곳곳에 의외의 표정과 튀는 행동을 하는 병아리 혹은 닭들이 등장한다. 『이야기 주머니 이야기』에서는 신랑을 노리는 옹달샘, 산딸기, 청실배가 나오는 장면에 등장하는 돌멩이들이 심상치 않다. 얼핏 보면 그냥 돌멩이인데 자세히 들여다보면 해골처럼 보인다. 돌멩이 하나하나에 놀라거나 무서워하는 표정들이 담겨있다.

『모기와 황소』는 작가가 추구하는 유머가 어떤 것인지를 집약적으로 잘 보여주는 작품이다. 『모기와 황소』에 나오는 황소는 털 한 올 한 올 아주 생생하다. 손끝으로 쓸어내리면 황소의 부드럽고도 매끈한 털이 만져질 것 같은 그런 생생한 그림이다. 작가는 황소를 그리기 위해 직접 외양간으로 가 오랜 시간 황소를 관찰했다고 한다. 그런데 이렇게 생생하고 진중한 황소 그림과 아주 작으면서도 거들먹거리고 벌벌 떠는 모습이 몸 전체로 다 표현되는 모기와 파리의 표정과 동작이 대조를 이루어 참으로 우습다. 이억배의 유머는 마구 대놓고 웃기기보다는 아닌 척하면서 슬그머니 웃게 하는, 찬찬히 들여다보면서 슬그머니 미소 짓다가 큭큭큭 웃음보를 터뜨리게 하는 그런 유머이다. 『모기와 황소』를 보고 있노라면 언젠가 이렇게 모기가 까불며 웃는 걸 본 적이 있는 것 같은 그런 착각이 든다. 원래 별로 웃기지 않을 것 같은 사람이 가끔 한마디씩 점잖게 농담을 던지면 그게 더 우습다. 이억배의 유머는 그런 것 같다. 진중하면서도 섬세하고 웃기는 그런 유머 말이다.

2. 그림책 안내

개구쟁이 ㄱㄴㄷ

서지정보

작가 : 이억배 글/그림

출판사 : 사계절

출판년도 : 2005

내 용

한글 닿소리 'ㄱ~ㅎ'을 재미나게 배울 수 있는 그림책이다. '기웃기웃' 구멍 속에 들어간 고양이를 찾는 아이는 도깨비와 동물들을 만나 한바탕 신나게 논다. 개구쟁이 아이의 평범하면서도 특별한 하루 이야기를 따라가다 보면, 어느새 한글 닿소리를 모두 배울 수 있는 그림책이다. 하나의 펼침면에 "ㅁ 모두모두 모여라, 마당에서 물장난 하자!"처럼 ㅁ으로 시작하는 단어들로 문장을 구성함으로써 유아들이 자연스럽게 닿소리를 배울 수 있도록 한 것이 눈에 띈다.

특징 및 교육적 접근

이 그림책에는 개구쟁이 남자아이의 모습이 ㄱ에서 ㅎ까지 펼쳐진다. 집 안팎을 배경으로 마당, 욕실, 거실, 방에서 동물 인형들과 놀고 있는 아이의 모습은 우리 동네 어떤 꼬마가 생각날 만큼 친숙한 모습이다. 그림책 곳곳에 다양한 사물들을 그려 놓았는데, 그 물건들의 이름이 그 페이지에서 소개하는 닿소리로 시작되는 물건들 이름이라 물건을 찾으면서 한글 닿소리도 함께 익힐 수 있다. 아이들과 장면별로 세부 그림에 대해서도 충분히 이야기 나눌 거리가 있다. 그런 다음 그림과 한글 자음 학습을 연결해 볼 수 있을 것이다.

1) 첫 번째 장면을 펼치면 "ㄱ 기웃기웃, 고양이가 구멍 속에 들어갔는데?"라는 글이 나오고, 그림에는 가방, 개미, 거미와 같은 동물과 물건이 그려져 있다. 유아들과 함께 그림 속에 나오는 사물들의 이름을 확인해 보고 닿소리와 어떤 연관이 있는지 이야기해 볼 수 있다. 또한 한글 닿소리를 늘어놓고 그 닿소리가 들어가는 교실 안 사물들의 이름들을 찾아보는 놀이를 할 수 있다.

2) 여러 가지 물건들과 사물들의 이름을 늘어놓고 닿소리별로 같은 닿소리가 들어가는 낱말들을 이어서 하나의 문장을 만들어 본다. 각 닿소리별로 해본 다음 그림을 함께 그려넣어 또 다른 'ㄱㄴㄷ 책'을 만들어 볼 수 있다.

반쪽이

서지정보

작가 : 이미애 글/이억배 그림

출판사 : 보림

출판년도 : 1997

내 용

반쪽이는 말 그대로 반쪽이로 태어났다. 반쪽이는 힘이 세다. 형들은 그런 반쪽이를 싫어해 과거 시험 보러 가는데, 반쪽이만 떼어놓고 간다. 반쪽이는 형들을 따라 가다가 호랑이들을 만났다. 호랑이들을 모두 맨손으로 잡아 그 가죽을 벗겨 짊어지고 가다가 호랑이 가죽이 탐이 난 노인의 제안으로 딸을 걸고 바둑을 둔다. 반쪽이가 이겼지만, 노인은 반쪽이에게 딸을 주기 싫어 사람들을 풀어 집을 지킨다. 반쪽이는 기지를 발휘해 삼 일째 되는 날, 모두 지쳐 있는 틈에 딸을 데리고 도망친다. 반쪽이와 딸은 행복하게 오래오래 잘 살았다.

특징 및 교육적 접근

이 그림책은 반쪽이라는 우리의 옛이야기를 친근한 그림과 함께 재미있게 들려주고 있다. 주인공 반쪽이는 다른 사람과 다르게 반쪽만 지니고 있다. 하지만 그는 힘과 지혜를 가지고 있다. 다른 사람과 다르다는 이유로 절대 기죽지 않는다. 그런 의미에서 이 그림책은 사람들 사이에 존재하는 차이를 인정하는 것을 자연스럽게 배우게 해 준다.

1) 형들은 반쪽이를 과거 시험 보는 데 데려가지 않는다. 다른 사람들이 놀릴까봐 그랬다고 한다. 그러나 반쪽이는 이에 좌절하지 않고 인생을 스스로 개척한다. 유아들과 반쪽이의 기분이 어땠을지에 대해 이야기 나누기를 할 수 있다. 또한 나와 다르게 생긴 친구들이나 몸이 불편한 사람들에 대해 어떻게 대해 주어야 하는지에 대해서도 이야기 나눌 수 있다.

2) 반쪽이는 또한 약속에 관한 그림책이다. 반쪽이는 부잣집 영감과 호랑이 가죽과 영감 딸을 각자 걸고 장기 세 판을 두었다. 반쪽이가 이겼지만 부잣집 영감은 약속을 지키지 않았다. 유아들과 영감이 왜 이런 내기를 했는지, 너희가 부잣집 영감의 입장이라면 어떻게 했을지에 대해 이야기를 나누어 볼 수 있다. 또한 약속에 대해 유아들과 함께 이야기해 볼 수 있다.

손 큰 할머니의 만두 만들기

서지정보

작가 : 이억배 그림/채인선 글

출판사 : 재미마주

출판년도 : 1998

내 용

손 큰 할머니가 설날을 맞아 만두를 만든다. 할머니는 말 그대로 진짜 손이 크다. 엄청나게 많은 만두소를 만들고 엄청나게 많은 반죽을 한다. 동네 동물들은 모두 할머니와 함께 만두를 만들기 위해 모여든다. 할머니는 산더미 같은 만두소를 마련해 놓고 동물들은 일주일이 넘도록 만두를 만들었으나 일은 끝나지 않는다. 마지막으로 아주 큰 만두를 만든다.

특징 및 교육적 접근

이 그림책은 설날에 만두를 빚어 만둣국을 먹는 우리의 전통문화를 소재로 손 큰 할머니라는 가상의 인물을 내세워 환상적인 이야기를 펼치고 있다. 설날이라는 고유의 명절과 설날에 먹는 음식에 대해 이야기를 나누고, 창의적인 만두 만들기 활동을 해볼 수 있다.

1) 손 큰할머니는 어디선가 아주 많이 보았음 직한 정감 가는 할머니이다. 할머니는 손이 커서 집도 모자라 집 밖으로까지 흘러넘칠 정도로 많은 만두피를 만들고 엄청나게 많은 만두소를 만든다. 그리고는 만두를 빚어 삶을 도구들을 가지고 오는데 도구들도 엄청나게 크다. 모든 것이 과장되게 표현되어 있지만 등장하는 동물들과 힘을 합쳐 만두를 빚는 모습에서 이웃과 함께 명절을 흥겹게 지냈던 우리 민족의 정서를 엿볼 수 있다. 설날 만두 빚는 이야기를 함께 해볼 수 있다. 만두를 빚어본 적이 있는지, 설날에 무엇을 해 보았는지 등에 대해 경험과 지식을 공유해 본다.

2) 동물 친구들이 만두를 만들다가 지치자 할머니가 커다란 만두를 만들기로 한다. 실과 바늘로 만두를 꿰매는 그림에는 모두 한바탕 웃을 수 있는 익살스러움이 담겨있다. 등장인물들의 표정과 흥겨운 움직임이 이야기를 더욱 맛깔나게 만든다. 유아들과 커다란 만두를 어떻게 만들어 볼 수 있을지 이야기를 해 보고 커다란 헝겊, 신문지를 구겨 만든 만두소로 커다란 만두 만들기를 해볼 수 있다.

3) 여우는 여우 만두를, 곰은 곰 만두를, 뱀은 뱀 만두를 만들던 장면에 대해 함께 이야기해 본 다음 각자 어떤 모양의 만두를 만들고 싶은지 이야기한다.

솔이의 추석 이야기

서지정보

작가 : 이억배 글/그림

출판사 : 길벗 어린이

출판년도 : 1995

내 용

솔이가 추석을 맞아 엄마, 아빠와 함께 시골로 간다. 사람들로 붐비는 버스 터미널에서 길게 줄을 서 있다가 버스를 타고 출발하지만, 차는 길거리에서 꼼짝하지 않는다. 드디어 시골에 도착했다. 온 가족이 모여 이야기꽃도 피우고 음식 준비를 한다. 추석날 아침 차례를 지내고 성묘를 간다. 돌아와서는 마을에서 신나는 놀이판을 벌인다. 그리고 돌아오는 날, 할머니가 싸주신 보따리를 들고 집으로 돌아온다.

특징 및 교육적 접근

이 그림책은 모두의 명절인 추석 맞은 풍경을 아주 구체적이고 사실적인 그림으로 보여주고 있다. 그림들을 보고 있노라면 저절로 우리 동네 모습, 내가 경험했던 추석이 떠오른다. 이 그림책은 다른 무엇보다 그림 하나하나를 보면서 자신의 추석에 대한 경험, 할머니 댁에 다녀올 때의 경험들을 이야기해 볼 수 있는 그림책이다.

1) 그림을 보면 그림 하나하나에 이야기가 담겨있다. 버스 터미널에 줄 서서 기다리는 사람들이 있는 장면, 꼼짝도 하지 않는 정체된 도로 장면, 추석 준비에 바쁜 사람들과 상가의 장면 등, 각 장면에 대해 “여기에서는 어떤 일들이 벌어질까?” 궁금해 하면서 유아들과 그림을 관찰하고 각 사람들의 사연과 특징에 대해 이런 저런 이야기를 해볼 수 있다.

2) 할머니 댁으로 떠났던 때는 새벽이고 집으로 돌아왔을 때는 한밤중이다. 유아들과 두 장면을 비교하면서 달라진 그림 찾기를 해볼 수 있다.

3) 추석 때 시골로 가는 도시 사람들의 길게 늘어선 이 행렬은 작가가 조선시대 <능행도>를 보면서 아이디어를 얻었다고 한다. 조선시대 <능행도>를 함께 감상하며 비교하고 이야기해 볼 수 있다.

이야기 주머니 이야기

서지정보

작가 : 이억배 글/그림

출판사 : 보림

출판년도 : 2008

내 용

이야기 듣기를 좋아하는 양반집 도령이 있었다. 이 도령은 이야기를 듣기만 좋아해서 듣는 족족 주머니에 넣어 벽장에 두었다. 이야기들은 벽장 안 주머니 안에서 난리가 난다. 양반집 충실한 하인이 이야기들이 도령을 해하려는 계획을 듣고 도령을 위기로부터 구한다. 목숨을 구한 도령은 이야기들을 모두 놓아주게 된다.

특징 및 교육적 접근

이야기의 기원에 관한 우리 옛이야기를 다시 고쳐 만든 그림책이다. 이야기의 기원과 이야기의 성질 또는 그림책에 나오는 다양한 장면들에 대해 자유롭게 이야기해 볼 수 있다.

1) 이야기를 좋아하는 것은 남녀노소, 국적을 불문한다. 세상에 있는 모든 사람들이 이야기를 좋아한다는 것에 대해서도 이야기하고, 다른 나라에서 전해 오는 이야기의 기원에 대한 이야기를 들려 줄 수 있다. 『이야기 이야기』, 『이야기를 가져온 거미 아난시』가 그 예이다.

2) 이 책에서 이야기하고 있는 것은 이야기는 돌아다녀야 한다는 것이다. 이야기는 입에서 입으로 전해져야 이야기답다는 것이다. 옛이야기 그림책이 어떻게 해서 만들어졌으며 옛이야기들은 어떻게 전해 내려왔는지에 대해 함께 이야기해 볼 수 있다. 또한 이야기들 가운데는 널리 알려야 할 이야기가 있고, 혼자만 알고 지켜야 하는 비밀 이야기가 있다. 아이들과 함께 '해도 되는 이야기', '하지 말아야 할 이야기'에는 어떤 것이 있는지 이야기해 본다.

3) 맨 마지막 장면에 가방 들고 쫓아오는 아이와 가방은 『개구쟁이 ㄱㄴㄷ』에 나오는 장면의 그림이다. 다른 그림책에 나오는 같은 모습의 등장인물들을 찾아보는 활동을 할 수 있다.

잘잘잘 123

서지정보

작가 : 이억배 글/그림

출판사 : 사계절

출판년도 : 2006

내 용

'하나 하면 할머니가 지팡이 짚고서 잘잘잘' 하는 전래동요를 기초로 수세기를 배우도록 구성했다. 하나 하면 할머니가 호박을 이고서 잘잘잘, 둘 하면 두더지가 땅굴을 판다고 잘잘잘, 셋 하면 생선장수 생선을 사라고 잘잘잘과 같은 글들이 호박 한 개, 두더지 두 마리, 생선 세 마리 그림과 함께 각각 들어가고 맞은 편 페이지에는 좀 더 다양하고 복잡한 사물들이 하나, 둘, 셋, 네 개씩 등장한다.

특징 및 교육적 접근

이 그림책은 수세기 노래를 모티브로 한 그림책으로 다양한 방식의 수세기가 가능하도록 그림이 구성되어 있다.

1) 아이들과 함께 다양한 활동들을 통해 수세기를 해볼 수 있다. 아이들과 노랫말 바꾸어 불러보기를 할 수도 있다.

2) 각 면마다 숫자에 따라 등장하는 사물들이 하나, 둘, 셋, 넷, 다섯, 여섯, 일곱, 여덟, 아홉, 열 개씩 등장한다. 각 면에 등장하는 사물들의 숫자를 세다보면 페이지가 넘어가면서 저절로 숫자를 세게 된다. 그림에 등장하는 물건들의 숫자를 세어 볼 수 있다.

3) 작가는 그림 속 곳곳에 뭔가 재미있는 이야깃거리를 숨겨놓은 듯하다. 일곱 하면 이발사가 머리를 깎는다고 잘잘잘 장면에서는 털보 아저씨가 신문을 보고 있는데, 신문 1면에 털보 아저씨의 기사가 실려있다. 도대체 어떻게 된 일일까? 그림 속의 장면들, 표정들, 모습들을 보고 이야기를 추론해 볼 수 있다.

4) 여러 가지 세는 단위에 초점을 두어 수세기 놀이를 해볼 수도 있다. 호박 한 개, 두더지 두 마리, 풀 두 포기처럼 사물들마다 세는 단위가 다름을 이야기한다. 그림 속에 나와 있는 것 말고도 그밖에 여러 단위에 대해 알아 볼 수 있다.

활동 8-1 만두 만들기 게임하기

활동목표

- 그림책의 내용을 이해한다.
- 자신의 생각을 창의적으로 표현해 본다.

활동자료

『손 큰 할머니 만두 만들기』, 만두 모양 부직포(양 옆에 구멍을 뚫어 바느질할 수 있도록 한다), 플라스틱 돗바늘, 실, 만두 담을 바구니

활동방법

도입

- 『손 큰 할머니 만두 만들기』 그림책을 회상해 본다.
  - 그림책의 어떤 부분이 재미있었니?
  - 할머니가 준비한 엄청나게 많은 만두소를 가지고 어떻게 만두 만들기를 하였니?
  - 할머니는 커다란 만두를 어떻게 만드셨니?

전개

- 유아들에게 만두 만들기 게임을 소개한다.
  - 우리가 그림책 속 동물 친구들처럼 힘을 합쳐서 만두 만들기를 해볼 거야.
  - 부직포로 만두를 어떻게 만들면 좋을까?
  - 팀별로 만두 꿰매기를 하여 만두를 더 많이 만드는 팀이 이기는 것으로 하자.

• 게임을 하면서 지켜야 할 약속에 대해 이야기를 나눈다.
  – 만두 만들기 게임에서 지켜야 할 약속이 무엇이 있을까?
  – 부직포 만두 꿰매기를 잘할 수 있는 방법에는 어떤 것이 있을까?
• 만두 만들기 게임을 한다.

마무리

• 게임을 한 후 평가를 해 본다.
– 그림책 속 동물들이 되어 만두 만들기 게임을 해 보니 어떤 마음이 들었니?
– 모두 힘을 합쳐 게임을 하면서 어떤 생각이 들었니?
– 게임 약속은 지켜졌니?

활동 8-2 몸으로 표현해요

활동목표

- 그림책에 나오는 그림의 특징을 이해한다.
- 닿소리 글자를 몸으로 표현해 본다.

활동자료

『개구쟁이 ㄱ, ㄴ, ㄷ』, 닿소리 판, 음악

활동방법

도입

- 『개구쟁이 ㄱ, ㄴ, ㄷ』을 회상해 본다.
  - 그림책 제목이 왜 개구쟁이 ㄱ, ㄴ, ㄷ일까?
  - 그림책을 보면서 가장 생각나는 장면이 있니?
  - 내가 작가 선생님이라면 그림책의 부분을 어떻게 바꾸어 볼 수 있을까?

전개

- 그림책에 나오는 닿소리로 글자를 만들어 본다.
  - 'ㄹ'로 시작하는 말은 어떤 것이 있을까?
  - 'ㄷ' 으로 어떤 말을 만들어 볼 수 있을까?
- 글자를 몸으로 표현하는 놀이를 한다.
  - 음악에 맞추어 노래를 부르다가 카드에 보이는 닿소리 글자를 보면 멈추어서 몸으로 표현해 보자.
  - 이번에는 2명씩 몸으로 표현해 보자(3~4명씩 늘려본다).

–이번에는 닿소리 글자를 보고 생각나는 단어를 몸으로 표현해 보자.

마무리

• 글자 놀이를 한 후 유아들과 평가를 한다.

–몸으로 어떤 글자를 표현해 보았니?

–친구들과 함께 글자를 표현해 보니 어떤 마음이 들었니?

존 버닝햄 NINE

- 1936년 영국 서리주 로울리지에서 출생
- 1950년 썸머힐학교 입학
- 1953년 썸머힐학교 졸업
- 1956년 런던의 센트럴 미술학교에 입학
- 1963년 『깃털 없는 기러기 보르카』 출간
- 1964년 헬렌 옥슨버리와 결혼
- 1964년 『깃털 없는 기러기 보르카』로 케이트 그린어웨이 수상
- 1970년 『검피 아저씨의 뱃놀이』로 두 번째 케이트 그린어웨이 수상
- 1980년 『네가 만약』으로 독일 아동 문학상 수상
- 1985년 『우리 할아버지』로 뉴욕 타임즈 최우수 그림책상 수상

대표작

『깃털 없는 기러기 보르카』, 『발랄라이카를 연주하고 싶은 생쥐』, 『대포알 심프』, 『골짜기로 내려간 여우 하퀸』, 『사계절』, 『검피 아저씨의 뱃놀이』, 『검피 아저씨의 드라이브』, 『셜리야, 물가에 가지마!』, 『셜리야, 목욕은 이제 그만!』, 『네가 만약』, 『장바구니』, 『우리 할아버지』, 『지각대장 존』, 『야, 우리 기차에서 내려!』, 『알도』, 『크리스마스 선물』, 『내 친구 커트니』, 『구름 나라』, 『잘자라, 우리 아가』, 『마법 침대』, 『에드와르도 세상에서 가장 못된 아이』

1. 작가 소개

1) 생애

1936년 영국에서 태어난 버닝햄은 어린 시절 대부분을 주거용 트레일러에서 살면서 여러 곳을 옮겨 다니며 살았다. 양심적 병역 거부자인 아버지는 2차 세계대전 기간 동안 이동식 주택을 끌고 다니며 허드렛일을 하곤 했다. 그런 아버지를 따라 가족들은 자주 옮겨 다녀야 했고, 학교 역시 자주 옮겨야 했다. 버닝햄은 모두 아홉 군데의 학교를 다녔는데, 그 중에는 열세 살에 입학하여 다행히 옮기지 않고 삼년 동안 다니고 졸업까지 했던 썸머힐이 포함되어 있다. 썸머힐 재학 당시 그가 가장 좋아했던 수업은 미술이었다. 버닝햄이 가장 많은 시간을 미술실에서 보냈지만 학교를 졸업할 때는 영문학 빼고 나머지 과목은 모두 낙제였다.

1953년 학교를 졸업하고 존 버닝햄은 브리스틀에서 병역 면제 심사를 받고 양심적 병역 거부자로 등록했다. 존 버닝햄의 아버지는 1차 대전 때 참전을 했지만, 2차 대전 때는 양심적 병역 거부자였다. 그러나 아버지가 존 버닝햄에게 전쟁에 대한 자신의 사상에 대해 직접적으로 이야기한 것 같지는 않다. 어린 시절, 존 버닝햄은 아버지에게 전쟁에 대해 묻고 싶었기 때문에 '부모에게 묻는 날'이 국경일로 정해져야 한다고 생각했다는 것을 보면 말이다(존 버닝햄, 2006). 양심적 병역 거부자가 되어 병역 대체의무로 2년 3개월 동안 산림 관리, 농사, 건물 짓기, 건물 허물기 등 사회복지 사업을 하며 여기저기 돌아다녔다. 런던, 이탈리아, 이스라엘을 돌아다니며 다양한 사람을 만나고 다양한 일을 했지만, 그 때까지만 해도 자신이 무엇을 할지 정하지 못하고 있었다.

병역 대체근무가 끝난 뒤 런던에서 우연히 썸머힐학교 친구를 만났다. 존 버닝햄은 재미있겠다는 이유로 그 친구가 다니는 센트럴 미술학교를 들어갔다. 거기서 3년간 디자인과 일러스트레이션을 공부했다. 그리고 미래의 부인이 될 헬렌 옥슨버리도 이곳에서 만나게 된다.

미술학교를 졸업한 뒤에도 무엇을 해야겠다고 확고히 방향을 세우기보다는 기회가 되는 대로 일을 했다. 미술학교를 졸업하고 첫 번째 한 일은 이스라엘에서 인형 애니메이션을 만드는 일이었다. 그 사이 헬렌 옥슨버리와 이스라엘의 이곳저곳을 여행했다. 어렸을 때부터 존 버닝햄은 한 곳에 머물러 살기보다는 이곳저곳을 떠돌아다니며 살았기 때문에 새로운 환경, 새로운 일, 새로운 사람을 만나는 것에 늘 흥미를 보였던 것 같다. 이런 그의 경험과 성향이 그림책 속에서도 드러난다. 안전한 침대에서 온갖 곳을 여행하는『잘자라, 우리 아가』도 그렇고,『구름 나라』의 앨버트도 새로운 세계에서의 짜릿한 경험을 소재로 한다.『셜리야, 물가에 가지마!』와『셜리야, 목욕은 이제 그만!』의 셜리도 현실에서의 탈출을 꿈꾼다. 그 세계가 어디든 새로운 세계를 향한 호기심을 감출 수 없어 한다.

이스라엘에서 다시 런던으로 간 존 버닝햄은 포스터 작업을 의뢰 받고 런던 운송국을 위한 포스터를 만들었다. 그 때부터 다양한 포스터를 만들기 시작했다. 포스터 작업을 하면서 자연스럽게 포스터 그림 안에 이야기를 담게 되었다. 존 버닝햄은 자신이 작업한 포트폴리오를 들고 잡지사와 출판사로 찾아갔다. 그러나 그가 들은 대답은 "이건 포스터지, 일러스트레이션이 아니군요."(존 버닝햄, 2006)였다.

이에 존 버닝햄은 자신이 직접 글을 쓰고 그림을 그리겠다고 결심했으며 이렇게 해서 만든 첫 번째 그림책이『깃털 없는 기러기 보르카』이다. 1963년 출간된 이 그림책은 이듬해 케이트 그린어웨이상을 받았다. 그리고 오랜 연인인 헬렌 옥슨버리와 결혼을 했다. 첫 그림책으로 영국에서 어린이 책에 주는 가장 명예로운 상 가운데 하나인 케이트 그린어웨이상을 받은 존 버닝햄은 이후 본격적으로 그림책 작가의 길을 가기 시작했다. 물론 잡지의 표지나 띠벽지를 디자인하기도 하고, 의뢰받은 작품에 그림을 그리는 일도 하긴 했지만 자신의 글과 그림으로 그림책 만들기를 꾸준히 했다.

그의 부인 헬렌 옥슨버리는 원래 센트럴 미술학교에서 무대 디자인을 전공했다. 그러나 존 버닝햄과 결혼한 이후 그림책 작가로 데뷔했다. 아이를 키우면서 집에서 할 수 있는 일을 찾다가 그림책 그림을 그리게 되었다고 한다. 오랜 세월 함께 살아왔지만 둘은 함께 그림책 작업을 하지는 않았다. 그러다 최근 『동생이 태어났어!』(2011)에 존 버닝햄이 글을 쓰고 헬렌 옥슨버리가 그림을 그리면서 함께 책을 냈다. 존 버닝햄과 헬렌 옥슨버리는 서로 작품에 대한 조언을 아끼지 않으며 전 세계 전시회나 인터뷰를 함께 하기로 유명한데, 국내에도 함께 내방하였다. 둘 사이에는 세 자녀가 있으며 자녀들은 존 버닝햄에게 작품에 대한 평을 해 주는 역할과 함께 존 버닝햄 작품에 주요한 소재를 제공하기도 한다.

다양한 곳에서 다양한 경험을 하며 살아왔던 존 버닝햄은 자신의 과거 경험과 가족과 함께 살아가는 현재의 경험을 모두 자신의 작품 안에 자연스럽게 잘 녹여내고 있다. 과거와 현재, 아이와 어른, 현실과 환상의 경계 없이 그저 떠올릴 수 있는 모든 것들을 자연스럽게 끌어들여 보여주는 그의 그림책 세계는 지금도 계속 진화하고 있다.

2) 작품 세계

① 마주 보는 두 페이지 간 서로 다른 표현

존 버닝햄 작품의 특징 가운데 하나는 오른쪽 페이지와 왼쪽 페이지가 서로 다른 것이다. 한쪽은 흑백, 다른 한쪽은 칼라로 되어 있는 경우도 있으며, 한쪽은 배경이 비워져 있고 다른 한쪽은 배경이 색으로 채워져 있을 때도 있다. 이러한 특징은 『검피 아저씨의 뱃놀이』(1970)에서부터 시작된다. 『검피 아저씨의 뱃놀이』와 『검피 아저씨의 드라이브』에서는 왼쪽이 흑백, 오른쪽이 칼라로 되어 있고, 모든 페이지가 그런 건 아니지만 왼쪽은 풍경 위주의 롱샷 장면이 많이 나오는 반면에 오른쪽 페이지는 인물 위주의 클로즈 샷이 많이 나온다.

왼쪽과 오른쪽의 화면 구성만 서로 다른 앞의 두 그림책과 달리 이후 만들어진 『검피 아저씨의 드라이브』(1977)와 『셜리야, 목욕은 이제 그만!』(1978)은 양쪽에 여백이 있고 없음으로 구분되는 동시에 여백이 있는 왼쪽은 현실 세계를 보여주며 여백이 없는 오른쪽은 셜리의 상상 세계를 보여주는 방식으로 진화하였다.

『셜리야, 물가에 가지마!』에는 바닷가로 나들이 나온 셜리와 부모님이 등장한다. 아이를 너무 걱정해서일까? 엄마는 뜨개질을 하면서 계속 잔소리를 하고, 아빠는 시종일관 무관심하게 낮잠을 자거나 신문만 본다. 하지만 셜리는 해변에서 만난 개와 항해를 하며 해적과 싸우기도 하고 보물을 찾아내기도 하며 신나는 모험을 펼친다. 하지만 그 어디에도 셜리의 말은 찾아볼 수 없다. 셜리가 하는 말은 들을 수 없지만, 자신들의 세계를 인정하고 자신들의 생각이 무엇인지 알아달라는 아이들의 부모를 향한 소리 없는 외침은 들리는 듯하다.

어른들의 좁은 시각으로는 전혀 이해할 수 없는 아이들의 세계를 그린 존 버닝햄은 어른과 아이, 부모와 자녀의 단절을 간결한 글과 그림 그리고 대비되는 화면 배치로 잘 표현해냈다. 『셜리야, 목욕은 이제 그만!』에는 목욕하기 싫어하는 셜리를 욕조 안으로 들여보내는 데는 성공했지만 물속에서 장난만 치느라 나오려 하지 않는 셜리에게 끊임없이 잔소리를 하는 엄마가 등장한다. 셜리가 무슨 생각을 하고 있는지 알려고 한 적 없는 엄마는 끝없는 잔소리로 셜리를 야단치기에 바쁘다. 책을 펼치면 왼쪽 페이지에는 엄마만, 오른쪽 페이지에는 셜리만 있다. 또 엄마의 페이지는 단조로운 터치와 밋밋한 색으로 표현하고 있는 반면, 셜리의 페이지는 다채롭고 밀도 있는 색으로 무게감을 준다. 셜리는 단 한마디의 말도 하지 않는다. 자신만의 상상 세계를 떠다니고 있을 뿐이다. 그림만 보아도 아이의 세계에 무관심한 부모를 비판하고 있음을 알 수 있다. 저자는 아이의 시선으로 보고 듣고 느낀 것을 이야기하고 있다.

'셜리 시리즈'에 나타나는 여백과 칼라의 대별되는 배치는 현실과 환상이 구별되는 세계를 상징하고, 이 속에서 존 버닝햄은 아이들의 세계에서 환상의 세계가 갖는 의미와 그 힘에 대해 이야기하고 있다. 이러한 스타일은『우리 할아버지』(1984)로 이어진다. 할아버지와 손녀의 대화 가운데 상상하는 장면은 흑백으로, 현실은 칼라로 그려지기도 한다. 『지각대장 존』에서 학교 장면은 흑백으로,

존이 학교를 가는 장면은 칼라로 표현하여 존에게 학교라는 곳이 색깔 없는 밋밋한 자유와 개성을 구속하는 곳임을 암시적으로 보여준다.

『지각대장 존』은 늘 지각하는 존과 존의 말을 믿지 않는 선생님을 통해 교육 문제를 제기하는 책이다. 존은 날마다 학교 가는 길에 예상치 못한 일이 생겨 지각을 하곤 한다. 어린이만의 상상 세계로 빠져들기 때문에 지각을 한다. 어린 시절 등굣길에 누구나 이러한 상상을 할 수 있다는 것을 작가는 말하려 하고 있다. 그러나 이야기에 나오는 선생님은 지각할 때마다 이유를 물었고, 주인공 존은 지각한 이유를 말하지만 선생님은 거짓말을 한다며 존에게 점점 더 심한 벌을 준다. 어른들과 교사들이 아이의 입장을 생각해 보고 아이를 이해하려고 노력하는 것이 중요하다는 이야기를 하고 있다. 이 책에는 교사와 학생이 동등한 관계에서 서로를 이해하고 교사는 학생에 대한 관심과 이해로 교육의 시발점을 삼아야 한다는 '썸머힐'의 철학이 나타나 있기도 하다.

『알도』(1991)에서는 현실의 내가 있는 장면과 알도가 같이 있는 상상의 장면을 구분한다. 환상 속의 알도와 나는 펼침면에 칼라로 가득 채워진 그림으로 그려진다. 환상의 세계가 훨씬 활기 있고 생기 있음을 레이아웃과 색으로 말해 준다. 때로는 고단하고 어려우며 쓸쓸하고 외로운 현실을 견뎌 나가는 힘을 환상의 세계를 통해 얻을 수 있음을 보여준다.

『잘자라, 우리 아가』(2003)에서도 주인공 조지가 마법 침대를 타고 여행하면서 겪는 일이 나오는 장면은 여백 없이 색으로 꽉 차있다. 반면, 현실의 조지가 있는 장면에는 여백이 그대로 남아 있다. 『잘자라, 우리 아가』에서는 '침대'를 매개로 자신만의 상상 세계를 지키고 싶어 하는 아이의 마음을 따뜻하게 표현하고 있다. 아이는 침대 위에서 밤마다 마술 같은 여행을 한다. 그 여행 속에서 아이는 자신이 꿈꾸던 모든 것을 경험하고 성취한다. 그러나 그것은 꿈속 그리고 침대 위에서만이다.

상상의 공간, 상상의 시간을 가지는 것이 아이들이 현실을 살아가는 데 무척 도움이 될 수 있음을 존 버닝햄은 반복해서 이야기한다. 아이들의 존재를 인정한다는 것, 아이들의 세계를 인정한다는 것은 아이들이 꿈꾸는 환상의 세계를 인정하는 것이다. 아이들에게 환상이란 어떤 것일까? 존 버닝햄은『알도』의 주인공을 통해 자신이 그리고 싶은 환상과 현실의 관계, 아이들에게 있어 환상의 의미를 이렇게 말하고 있다.

> "난 알도가 언제나 나하고 같이 있었으면 좋겠어. 물론 알도를 까맣게 잊고 지내는 날도 있겠지만, 나에게 정말 힘든 일이 생기면…. 알도는 언제나 내 곁에 있을 거야."(『알도』 중에서)

② 상반되는 어른의 모습–너그러운 어른 대 권위적이거나 무심한 어른

'검피 아저씨 시리즈'는 존 버닝햄만의 스타일을 일찌감치 엿볼 수 있는 초기 그림책들이다. 이 중에서 먼저 출간된『검피 아저씨의 뱃놀이』는 1971년에 케이트 그린어웨이상을 수상했다. 그림책의 첫 장을 펼치면, 가는 펜으로 사선과 직선을 교차해서 그려낸 검피 아저씨가 물조리개를 손에 들고 모자를 쓴 채 집 앞에 서서 정면을 향해 씩 웃고 있다. 검피 아저씨는 한없이 마음씨 좋은 아저씨다. 강가에 살고 있는 아저씨는 배를 타고 강 위를 흘러간다. 동네 아이들이 태워 달라고 하자 둘이 싸우지 말라는 조건을 달지만 망설이지 않고 허락한다. 지나가던 배를 보고 토끼, 고양이, 개, 돼지, 염소, 닭, 송아지 등이 자신들도 태워달라고 검피 아저씨에게 조른다. 소란을 피우면 배가 뒤집힐 염려가 있었지만 마음씨 좋은 검피 아저씨는 넉넉한 마음으로 동물들을 모두 태워준다. 그렇지만 배는 결국 뒤집히고 모두들 쫄딱 젖게 된다. 현실 세계에서의 어른이라면 이러한 상황에서 분명히 화를 내거나 불평을 할 텐데 검피 아저씨는 차를 대접하고 "잘 가거라. 다음에 또 배 타러 오렴"하며 인사한다.

『검피 아저씨의 드라이브』는 배를 타고 나가는 대신 아저씨의 차를 타고 함께 소풍을 가는 장면으로 시작한다. 아이들과 동물들을 잔뜩 태우고 가다가 이번에는 진흙에 빠진다. 아이들과 동물들은 서로 차를 밀지 않으려고 빼다가 결국 다 함께 차를 밀어 진흙탕에서 빠져 나온다. 역시 끝에 아저씨는 다정하게 인사한다. "잘 가거라. 다음에 또 드라이브 하러 오렴."

검피 아저씨는 아이를 사랑하는 어른이라면 닮고 싶은 한없이 자애롭고 너그러운 인물이다. 작가는 검피 아저씨에 대해 이렇게 말한다. "검피씨는 나의 앞날을 예언하는 캐리커처였다. 난 날마다 그와 점점 더 닮아갔기 때문이다."(존 버닝햄, 2006)

한편, 권위적인 어른을 대변하는 『지각대장 존』의 선생님은 그림만 보아도 아주 기가 질린다. 검은 사각모를 쓰고 가운을 입고 손에는 회초리를 든 채 아이를 내려다보며 야단을 치는 선생님의 모습은 평소 아이들이 자신을 야단치는 어른들을 볼 때의 심정이 어떨지를 잘 느끼게 해 준다. 그림책을 읽는 내내 아이들은 존 패트릭 노먼 맥헤네시와 함께 야단맞으며 벌을 받고 어른들이 믿어주지 않아 억울한 심정일 것이다. 그러다가 아이들은 마지막 장면에서 마음 놓고 즐거워할 것이다. 고릴라에게 붙잡혀 서까래에 매달린 선생님을 그대로 놓고 나가버리는 존의 모습에 통쾌함을 느낄 것이다. 작가는 이 그림책을 통해 어른들에게 묻고 있는 듯하다. 왜 아이들의 이야기를 믿어주지 않죠? 왜 아이들에게 벌을 세우나요? 그런다고 뭐가 달라질까요? 아이들 앞에 권위를 내세우는 것이 도대체 누구에게 도움이 되나요?

『검피 아저씨의 드라이브』와 『셜리야, 목욕은 이제 그만!』에서도 아이들의 세계에 영 관심 없는 엄마가 나온다. 아이가 무엇을 생각하든, 어떤 꿈을 꾸든 상관없이 그저 잔소리밖에 할 줄 모르는 엄마의 세계와 아이의 세계는 완전히 단절되어 있다. 그 단절된 세계를 존 버닝햄은 펼침면에서 분리된 양쪽 페이지로 대별하여 보여주고 있다. 셜리 엄마의 문제는 아이들의 세계를 이해하려고 하지 않는다는 것이다. 세계를 보는 자신의 시각만 고집하는 것이다.

『내 친구 커트니』에 나오는 부모도 별반 다르지 않다. 개를 키우고 싶다는 아이들에게 엄마, 아빠는 좋은 개, 깨끗하고 잘 생긴 개로 골라오라고 한다. 커트니를 데려 갔을 때 엄마, 아빠는 늙은 똥개를 누가 데려 오라고 했냐고 한다. 커트니가 집안일을 도와 줄 때는 누구보다 엄마와 절친한 관계를 유지하는 것처럼 보였지만 커트니가 사라졌을 때 엄마, 아빠는 결국 처음과 똑같은 이야기를 한다. "그것 봐. 그 개는 안 좋은 개라고 했지?" 모든 사태를 자신의 이익을 중심으로 편협하게 판단하고 고집하는 어른들의 모습을 보기 좋게 비웃는 대목이다.

『잘자라, 우리 아가』에서 조지도 어른들이 자신의 세계를 인정하기는 어렵다는 것을 진즉에 알아차렸다. 그래서 밤마다 자신이 마법 침대를 타고 여행한다는 것을 처음부터 아무에게도 말하지 않았다. 이러한 단절의 책임은 누구에게 있는가?

존 버닝햄은『에드와르도 세상에서 가장 못된 아이』를 통해 어른들에게 그 책임을 묻는다. 에드와르도가 하는 행동은 그저 다른 아이들처럼 하는 것이다. 다른 아이들처럼 시끄럽게 떠들기도 하고 뭔가를 발로 걷어차기도 하며 때때로 동물들을 괴롭히거나 고양이를 잡으러 다니고 방을 정리하는 것이 서툴기도 하다. 그런 에드와르도에게 어른들은 하나같이 말한다. "에드와르도, 너는 정말 세상에서 제일가는 말썽쟁이로구나." 어른들이 일제히 에드와르도에게 손가락질을 하며 힐난하는 장면은『지각대장 존』에서 선생님이 존을 내려다보며 야단치는 장면을 떠올리게 한다. 권위적인 어른들이 아이들을 야단칠 때 아이들이 얼마나 위축되는지를 어른들은 모르는 것 같다.『에드와르도 세상에서 가장 못된 아이』는 어른들이 어린아이의 실수를 발견했을 때 어떻게 이야기해 주느냐에 따라 더 심한 말썽쟁이가 되기도 하고 반대로 더 잘하려고 하는 아이가 되기도 한다는 것을 이야기한다. 아이의 존재를 바라보는 관점, 아이를 있는 그대로 이해하려는 어른의 노력이 중요하다는 것을 강조하고 있다.

존 버닝햄은 아이들의 입장에서 아이들의 시선으로 세상을 바라보는 작가이다. 존 버닝햄의 작품들이 늘 아이들에게 인기가 있는 건 아이들이 존 버닝햄이 자기편이라는 걸 분명히 알기 때문이다.

"나의 정신 연령은 다섯 살로 열한 살, 열두 살, 열세 살 아이들과도 의사소통을 할 자신이 있으며 아이들이 어떤 동화책을 원하는지 잘 알고 있습니다." (국민일보, 2006. 07. 05. 동화작가 69세 존 버닝햄 방한, 내 정신연령은 다섯 살 아이)

존 버닝햄의 그림책에서 그려지는 어른들은 아이들을 인정하고 이해하는 어른과 아이들의 세계를 자신들의 관점으로 재단하는 권위적인 어른으로 대별되고 있다. 존 버닝햄은 아이들의 편에서 아이들을 이해하고 아이들의 입장을 대변하며 아이들과 같은 정신연령으로 살아가는 '검피 할아버지'다.

③ 다양한 매체를 활용한 독창적 그림

존 버닝햄의 그림책을 본 적이 있는 아이들은 방금 출간되어 처음 보는 존 버닝햄의 그림책을 집어 들며 이렇게 말한다. "나 이거 봤어!" 그만큼 존 버닝햄은 그만의 독특한 스타일을 구사한다. 존 버닝햄의 그림 스타일 가운데 가장 눈에 띄는 것은 등장인물들이 비슷하다는 것이다. 둥근 얼굴에 삼각형 코와 점 두 개로 된 눈, 그나마 조금씩 달라지는 것이 얼굴 형태와 입 모양이다. 입 모양도 딱 이모티콘 수준이다. 극도로 생략된 얼굴 표정은 독자가 좀 더 강력하게 자신의 감정을 이입하기에 좋다. 존 버닝햄의 등장인물들을 보고 있으면 눈만 있는 발도로프 인형이 생각난다. 놀이하는 아이들이 자신의 감정을 자유롭게 이입할 수 있도록 표정을 생략한 것이다. 존 버닝햄은 여러 학교를 옮겨 다녔다. 그 가운데 발도로프 학교도 있었다고 한다. 그 교육의 영향을 받은 건 아닌가 추측해 본다.

존 버닝햄 그림 스타일의 또 다른 특징을 꼽으라면 다양성이다. 존 버닝햄은 종이, 판지, 나무, 목탄, 펜, 먹, 색연필, 크레용, 잉크, 과슈, 파스텔 등의 다양한 재료들을 사용한다. 매체뿐만 아니라 기법 역시 다양하다. 『구름 나라』에서는 사진을 배경으로 콜라주 기법을 써서 구름의 환상성을 극대화하였다. 『사계절』에서는 다양한 재료들을 섞어서 사용하여 사계절의 색채 변화를 감상할 수 있도록 하였다. 또한 『알도』에서는 현실 세계에서는 흰 바탕에 선으로 그렸지만 상상의 세계로 들어가면 수채화 기법으로 화면을 가득 메운 색이 등장하여 상상의 세계를 보다 환상적으로 표현하였다.

존 버닝햄은 또한 일부러 꾸밈없이 어린이다운 스타일, 느릿느릿하게 천진난만한 스타일로 그림을 그리고 있다. 이러한 스케치 형식의 그림은 아주 쉽게 그린 그림처럼 보이나 겉에서 보기와 달리 존 버닝햄의 그림 스타일은 쉬운 것은 아니다. 어린이의 본질 그대로를 형상화하는 일은 결코 쉬운 일일 수 없다. 등장인물 하나하나가 형상화되기까지 엄청난 사전 작업이 필요했다는 것은 잘 알려져 있다. 한 예로 『지각대장 존』에 등장하는 칠판 옆의 교사를 표현하기 위해 거의 300여 장의 그림을 그렸다고 한다. 이언 플레밍이 글을 쓰고 존 버닝햄이 그림을 그린 『치티치티 뱅뱅 : 하늘을 나는 자동차』에 들어가는 그림을 그리기 위해 존 버닝햄은 직접 자동차를 제작하고 그것을 낚싯줄에 매달아 놓고 여러 각도에서 사진을 찍은 다음 그림을 그렸다고 한다(존 버닝햄, 2006). 단순한듯하면서도 생생한 그의 그림이 가지는 특징은 이런 보이지 않는 숱한 노력을 통해서 가능한 것이다.

존 버닝햄은 그림책을 본격적으로 만들기 전에 포스터 디자인하는 일을 했다. 뿐만 아니라 띠벽지를 만들기도 했고 크리스마스 카드도 디자인했다. 1970년 『검피 아저씨의 뱃놀이』가 나오기 이전의 작품들은 이러한 포스터 작업들의 연장선상에 있다고 볼 수 있다. 『깃털 없는 기러기 보르카』부터 『사계절』에 이르기까지의 작품들은 강렬한 색채와 다양한 매체를 사용하고 있다.

이러한 그림 스타일에 분명한 변화가 생긴 건 『검피 아저씨의 뱃놀이』부터이다. 이때부터 강렬한 색들로 채색하기보다는 가는 선들로 공간을 메운다. 전체적으로 가벼워지고 부드러워진 느낌의 그림들이 나타나기 시작한다. 이러한 그림들은 무거움이 빠지고 단순화되어 어린아이의 그림처럼 무언가 부족한 느낌을 줄 수 있지만, 찬찬히 들여다보면 오히려 이런 그림 스타일은 주제의 진지함을 더욱 두드러지게 하고 상상력을 불러일으키게 한다.

내용에 따라 기법을 다양하게 사용함으로써 내용의 감성을 극대화시키기도 한다. 『비밀파티』에서는 파티의 흥분되는 분위기를 살리기 위해 사진, 색연필,

물감, 콜라주 기법을 섞어 자유로운 그림을 구사하였다. 고양이들의 비밀파티를 보다 인상적으로 만드는 장치라고 볼 수 있다.

기법은 다양하지만 그림 표현이 솔직하고 순박하다. 그림책에 등장하는 인간과 동물들은 어린이들이 그려놓은 그림과 흡사하다. 표현된 선은 끊어질 듯하면서도 연결되어 있어 전체적으로 막히거나 완벽하게 잘 그려진 느낌보다는 서툴고 자유로운 느낌을 준다. 선은 어설프지만 그림에 남겨진 여백은 생략된 부분이 무엇인지에 대해 보다 자유롭게 상상해 볼 수 있는 여지를 준다. 『야, 우리 기차에서 내려!』는 마치 아이들이 그린 그림처럼 단순한 선의 처리와 가벼운 색깔로 보는 이에게 편안함을 준다. 기차 여행이라는 신나는 놀이와 각종 동물들의 등장은 아이의 상상력을 자극한다. 가벼운 그림 안에 무거운 주제를 잘 담아내고 있어 어린이들이 자연스럽게 환경보호에 대해 생각해 보도록 이끌어준다.

존 버닝햄의 그림을 보고 있노라면 두 가지 단어가 자연스레 떠오른다. 어린이와 자유! 존 버닝햄은 어린이의 세계를 어린이들의 감성과 시선으로 자유롭게 표현하는 작가이다.

2. 그림책 안내

검피 아저씨의 드라이브

서지정보

작가 : 존 버닝햄 글/그림

옮긴이 : 이주령

출판사 : 시공주니어

출판년도 : 1996

내 용

검피 아저씨는 빨간 자동차를 타고 드라이브를 하려던 참이었다. 동네 꼬마들과 동물 친구들은 자동차에 태워달라고 하여 검피 아저씨 자동차에 올라타 신나게 드라이브를 떠난다. 가는 도중 비가 와서 진흙 웅덩이에 차가 빠져 움직이지 않자 꼬마들과 동물 친구들은 처음에는 차를 밀지 않겠다고 핑계를 대나 이내 모두 힘을 합쳐서 자동차를 민다. 자동차가 웅덩이에서 빠져 나오자 모두들 다시 자동차를 탔고 날씨가 좋아져서 검피 아저씨 집 강가에서 물놀이를 하고 집으로 돌아간다.

특징 및 교육적 접근

이 그림책은『검피 아저씨의 뱃놀이』의 등장인물들이 동일하게 등장하는 책이다. 검피 아저씨가 드라이브를 가려다가 동물 친구들의 요청을 받아들여 차에 태우는 장면은『검피 아저씨의 뱃놀이』와 유사하다. 두 그림책에서는 동일하게 동네 꼬마들과 동물 친구들을 태우고 드라이브를 하면서 또는 뱃놀이를 하면서 어려운 일을 만난다. 문제가 다르고 해결방법도 다르지만, 검피 아저씨는 동네 꼬마들과 동물 친구들을 집 앞 강가에서 물놀이를 하도록 하고 집으로 초대를 하여 차를 대접하며 다음에 또 놀러오라고 하는 너그러운 아저씨다.

1) 두 그림책에 서로 다른 모습이 있지만 주인공 검피 아저씨는 아이들과 동물 친구들을 있는 그대로 인정해 주고 그들의 필요를 채워주는 따뜻한 사람이다. 유아들과 두 그림책을 읽고 검피 아저씨는 어떤 분이신지 이야기를 해 보거나 내 곁에 검피 아저씨가 있다면 아저씨와 무엇을 해 보고 싶은지, 검피 아저씨에게 편지 쓰기 등을 할 수 있다. 또한 두 그림책의 같은 점, 다른 점을 비교해 보는 활동을 해볼 수 있으며 확장 활동으로 검피 아저씨를 주인공으로 하는 다른 그림책 시리즈를 만들어 볼 수 있다.

2) 반복 구성과 반복 어구가 특징이므로 유아들과 함께 읽기를 하거나 동극을 하기에 좋은 그림책이다.

구름 나라

서지정보

작가 : 존 버닝햄 글/그림

옮긴이 : 고승희

출판사 : 비룡소

출판년도 : 1997

내 용

높은 산에 올라간 앨버트가 벼랑에서 떨어지자 앨버트 부모님은 슬퍼한다. 그러나 앨버트는 구름 나라 아이들에 의해 구출되어 구름 나라에서 그림도 그리고 구름으로 길도 만들면서 재미있게 지낸다. 그러던 어느 날 앨버트는 부모님이 그리워 구름 나라 여왕님께 집으로 가게 해 달라고 부탁을 한다. 여왕님은 주문을 외워주고 구름 나라 아이들의 도움으로 앨버트는 집으로 돌아온다. 집으로 돌아온 앨버트는 구름 나라를 갈 수 있는 주문을 계속 생각해 내려고 한다.

특징 및 교육적 접근

'구름 나라'는 유아들이 누구나 한 번쯤은 상상해 보고 가보고 싶은 나라이다. 이 그림책은 사진 위에 아이들 그림을 붙여 놓는 콜라주 방식으로 작가가 상상하는 구름 나라를 표현했다.

1) 절벽에서 떨어진 앨버트가 구름 나라 친구들의 도움으로 구름 나라에서 신나게 놀이하며 지내는 장면이 나온다. 유아들과 구름 나라는 어떤 곳일까를 상상해 보며, 내가 앨버트라면 구름 나라에서 친구들과 무엇을 하고 싶은지 이야기를 나누어 보고 실제로 유치원에 구름 나라를 꾸며보고 구름 나라 놀이를 해볼 수 있다.

2) 환상의 세계를 사진 배경의 콜라주 기법으로 표현하여 사실적으로 보이게 하였으며, 비행기가 지나가는 장면이나 천둥이 치는 장면은 글씨 없이 그림으로만 표현하여 사실적인 느낌이 들도록 하였다. 유아들과 사진 그림책은 어떤 느낌이 드는지 이야기를 나누어 보고 사진 그림책을 만들어 볼 수 있다.

3) 집으로 돌아온 앨버트는 집에서나 학교에서 계속 주문을 외워 친구들에게 "뜬구름 잡는 소리를 한다."는 말을 들으며 열린 결말로 끝이 난다. 유아들과 주문을 지어보는 활동을 해 보거나 앨버트가 주문을 외워서 구름 나라로 돌아간다면 어떻게 되었을지에 대한 뒷이야기를 지어볼 수 있다.

깃털 없는 기러기 보르카

서지정보

작가 : 존 버닝햄 글/그림

옮긴이 : 엄혜숙

출판사 : 비룡소

출판년도 : 1996

내 용

보르카는 태어날 때부터 깃털이 없었다. 형제들은 그를 놀렸고, 결국 그는 날 수가 없어 남쪽 나라에 가지 못하고 남게 된다. 보르카는 선장의 배려로 배를 타고 큐 가든이라는 공원에 도착하게 된다. 큐 가든에는 온갖 이상야릇한 새들이 다 있었기 때문에 큐 가든에 있는 기러기들은 깃털 없는 보르카를 전혀 이상하게 보지 않았다. 모두들 친절했다. 특히 퍼디넌드라는 기러기가 친절했다. 퍼디넌드는 보르카를 잘 돌보아주고 헤엄을 잘 가르쳐 주었다. 보르카는 지금도 거기에서 행복하게 살고 있다.

특징 및 교육적 접근

케이트 그린어웨이상을 받은 책으로 주인공인 깃털이 없는 기러기 보르카를 통해서 장애우 문제를 생각하게 한다.

1) 태어나면서부터 깃털이 없는 보르카는 가족들이나 주변 사람들에게 관심을 받지 못하고 버려지게 된다. 남들과 조금 다르다는 것은 어떤 의미일까?, 깃털이 없다는 이유로 버려진 보르카는 어떤 마음이었을까? 에 대해 유아들과 함께 이야기를 나누어 보며 나와 다르다는 것에 대해 주인공의 입장이 되어 감상해 볼 수 있도록 한다.

2) 주인공 보르카는 선장의 배려로 큐 가든이라는 공원에 가게 된다. 그곳에서는 다르다는 것을 서로 인정해 주는 곳이었으며 보르카를 돕는 손길도 있었다. 보르카를 돕는 손길은 전적으로 도움을 주는 것이 아니라 삶을 개척해 나갈 수 있도록 도움을 주는 것이었다. 보르카는 어려움을 극복하고 행복한 삶을 살게 된다. 유아들과 주인공 보르카가 어려움을 극복하게 되는 과정에 대해 함께 이야기를 해 보고 어려운 친구에게 도움을 줄 때 어떻게 해 주어야 하는지 토의해 볼 수 있다.

마법 침대

서지정보

작가 : 존 버닝햄 글/그림

옮긴이 : 이상희

출판사 : 시공주니어

출판년도 : 2003

내 용

주인공 조지의 낡은 침대는 소원을 빌고 주문을 외우면 상상의 세계로 데려다 주는 마법 침대다. 조지는 어느 날, 다섯 글자의 암호를 풀어 밤마다 여행을 떠나게 된다. 난쟁이와 요정들을 만나고 밀림에서 호랑이를 만나고 해적에게 쫓기고 돌고래랑 수영도 즐긴다.

특징 및 교육적 접근

낡은 침대는 마법의 세계로 떠날 수 있음을 암시하고 있다. 마침내 주문이 맞아 침대가 하늘로 떠올라 마법의 세계를 여행하게 된다. 마법의 세계가 시작되는 시점에서의 몽환적인 분위기를 극대화하기 위해 노란색으로 명암을 넣어 배경을 묘사하고 있다. 조지의 두 번째 여행에서는 어두운 바탕 화면 위에 작은 콜라주로 침대 그림을 그려넣어 작게 묘사하여 환상 세계로의 여행을 암시한다. 앞으로 펼쳐질 일을 예측하며 읽어본다.

1) 마지막 장면에서는 독자에게 주문을 알아내 보라고 이야기하고 있어 유아들과 뒷이야기를 지어보거나 주문을 만들어 보는 활동을 할 수 있다.

2) 어린이의 시각과 성인의 시각 차이에 대해 유아들의 경험을 나누어 볼 수 있 다. '왜 침대를 엄마와 할머니는 마음에 들어하지 않았을까?' 내가 좋아하며 애착이 가는 물건에 무엇이 있을지 이야기해 보고 어른들은 어떻게 생각하는지도 이야기 나누어 본다. 물건을 직접 유치원에 가져와 친구들에게 소개해 줄 수도 있다.

3) 마법 주문을 풀어본다. 엄으로 시작하는 말에는 무엇이 있을까? 내가 생각하는 마법의 주문은 무엇일까? 존 버닝햄의『구름 나라』와 비교하여 어떤 주문이 있었는지도 알아본다.

4) 우리 반의 마법 침대 만들기를 진행한다. 쌓기 놀이 영역에서 침대를 만들어 보고 주문을 적은 종이를 걸 수 있도록 마련해 준다. 환상의 세계에서 내가 체험해 보고 싶은 것들을 조형 영역에서 그려볼 수도 있다.

셜리야, 물가에 가지 마!

서지정보

작가 : 존 버닝햄 글/그림

옮긴이 : 이상희

출판사 : 비룡소

출판년도 : 2003

내 용

셜리와 부모님은 바닷가로 나들이 나왔다. 엄마는 뜨개질을 하거나 잔소리만 하고, 아빠는 시종일관 무관심하게 낮잠을 자거나 신문만 본다. 하지만 셜리는 해변에서 만난 개와 항해도 하며 해적과 싸우기도 하고 보물을 찾아내기도 하며 신나는 모험을 펼친다. 하지만 그 어디에도 셜리의 말은 찾아볼 수 없다.

특징 및 교육적 접근

표지에는 웃고 있는 셜리의 모습이 그려져 있다. 어디론가 떠나려는 듯이 해적선을 타고 있고 바다는 황토색으로 그려져 있다. 유아들과 어떤 모험이 펼쳐질지에 대해 상상의 나래를 펼쳐 볼 수 있다. 면지에는 항해에 필요한 나침반과 무인도의 그림이 그려져 있어 호기심을 극대화시키고 있다. 화면 좌측에는 부모님의 상황이, 우측에는 셜리의 상상 세계가 그려져 있다. 즉, 현실 세계를 다루는 좌측 장면에는 휴양지에서도 계속되는 엄마의 잔소리가 담겨있고 환상의 세계를 다루는 우측 장면에는 셜리의 모험이 담겨있다.

1) 『지각대장 존』에서 학생의 말을 들어주지 않는 교사를 꼬집었던 존 버닝햄은 이 그림책에서 부모는 무표정하게 묘사하고 셜리는 입가에 미소를 띤 채 자신만의 세계에서 신나게 놀고 있는 모습으로 묘사한다. 셜리의 상상 속 장면은 그림으로만 표현하고 있어서 셜리의 표정에서 읽을 수 있는 마음 상태는 말풍선에 담아 표현할 수 있다.

2) 셜리가 주인공으로 나오는 또 다른 그림책인 『셜리야, 목욕은 이제 그만!』 책과 비교해 볼 수 있다. 현실과 상상의 세계를 나누어 표현하고 있는 그의 작품 세계를 자세히 들여다 볼 수 있는 기회가 될 것이다.

알도

서지정보

작가 : 존 버닝햄 글/그림

옮긴이 : 이주령

출판사 : 시공주니어

출판년도 : 1996

내 용

주인공인 여자아이는 혼자 보내는 시간이 많다. TV도 보고, 장난감도 가지고 놀지만 늘 외롭고 쓸쓸하다. 하지만 아이의 옆에는 특별한 친구인 토끼 모습의 알도가 있다. 알도는 주인공 여자아이만의 친구이다. 친구들이 괴롭힐 때 도와주기도 하고 스케이트도 타며 그네를 탈 때 밀어주기도 한다. 또한 무서운 꿈을 꿀 때 책을 가져와 책을 읽어주기도 하며 언제나 여자아이 곁에 있는 친구다.

특징 및 교육적 접근

이 그림책은 한 여자아이와 그 아이가 좋아하는 상상의 토끼인 알도와의 우정 이야기다. 외동이로 장난감도 많고 부모님과 여러 곳을 다니기는 하지만 친구들과 어울려 놀기보다는 방 안에서 저 혼자 노는 시간이 많은 요즘 아이들의 단면이 잘 표현되어 있다.

1) 외로운 아이의 내면과 환상의 세계가 잘 어우러진 작품인데, 그림으로 내용을 잘 표현하고 있다. 늘 혼자 있는 주인공의 상황을 극대화하기 위해 배경 없이 주인공만을 채색하여 표현하고 있어 독자들이 주인공의 표정과 다양한 상황을 읽어내는 데 집중을 하게 된다. 또한 특별한 친구인 알도와 환상의 세계로 떠나는 장면에서는 배경을 채색하여 환상성을 극대화시켜 주고 있다. 유아들과 그림책을 읽으면서 그림의 특징을 이야기해 보고 알도와 있는 장면에서 어떤 이야기를 주고받았을지에 대해 말풍선으로 꾸며볼 수 있다.

2) 유아들과 주인공 여자아이의 외로운 마음에 대해 이야기를 나누어 본다. 또한 나에게 알도와 같은 상상의 친구가 있다면 상상 친구의 이름을 어떻게 지어보면 좋을지, 상상의 친구와 무엇을 해 보고 싶은지에 대해 그림이나 점토 등으로 표현해 볼 수 있다.

야, 우리 기차에서 내려!

서지정보

작가 : 존 버닝햄 글/그림

옮긴이 : 박상희

출판사 : 비룡소

출판년도 : 1995

내 용

엄마는 기차놀이를 하고 있는 남자아이에게 내일 유치원에 가야 하니 빨리 자라고 한다. 남자아이는 방에 있는 기차를 타고 꿈속 여행을 떠난다. 기차를 타고 가는데 날씨와 계절이 바뀔 때마다 생존을 위협당하는 동물들이 나타난다. 그 때마다 남자아이는 "야, 우리 기차에서 내려!"하고 말하는데, 동물들은 "제발, 나도 기차에 태워 줘!"하고 부탁한다. 그러면서 세계 곳곳에서 벌어지고 있는 인간의 자연 파괴 상황에 대해 설명한다. 남자아이는 모두 태워주고 함께 여행을 다녀온다.

특징 및 교육적 접근

이 그림책은 동물 인형을 좋아하는 남자아이의 기차놀이 이야기를 통해 환경문제를 제기하고 있다. 이야기는 주인공이 방에서 환상 속 기차놀이를 하는 데서 시작된다.

환상 속에서는 날씨와 계절이 바뀔 때마다 생존을 위협당하는 동물들이 나타나는데 그림으로 잘 표현되어 있다. 기차가 떠나는 장면에서는 긁어내기 기법으로 전체 화면을 꽉 채운 듯이 배경을 제시하고 있다. 또한 동물들이 등장할 때마다 주인공은 "야, 우리 기차에서 내려!"라고 반복해서 말하고, 동물들은 각자 자기 입장을 반복해서 말한다. 동물들과 재미있는 시간을 보내는 장면도 반복된다. 동물들과 즐거운 한때를 보내는 장면에서는 배경색을 넣어 환상성을 극대화시키고 있다.

1) 유아들과 그림책의 그림에 대해 이야기해 보거나 동극을 해볼 수 있다.

2) 이야기에 등장하는 동물들의 공통점이 무엇인지, 왜 이 기차에 태워달라고 하는지에 대해 이야기 나누고, 동물과 환경을 보호하기 위해 우리가 해야 할 노력에 대해 이야기해 볼 수 있다.

3) 마지막 장면에서는 다시 현실 세계로 돌아온 주인공에게 엄마는 동물들이 목욕탕, 계단, 세탁실에 있다고 이야기해 준다. 인형을 이야기하는 건지 실제 동물들인지 알쏭달쏭한 말을 남긴 채 이야기는 끝을 맺는다. 유아들과 뒷이야기 짓기를 해볼 수 있다.

장바구니

서지정보

작가 : 존 버닝햄 글/그림

옮긴이 : 박상희

출판사 : 보림

출판년도 : 1996

내 용

스티븐은 엄마 심부름을 하기 위해 장바구니를 들고 가게에 가서 물건을 산다. 물건을 산 스티븐은 집으로 돌아오는 길에 캥거루, 염소, 돼지 등 여러 동물들을 만난다. 동물들은 스티븐에게 바구니에 있는 음식물을 달라고 하나 스티븐은 장바구니에 있는 음식물을 하나씩 던지면서 동물들을 물리치고 집으로 돌아오게 된다.

특징 및 교육적 접근

주인공 스티븐은 엄마 심부름을 하기 위해 가게에 가서 물건을 사오게 된다. 그런데 돌아오는 길에 동물들이 나타나 물건을 하나씩 내어 놓으라고 협박한다. 스티븐은 그때마다 동물들을 각기 다른 방법으로 지혜롭게 따돌리는 이야기가 코믹하게 그려져 있고, 다른 한쪽 면에는 심부름으로 산 물건들이 그려져 있고, 스티븐이 그것 중에 하나를 사용해 던질 때마다 물건이 사라지는 구성으로 리듬감 있게 표현되어 있다.

1) 그림책을 읽고 유아들과 동극으로 표현해 보거나 장바구니 놀이를 해볼 수 있다.

2) 마지막 장면에서 엄마의 표정을 보고 어떤 말을 듣게 될지에 대한 이야기를 지어본다.

3) 글과 그림은 서로 보완적으로 표현되어 있다. 유아들과 글, 그림을 함께 보면서 이야기를 읽도록 한다. 특히 스티븐이 동물들에게 장바구니에 있는 물건을 하나씩 던져 줄 때마다 엄마의 심부름으로 사와야 할 도넛 등의 개수와 그림이 하나씩 줄어드는 그림을 통해 유아들과 숫자에 대한 이야기를 나눌 수 있다. 바구니 안에 몇 개의 물건이 각각 들어 있을지 수 놀이 활동을 해볼 수 있다.

활동 9-1 나만의 상상 친구

활동목표

- 그림책의 내용과 등장인물을 이해한다.
- 미술 활동을 통해 등장인물에 대해 호기심을 갖는다.

활동자료

『알도』, 색칠 도구, 목걸이판, 끈

활동방법

도입

- 유아들과 그림책을 회상하며 이야기 나눈다.
  - 주인공 여자아이가 어떻게 보이니?
  - 주인공 여자아이는 왜 외로워 보이니?
  - 너희들도 여자아이처럼 혼자라고 느낄 때가 있었니?
  - 알도는 외로운 친구에게 어떻게 해 주었니?
  - 만약에 나에게도 상상의 친구가 있다면 무엇을 해 보고 싶니?

전개

- 마음속에 그리는 상상의 친구 모습에 대해 이야기를 나눈다.
  - 어떤 때 내게 도움을 주면 좋을까?
  - 어떤 때 필요할까?
  - 어떤 모습일까?
  - 어떤 능력을 갖고 있으면 좋을까?

- 내가 꿈꾸는 상상의 친구를 만든다.
  - 목걸이판에 상상의 친구를 그려보자.
  - 상상의 친구 이름, 어떤 능력을 갖고 있는지, 상상의 친구와 무엇을 하면 좋을지 뒷면에 적어보자.

마무리

- 친구들에게 자신의 상상 친구를 소개한다.
  - 나만의 상상 친구를 만들어 보니 어떤 마음이 들었니?
  - 내가 만든 상상 친구를 소개해 보자.

활동 9-2 주인공 단평하기

활동목표

- 그림책 속 주인공의 성격을 이해하고 평할 수 있다.
- 그림책 속 주인공의 차이점과 공통점을 알 수 있다.

활동자료

『알도』, 『대포알 심프』, 『구름 나라』, 『검피 아저씨의 뱃놀이, 『검피 아저씨의 드라이브』, 색칠 도구(파스텔), 등장인물을 스캔하여 오려놓은 종이, 풀, 가위

활동방법

도입

- 유아들과 존 버닝햄의 그림책에 대해 이야기를 나눈다.
  - 존 버닝햄의 그림책에는 어떤 등장인물이 나왔었니?
  - (검피 아저씨, 알도, 앨버트, 심프)가 주인공으로 나온 그림책을 보면서 어떤 생각이 들었니?
  - 이 그림책을 지은 작가 선생님은 (검피 아저씨, 알도, 앨버트, 심프)를 어떻게 생각했을까?

전개

- 그림책 주인공에 대해 이야기를 나눈다.
  - 그림책에 등장하는 주인공은 어떤 친구(분)인 것 같니?
  - 왜 그렇게 생각하니?
  - 주인공에게 해 주고 싶은 말이 있니?

- 모둠별로 그림책 주인공의 특징에 대해 종이에 적어본다.
  - 가장 마음에 드는 주인공이 있니?
  - 왜 그렇게 생각하니?

마무리

- 유아들이 생각한 주인공에 대해 이야기를 나누어 본다.
  - 검피 아저씨는 어떤 분이었니?
  - 알도, 앨버트, 심프에 대해서는 어떤 친구라고 생각을 했니?
  - 다른 그림책의 주인공과는 어떤 점이 다르다고 생각하니?

하야시 아키코 *TEN*

- 1945년 일본 동경 출생
- 요코하마 국립대학 교육학부 미술과 졸업
- 잡지 『엄마의 친구』 등에 컷을 그림
- 1990년 제21회 고단샤 출판문화상
- 1988년 프랑스 그림책상
- 1980년 제2회 그림책 일본상
- 1980년 산케이 아동출판문화상 미술상

대표작

『목욕은 즐거워』, 『싹싹싹』, 『구두구두 걸어라』, 『순이와 어린 동생』, 『이슬이의 첫 심부름』, 『숲 속의 요술물감』, 『오늘은 무슨 날?』, 『야옹이도 셀 줄 아네』, 『나도 캠핑 갈 수 있어!』, 『신비한 크리스마스이야기』, 『윙윙 실팽이가 돌아가면』, 『나도 갈래』, 『할머니 집 가는 길』, 『오늘도 좋은 하루』, 『종이비행기』, 『무지개산의 비밀』, 『즐거운 빵 만들기』

1. 작가 소개

1) 생애

하야시 아키코는 1945년 동경에서 태어났다. 그림 그리는 것을 좋아했던 하야시는 어렸을 때부터 화가의 스튜디오에 다니면서 드로잉을 배웠으며 대학에서는 그림을 전공했다. 요코하마 국립대학 교육학부 미술과에서 그림을 공부하면서 후쿠인간 쇼텐 출판사에서 발행하는『엄마의 친구』라는 잡지에 그림을 그리기 시작했다.

대학을 졸업한 뒤에는 마나헤히로시 디자인 사무소에서 디자이너로 일을 했다. 1973년 고바야시 미노루가 글을 쓴『종이비행기』에 그림을 그리면서 그림책 작가로 데뷔했다. 이 그림책을 본 쓰쓰이 요리코와 출판사는 쓰쓰이 요리코의 글에 하야시 아키코의 그림이 어울릴 것이라 판단하고『종이비행기』와 같은 그림으로 그려달라고 의뢰했다. 작가는 이에 대해『종이비행기』는 정보 그림책이었기에 처음으로 하는 이야기 그림책 작업을 하게 되어 무척 기뻤다고 한다(하야시 아키코와의 여행, http://www.hollym.co.kr/children, 2013년 5월 17일 인출).

이렇게 나온 그림책이 1976년에 쓰쓰이 요리코가 글을 쓰고 하야시 아키코가 그림을 그린『이슬이의 첫 심부름』이다.『이슬이의 첫 심부름』에는 이슬이가 사는 동네 구석구석이 잘 표현되어 있다. 언젠가 한 번쯤 본 듯한 이슬이라는 아이와 어디인지는 딱히 모르겠지만 많이 익숙한 동네 그림은 작가가 직접 취재하여 그린 것이라고 한다. 이와 관련하여 "자유의 언덕이나 덴엥조후 같은 곳을 돌아다니면서 '언덕은 이것으로 하고, 담배 가게는 어디로 할까?' 하고 찾아내서 그렸으니까 취재의 덕분입니다." (하야시 아키코와의 여행, http://www.hollym.co.kr/children, 2013년 5월 17일 인출)라고 말한 바 있다.

『이슬이의 첫 심부름』을 같이 만든 하야시 아키코와 쓰쓰이 요리코는 짝을 이루어 많은 그림책을 만들었다. 둘이 함께 작업한『순이와 어린 동생』,『우리 친구하자』,『병원에 입원한 내 동생』,『나도 갈래』와 같은 작품들은 일상 속 작은 과업이나 형제관계에서 일어난 사건 등, 아이들의 일상생활을 리얼리티 넘치는 문장과 그림으로 표현하고 있다는 공통점이 있다.

쓰쓰이 요리코의 글은 아이들 마음의 결을 아주 세심하고 섬세하고 자연스럽게 그려내고 있으며 하야시 아키코는 그림 속에서 아이들의 모습을 아주 친근하면서도 사실적으로 그려내고 있다. 이 둘의 글과 그림이 함께 어울러져 있을 때, 정말 딱 이런 아이가 있을 것 같기도 하고 정말이지 나 역시 어렸을 때 이랬던 것 같다는 착각을 불러일으킨다. 이 두 사람은 어린이에 대한 깊은 이해와 사랑으로 어른과 아이 둘 다 공감할 수 있는 이야기를 만들어 내고 있다.

『이슬이의 첫 심부름』은 이슬이 동네를 사실적으로 그려 낼 뿐만 아니라 이슬이가 뛰어가는 모습이나 넘어지는 모습 등도 아주 생생하게 묘사하고 있다. 이러한 사실적인 묘사는 그의 깊은 관찰력에서 비롯되었다. 그림을 그리다가도 자신이 좋아하는 모습이나 행동이 보이면 가만히 관찰했다고 한다. 주변 아이들과 조카들의 섬세한 행동을 놓치지 않고 집중하여 잡아내는 그녀의 놀라운 관찰력이 그림책을 그리는 데 도움이 되었다.

그녀는 아이들의 작은 행동 하나라도 놓칠세라 혹은 필요한 포즈를 얻기 위해 셀 수도 없을 정도로 많은 아이들 사진을 찍었다. 1986년에 나온『달님 안녕』도 가까이 살던 조카가 지붕 사이로 나타났다 사라지는 달을 보고 "안녕?", "잘가"라고 인사하는 모습을 보고 착안하여 만들었다고 한다(하야시 아키코와의 여행, http://www.hollym.co.kr/children, 2013년 5월 17일 인출).

『달님 안녕』은 간단한 어휘만으로 아이들의 심리와 특성을 절묘하게 표현하고 있어, 전 세계 수많은 영아들의 눈길을 사로잡고 있다. 하야시 아키코는 이 밖에도 여러 권의 영아 그림책을 썼는데,『구두구두 걸어라』,『손이 나왔네』,『싹싹싹』같은 작품들은 꾸준히 사랑을 받고 있는 작품들이다. 걸음마를 한다든가, 혼자서 옷을 입는다든가, 혼자서 음식을 먹는다든가 하는 평범한 사건들을 간단한 그림과 입에 착 붙는 리듬감 있는 단순한 어휘를 사용하여 읽어주는 어른이나 그림책을 듣는 영아들이 한껏 빠져들게 만든다.

『순이와 어린 동생』은 1979년 발표한 작품으로 국내에서는 1989년에 출판되었다. 이 책은 하야시 아키코의 그림 세계를 잘 보여주고 있는 대표작 중의 하나다. 하야시 아키코 작품의 특징은 세심함이다. 하야시 아키코는 "아이의 모공까지 그리고 싶다"라고 말했을 정도로 어린이의 생생한 모습을 담기 위해 노력하는 작가이다. 부드러운 수채화로 그려진 친근하고 따뜻한 그녀의 그림 속에는 꼭 껴안아 주고 싶은 사랑스러운 아이들이 살아 숨 쉬고 있다.

하야시 아키코는 인물뿐만 아니라 일상에서 쉽게 접하는 사소한 풍경들을 매우 섬세하게 그려냄으로써 잔잔하고 깊은 울림과 감동을 주는 작가이다. 섬세하고 차분한 감성을 지닌 그녀는 아이의 숨겨진 감성까지 이끌어내는 그림책을 그린다는 평을 받는다. 또한 그림책 구성도 아이들의 흥미를 효과적으로 유발할 수 있도록 이야기와 그림 요소를 잘 맞춰 구성하고 있다. 그녀는 어린아이들이 이야기를 따라가지 못할 거라는 유아 도서 세계의 편견을 깨고, 그림책을 풍부한 이야기가 있는 세계로 이끈 작가이기도 하다(석보배, 2005).

아이들의 가장 예쁜 모습만 골라 그림책을 만든다는 평을 받고 있는 그녀는 1980년『오늘은 무슨 날?』로 제2회 그림책 일본상을 받았고, 1983년에는『목욕은 즐거워』로 산케이 아동출판문화상 미술상, 1988년에『나도 캠핑갈 수 있어요』로 프랑스 그림책상, 1990년과 1992년에『은지와 푹신이』로 고단샤 출판문화상과 미국 Reading-Magic Awards에 각각 당선되었다. 하야시 아키코는 도쿄 출신의 한국인 2세로 알려져 있는데, 1973년부터 그림책을 내기 시작해 한국어로 번역된 것만 해도 13권이나 된다. 이후 일본을 대표하는 일러스트레이터로서 미쓰마사 안노와 함께 세계 평화를 위한 국제적인 공동 작품(그림책)인『all in a day(동그란 지구의 하루)』에 참여하는 작가로 뽑히기도 했다.

2) 작품 세계

① 사실적이면서도 친근한 아이의 모습

하야시 아키코의 그림책에 나오는 아이들은 통통하고 발그스름한 볼, 맑은 눈빛 그리고 천진스런 웃음을 지녔다. 가는 붓으로 테두리를 그리고 그 안에 수채화로 채색을 하는데 색감은 소박하며 안정감 있고 테두리 선은 동양적인 부드러움을 지니고 있다. 주변에서 흔히 볼 수 있는 아이들을 사실적이지만 단순하게 표현하고 있다. 따뜻하며 친숙하고 귀여운 그래서 보고 있으면 저절로 미소가 입가에 번지는 그런 아이들의 모습이다.

또한 주인공의 표정과 동작이 내용과 상황에 어울리게 표현되어 있다. 하야시 아키코는 그림책을 만들 때 아이의 '동작'을 그리는 것이 가장 어렵다고 한다. 하야시 아키코는 그 어려움을 관찰을 통해 푼다. 가까이 살고 있는 조카들을 세밀하게 관찰한다.

> "모델이 없으면 그리기가 어려우니까, 러프 스케치를 보여주면서 아이들에게 같은 포즈를 취하도록 부탁했습니다. 러프 스케치를 그렸을 때는 그럴 듯하게 보였는데도 실제로 아이들에게 포즈를 취하게 하고 보면 목이나 어깨의 위치나 각도가 전혀 다른 거예요. 이것들은 모두 쓸모가 없게 되고 그 밖의 다른 기회에 많이 촬영해 두었던 것이 자연스럽게 느껴져서 그림책에 유용하게 쓰이는 경우가 많더군요." (하야시 아키코와의 여행, http://www.hollym.co.kr/children, 2013년 5월 17일 인출).

그는 조카들의 사진을 수없이 많이 찍었고, 그 사진들을 자신의 작업실 서랍장에 보관하고 있다고 한다(하야시 아키코, http://www.picturebook-museum.com/book, 2013년 5월 17일 인출). 이런 사실적이면서 친근한 묘사는 영아 그림책에서 더욱 빛을 발한다. 하야시 아키코의 영아 그림책 가운데 『싹싹싹』, 『손이 나왔네』 같은 그림책들은 배경이 생략된 채 돌 무렵의 아가가 나온다. 이제 막 어설프게 혼자 음식 먹으려는 아이가 인형들에게 음식을 떠 먹이며 인형들에게 묻은 음식들을 닦아준다. 아이가 스스로 하려는 모습이 기특하고 대견하면서 한없이 귀엽다. 『싹싹싹』, 『손이 나왔네』가 일련의 연작처럼 보이는 것은 구성이 같고 주인공이 비슷하며 한 살 무렵의 아이들이 밥을 먹거나 옷을 입는 것 같은 일상을 소재로 했기 때문이지만, 두 그림책의 색감이 비슷한 것이 가장 큰 이유다. 『싹싹싹』의 경우 올리브 그린색 옷을 입은 아이와 오렌지색 바탕이 대조를 이루고, 『손이 나왔네』는 오렌지색 옷을 입은 아이가 올리브 그린색을 바탕으로 그려져 있다. 아이의 손 모양이나 움직임이 실제를 보는 듯 생생한 반면에 묘사는 아주 간략하게 되어 있다. 간략함과 실재감에 간단한 색채 대비가 어우러져 인상적이면서도 기분 좋은 그림이다. 게다가 리듬감 있는 어휘가 보태지니 국적과 문화를 불문하고 전 세계 많은 어린이들, 특히 영아들의 폭발적인 반응을 얻어내고 있다.

『은지와 푹신이』에서는 은지가 태어났을 때부터 점차 자라나는 모습이 특징적으로 잘 나타나 있다. 신생아 시기의 모습, 기어 다니는 모습, 아장아장 걷는 모습 등이 동영상을 보는 것처럼 묘사되어 있다. 또한 『이슬이의 첫 심부름』의 표지, 이슬이의 활짝 웃는 모습에는 임무를 완수한 뒤의 만족감이 잘 드러나 있다. 『순이와 어린 동생』의 첫 장면에는 엄마의 갑작스러운 부탁에 언뜻 내비치는 순이의 망설이는 표정이 세밀하게 표현되어 있다. 이어 어린 동생의 손을 잡고 있는 순이의 얼굴에는 동생을 돌보는 자신에 대한 자랑스러움이 묻어난다. 자연스런 순이의 표정과 동작은 전체적으로 크게 역동적인 장면의 변화나 사건이 없는데도 글과 그림에 몰입하게 만든다. 『숲 속의 요술물감』에서 동물 친구들과 함께 그림을 그리면서 너무나 행복해 하는 주인공, 누리의 모습 또한 매우 정겹다. 수줍게 약간 입을 가리고 웃고 있는 누리와 누리의 그림을 쳐다보는 곰의 표정 등이 아주 생생하다. 이렇게 친근하고 생생한 아이의 모습을 그려낼 수 있는 것은 사실에 근거하여 그리며, 모델이 되는 아이에 대해 진지한 마음을 담아서 그리기 때문이라고 할 수 있다.

"적합한 모델은, 역시 정이 든 아이라고 생각합니다. 오랜 기간 만나온 조카딸이라면 어떤 동작을 찍은 사진이라도 그 전후의 움직임을 상상할 수 있으니까 한 장의 사진이라도 생생하게 느껴지지만 모르는 아이의 사진이라면 실감이 잘 나지 않습니다. '이제 그만하면 잘 그릴 수 있을 때가 되지 않았는가,' 하는 생각이 드는데도 좀처럼 마음에 드는 그림이 나오지 않아서 서랍 속의 사진을 꺼내놓고 '이 각도의 얼굴과 이 각도의 손의 아이는 없을까' 하고 뒤적거리기도 합니다." (하야시 아키코와의 여행, http://www.hollym.co.kr/children, 2013년 5월 17일 인출).

사랑하는 조카의 사진을 놓고 뒤적이며 몇 번씩 똑같아 보이는 그림을 그리고 지우는 작가의 모습을 상상해 본다. 사랑을 담뿍 담아 그리기에 우리 역시 작가의 그림을 보고 가슴 가득 퍼지는 온기를 느낄 수 있다.

② 일상 속 과업의 성취

하야시 아키코와 쓰쓰이 요리코가 함께 작업한 그림책들의 주제는 대개 혼자서 아무 것도 못하던 유아가 드디어 세상에 첫발을 내딛으면서 두려움과 어려움을 용기 있게 이겨냄으로써 성취감을 얻고 성장하는 모습에 관한 것이다.

『이슬이의 첫 심부름』에서는 첫 심부름을 하게 되는 아이들의 심리상태가 섬세하게 표현되어 있다. 아이에게 첫 심부름은 세상을 향해 혼자서 한발 내딛는 과정을 경험하게 되는 사건이다. 그러한 과정을 통해서 아이는 세상을 더 쉽고 재미나게 바라볼 수 있게 된다. 『순이와 어린 동생』에는 엄마가 없는 사이 어린 동생을 보살피는 과제를 해내는 어린이의 모습이 나온다. 『순이와 어린 동생』은 이슬이의 첫 심부름과 마찬가지로 처음으로 어른스러운 돌봄의 임무가 주어진 순이가 여러 가지 에피소드를 겪으면서 성공적으로 마무리하는 과정을 보여준다. 마지막 장면에서 모든 긴장과 갈등이 해소되고, 영이를 발견한 순이가 영이를 향해 활짝 웃으며 뛰어가는 모습에는 순이가 경험한 책임감의 무게와 동시에 희열이 잘 드러나 있다.

『우리 친구하자』 역시 유아가 일상적으로 겪을 수 있는 문제상황을 해결함으로써 한층 성장해 가는 모습을 담고 있다. 주인공 아이가 이사 간 새롭고 낯선 환경에서 두려움을 극복하고 새 친구를 사귀어가는 과정이 사실적으로 담겨있다. 『병원에 입원한 내 동생』에는 막내 동생이 갑작스럽게 병원에 입원한 사건을 경험하고, 동생에게 자신이 가장 아끼는 인형을 주면서 스스로 동생을 위할 줄 아는 언니가 되어가는 것을 자랑스럽게 여기는 아이가 등장한다. 마거릿 와이즈 브라운이 글을 쓴 『할머니 집 가는 길』은 할머니 집을 가기 위해 집을 나선 주인공이 여러 새로운 환경을 접하고, 문제를 슬기롭게 헤쳐 나가는 과정을 통해 얻은 작은 승리감을 담고 있다.

아이들의 동작과 생생한 표정을 잘 담아내는 하야시 아키코 그림의 특장은 아이들이 자신들에게 주어진 도전과 과제를 잘 해결해 나가고, 스스로 성취감과 성장의 기쁨을 맛보는 글이 더해져 더욱 빛을 발한다. 글의 내용과 그림 속에 등장하는 아이들의 얼굴에서 나타나는 두려움과 빛나는 성취의 기쁨은 독자들이 몰입하여 스스로 등장인물과 동일시하여 마치 자신이 성장하는 듯한 감동을 받게 하기 때문이다.

하야시 아키코가 글과 그림을 함께 작업한 『은지와 푹신이』는 한때 자신의 놀이 친구였던 푹신이를 이제 아이가 자라 보살피게 되는 것에서부터 이야기가 시작된다. 오랫동안 은지의 보호자이자 놀이 친구였던 푹신이의 팔이 낡아 터져버리자 은지는 푹신이를 데리고 모래 언덕의 할머니를 찾아간다. 푹신이와 은지가 함께 하는 기차 여행은 환상과 현실이 묘하게 어우러져 무척 색다른 느낌이다. 도시락을 사러 가는 푹신이, 꼬리가 문에 끼인 채 꼼짝 못하게 된 푹신이의 꼬리에 붕대를 감아 주는 차장 아저씨는 일어날 수 없는 일을 작가가 마치 시치미를 뗀 채 표현하는 것 같기도 하다. 처음엔 갸웃거리다 나중엔 진짜로 이런 일이 일어날 법도 하다는 생각이 든다.

친한 친구와도 같은 자신의 인형과의 모험 여행이라는 점에서 호기심과 긴장을 유발하며 기차라는 매개체가 아이들의 모험을 현실적으로 느낄 수 있도록 한다. 아이들은 그림책을 읽으면서 그림책 속에 등장하는 아이들과 자신을 동일시하면서 자신에게도 그런 일이 일어날 수 있으며, 이런 과제와 모험이 나에게 주어졌을 때 스스로 해낼 수 있다고 생각할 수 있게 된다. 『나도 캠핑할 수 있어』는 오빠, 언니들과 함께 캠핑을 가는 소라의 이야기다. 어려서 안 된다고 말하는 언니, 오빠들의 염려와 걱정, 편견을 깨고 소라는 스스로 해낼 수 있다는 것을 보여준다.

하야시 아키코는 아이들의 삶을 둘러싸고 일어나는 다양한 일들을 그림책을 통해 되살려 놓았고, 누구나 어릴 적 겪었음 직한 내용을 주된 소재로 삼아 친근감을 느끼게 한다. 무엇보다 그의 그림책은 이제 막 세상에 발을 내딛는 아이들에게 스스로 뭔가를 할 수 있겠다는 자신감과 마음속에 잠자고 있는 잠재적인 능력을 일깨워주는 놀라운 힘을 가지고 있다.

하야시 아키코만의 또 다른 특장은 영아 대상의 표현력이다. 『구두구두 걸어라』, 『싹싹싹』, 『손이 나왔네』는 스스로 뭔가를 하려고 하는 영아들의 심리적 특성을 간단하고 리듬감 있는 어휘로 경쾌하게 표현하고 있다.

아이들에게 '너희들도 할 수 있어!' 라고 다정하게 속삭이는 듯한 하야시 아키코의 그림책을 보고 있노라면 주인공의 성취를 보며 도전의식과 자신감을 느낄 어린 독자의 모습이 떠오른다. 작가가 아이들에 대한 깊은 이해와 사랑이 없다면, 독자의 공감은 불가능할 것이다. 아이들은 그렇게 누군가의 따뜻한 격려 속에서 스스로 뭔가를 하나하나 이루어 나가며, 그 가운데 느끼는 성취감이 차곡차곡 쌓여 당당하고 자신감 있으면서 사랑이 넘치는 사람으로 성장하게 되는 것이다.

③ 현실과 경계가 없는 판타지

하야시 아키코의 그림책에는 현실 속에 판타지의 세계가 있다. 『숲 속의 요술물감』, 『숲 속의 숨바꼭질』, 『목욕은 즐거워』, 『은지와 푹신이』는 현실의 작은 실마리로 연결된 판타지의 세계가 아이들을 무한한 상상의 세계로 이끌어준다.

『숲 속의 요술물감』은 파스텔 색조의 부드러운 색채와 글의 내용이 어우러져 현실과 환상의 세계를 넘나든다. 누리가 너무나 그림을 그리고 싶은 나머지 오빠의 가방을 들고는 손에서 놓지 않자 오빠는 할 수 없이 물감을 빌려준다. 그리고는 여러 가지의 색을 뒤섞어서 그림을 그려보지만 뜻대로 그림이 그려지지 않고, 그 사이에 뱀은 오빠의 물감 하나를 가져간다. 이후 누리는 동물들과 한데 어울려 그림을 그리기 시작한다. 나뭇가지에 물감을 묻혀 입으로 물고 그림을 그리는 새들, 손이 없어서 온몸으로 기어 다니며 그리는 뱀들과 하나가 되어 작품을 완성한다. 이와 같이 하야시 아키코는 아이의 일상생활 속에서 자연스럽게 판타지를 느끼게 해 준다.

『숲 속의 숨바꼭질』은 황금빛 안개가 자욱하게 깔린 가을의 숲이 배경이다. 아주 평범한 한 아이가 아파트 옆 작은 울타리에서 마치 이상한 나라 앨리스처럼 환상의 숲 속으로 빠져들고, 그 숲 속에 사는 숨바꼭질 요정 그리고 동물들과 함께 신나는 숨바꼭질 놀이를 한다.

『목욕은 즐거워』는 목욕을 좋아하는 아이가 오리 인형 푸카를 가지고 목욕탕에 들어가는데, 수증기 속에서 좋아하는 동물들이 차례로 나와 아이랑 함께 목욕을 하며 환상의 세계가 펼쳐진다. 아이의 공상 세계 속에 큰 거북이, 아기 펭귄, 물개, 하마 등 아이가 좋아하는 동물들을 등장시키면서 목욕을 커다란 즐거움으로 승화시킨다. 하야시 아키코의 작품 속에서 아이들은 현실과 환상의 세계를 마음대로 넘나들면서 자신이 바라는 욕구를 실현한다. 뽀얀 수증기 속의 보이지 않는 세계에서 푸카는 현실과 판타지를 이어주는 구실을 하고, 비누거품을 삼킨 물개 입에서 뿜어져 나오는 비눗방울과 부풀려진 방울이 '펑' 하고 터져버리는 장면 등은 아이들로 하여금 상상의 세계로 쏘옥 빠져들게 해 준다.

『은지와 푹신이』 역시 현실과 환상의 경계가 묘하게 어우러져 있다. 보통 환상 그림책들의 경우 환상 세계로 진입하는 통로나 계기 같은 것들이 주어지면서 현실에서 환상으로 들어가게 된다. 하지만 하야시가 그려내는 환상의 세계는 현실과 환상의 경계가 분명하기보다는 현실과 환상의 경계가 모호한 경우가 더 많다. 이러한 표현의 특징에 대해 하야시는 이렇게 말한다.

"약간은 판타지한 것을 좋아합니다. 완전 판타지가 아니라, 거의 현실에 있으면서 약간 판타지한 것 말입니다. 저는 어릴 때 책을 무척 좋아해서 도서관에서 여러 가지 이야기책을 빌려다 놓고, 그 이야기 속의 사람이 되어버린 듯한 기분으로 읽곤 했습니다. 그래서 평상시 어린이가 정신적으로 괴로운 나날을 보낼 때 구원이라 할까? 즐거운 경험을 할 수 있었으면 좋겠다는 생각입니다. 그렇더라도 일상과 너무 멀리 떨어져 있으면 들어가기가 어렵기 때문에 아이들과 밀접하게 관련된 것을 좋아합니다. '나에게도 일어날 수 있는 일이겠지' 하는 느낌을 줄 수 있기 때문이죠. 어린이들에게 '어때요, 이쪽으로는?' 하며 권유할 수 있고 부담 없이 푹 빠질 수 있는 이야기가 좋을 것 같습니다." (하야시 아키코와의 여행, http://www.hollym.co.kr/children, 2013년 5월 16일 인출).

어린이나 어른이나 환상의 세계가 필요한 이유는 현실의 힘든 일을 잠시 뒤로 미루어 놓고 환상의 세계에서 마음껏 유영하면서 위로받고 힘을 얻을 수 있기 때문이다. 그 힘으로 다시 현실 속에서 부대끼며 살아가기에 어른이나 아이나 환상이 필요하다. 하야시 아키코는 자신의 경험 속에서 환상의 힘에 대해 체득했기에 하야시가 구현하는 환상의 특성은 부담 없는 현실과 가까운 환상인 것이다.

2. 그림책 안내

목욕은 즐거워

서지정보

작가 : 교코 마스오카 글/하야시 아키코 그림

옮긴이 : 김현주

출판사 : 한림출판사

출판년도 : 1996

내 용

아이가 혼자서 몸을 씻고 있는 목욕탕에 거북이, 펭귄, 물개, 하마 따위 동물들이 차례로 나타나 함께 목욕을 즐긴다. 목욕탕에 장난감 오리를 데리고 들어온 주인공 상민이는 욕조 안에서 거북이와 펭귄을 만나며 커다란 물개와 비눗방울 놀이도 하고 덩치가 큰 하마의 목욕을 시켜 주기도 하며 고래와 수세기도 한다. 그러다 엄마가 목욕탕 문을 열고 들어오자 동물들은 모두 사라지고 상민이는 상쾌한 기분으로 목욕탕 문을 나선다.

특징 및 교육적 접근

목욕을 좋아하는 아이가 목욕탕에서 장난감 오리 푸카와 목욕을 하고 있는데, 여러 동물들이 등장하여 아이와 함께 장난하며 목욕을 하다가 엄마가 부르는 소리에 모두 탕 속으로 사라져 버린다는 이야기이다. 각 장면마다 목욕을 하는 동안 아이들이 상상할 수 있는 멋진 목욕 놀이가 연출된다. 아이들이 하는 상상의 세계와 목욕이라는 생활의 부분이 잘 조화되어 아이들을 환상의 세계로 이끄는 그림책이다.

1) 각자 목욕할 때 가지고 노는 놀잇감이 있는지, 있다면 무엇인지, 가지고 놀면서 재미있는 점은 무엇인지 이야기 나눈다. 또 어떤 놀잇감을 목욕탕에서 가지고 놀고 싶은지, 왜 그런지 생각해 본 후 놀잇감을 가지고 놀았던 경험을 공유한다.

2) 목욕할 때 가지고 놀았던 장난감을 가지고 와서 그것의 특성을 알아본다. 재료, 모양 등 비슷한 점을 이야기 나눈 후 특성대로 분류해 본다.

3) 숫자 개념과 뱅글뱅글, 둥실둥실과 같은 의성어를 자연스럽게 배울 수 있다. 책 속에 등장하는 의성어와 의태어를 찾아보고 재미있는 의성어, 의태어를 직접 만들어서 적어본다. 그 소리가 어떤 느낌을 나타내는지, 더 재미있는 소리나 느낌을 나타내는 말은 없는지 단어 목록을 만들어 본다.

손이 나왔네

서지정보

작가 : 하야시 아키코 글/그림

옮긴이 : 이영준

출판사 : 한림출판사

출판년도 : 1990

내　용

이 그림책은 혼자 옷을 입어보려고 애쓰는 아이의 모습을 담고 있다. 옷 속에서 얼굴을 무사히 밖으로 내밀고는 조그만 성취감으로 기분이 좋아진 아기의 약간은 상기된 표정과 발이 나오지 않아 잔뜩 화가 나서 낑낑대는 표정이 아기답다. 또한 아기들에겐 옷을 입는 과정도 하나의 즐거운 놀이가 될 수 있음을 보여주는 그림책이다.

특징 및 교육적 접근

아주 단순한 옷 입는 과정을 통해 표정 하나하나까지 살아있게 표현한 하야시 아키코의 섬세한 관찰력이 돋보이는 그림책이다. 옷을 입는 장면을 보면서 손, 발, 머리라는 낱말들을 익힐 수 있고 마지막에 성취감을 맛보는 기쁨도 누릴 수 있다.

1) 주인공의 머리, 어깨, 무릎, 발은 어디에 있는지, 나의 신체와 비교하여 보면서 찾아보는 놀이를 할 수 있으며 '머리, 어깨, 무릎, 발' 노래를 부르며 신체놀이를 할 수 있다.

2) 인형 옷에 직접 옷을 입히고 벗기는 놀이를 할 수 있다.

3) 주인공이 입을 오물거리며 금방이라도 독자를 향해 두 팔을 쭉 내밀듯이 엄마를 가만히 쳐다보는 모습은 앙증맞고 귀엽다. 붉은 옷을 뒤집어쓰고 있는 모습은 커튼 뒤에 들어가 몸을 돌려가며 커튼 자락을 머리에 칭칭 감고 나오지 못해 헉헉대는 우리 아이들의 모습과 꼭 닮아있다. 보자기 또는 아이들이 몸을 숨길 수 있는 재료를 활용하여 아이들과 숨고 찾는 까꿍 놀이를 하거나 아이들이 좋아하는 물건을 숨기고 찾는 놀이를 할 수 있다.

4) 하야시 아키코의 다른 그림책『싹싹싹』과『구두구두 걸어라』를 함께 읽으면서 비교해 볼 수 있다.

순이와 어린 동생

서지정보

작가 : 하야시 아키코 그림/쓰쓰이 요리코 글

옮긴이 : 이영준

출판사 : 한림출판사

출판년도 : 1989

내 용

동생(영이)이 깨기 전에 은행에 다녀오겠다며 엄마가 외출을 한다. 순이가 영이를 즐겁게 해 주려고 길바닥에 기찻길, 기찻길 옆에 산, 신호등을 그리느라 잠시 한눈을 판 사이 영이가 보이지 않는다. 영이를 찾기 위해서 아이 울음소리가 들리는 골목에도 가보았지만 어디에서도 영이를 찾을 수 없다. 드디어 놀이터 한가운데에서 모래 놀이를 하고 있는 영이를 발견하고 동생을 꼭 안아준다.

특징 및 교육적 접근

집 앞에서 놀이를 하고 있던 순이는 잠에서 깨어 맨발로 걸어 나오는 영이에게 신발을 신겨 주면서 같이 놀이를 한다.

1) 동생과 했던 놀이가 있는지, 어떤 놀이가 재미있었는지, 이외에도 동생과 할 수 있는 놀이를 생각해 보고 동생과 할 수 있는 놀이 목록을 만들어 본다.

2) 실제 동생과 놀이를 할 때 필요한 도구는 무엇인지, 놀이를 위해 필요한 물건을 만들어야 한다면 어떠한 재료를 가지고, 어떻게 만들 수 있을지 이야기 나눈 후 놀이 도구를 만들어 본다. 예를 들어, 동생과 놀이할 수 있는 인형(막대 인형 등)을 만들어 본다.

3) 동생 영이를 찾기까지 언니의 안타까운 마음을 표현하고 있다. 콩닥콩닥 뛰는 아이의 가슴과 상기된 표정, 달음박질, 이런 것들이 긴장감을 잘 드러내고 있다. 마침내 동생을 찾았을 때의 안도감과 동생을 사랑하는 마음이 아이의 표정과 행동에 그대로 담겨있다. 자매간의 따스한 우애를 섬세하게 그려낸 그림책이다. 영이를 찾으러 다니는 장면별로 이때 순이의 마음은 어땠을지 이야기를 나누고 표정이나 말로 표현해 본다.

4) 영이처럼 가족을 잃어버린 경험이 있는지, 그때 기분은 어떠했는지, 가족을 잃어버렸을 때 어떻게 하면 좋은지 이야기 나눈다.

5) 『병원에 간 내 동생』, 『나도 갈래』를 함께 읽고 동생에 대해 이야기해 본다.

숲 속의 숨바꼭질

서지정보

작가 : 수에요시 아키코 글/하야시 아키코 그림

옮긴이 : 고광미

출판사 : 한림출판사

출판년도 : 2000

내 용

아파트 단지에서 우연히 숨바꼭질 요정을 만나게 되는 민희는 아파트 단지가 들어서기 전에 있었던 숲에서 동물들, 숨바꼭질 요정과 함께 숨바꼭질 놀이를 하며 자연 속에서 즐겁게 논다. 책을 통해 환상의 세계로 들어가 동물들과 즐거운 숨바꼭질을 하고는 다시 현실의 세계로 돌아오게 된다. 주인공 민희와 숨바꼭질 숲 속 요정, 숲 속 동물들이 숨바꼭질을 하면서 노는 그림에서 숨어있는 것들을 찾는 재미를 느낄 수 있는 그림책이다.

특징 및 교육적 접근

바람에 황금 나뭇잎을 흔들어대며 주변까지도 황금빛으로 물들이는 숲의 모습은 풍요로운 가을의 모습 그대로이다. 주인공 민희가 숲 속의 요정, 동물들과 숨바꼭질을 하며 노는 장면은 마치 독자가 숨바꼭질을 하는 듯한 기분이 들게 한다.

1) 그림책에 숨은 그림이 있어서 장면 속에 숨어있는 동물들을 찾으면서 즐거운 놀이를 할 수 있다.

2) 그림책 장면 속에 숨어있는 동물들을 찾는 놀이를 해 보고, 직접 숨은 그림을 그린 후, 친구에게 찾아보게 하는 놀이를 할 수 있다.

3) 실외놀이 시간을 활용하여 내가 좋아하는(혹은 친구들이 좋아하는) 물건들을 하나씩 가지고 나가 숨기고 찾는 놀이를 해 본다.

4) 환상 속의 요정과 함께 숨바꼭질 놀이를 하며 신나게 놀았다는 내용을 담고 있는 이 책에서 하야시 아키코는 숲을 온통 황금색으로 표현해냈다. 앤서니 브라운의『터널』처럼 숲이라는 통로를 통해 판타지의 세계로 들어가는 그림책이다. 앤서니 브라운의『터널』과 비교하여 읽어보면서 두 이야기가 비슷한 부분이 있는지, 있다면 왜 그렇게 생각하는지 이야기 나누어 본다.

우리 친구하자

서지정보

작가: 쓰쓰이 요리코 글/하야시 아키코 그림

옮긴이 : 김현주

출판사 : 한림출판사

출판년도 : 2001

내 용

새로운 동네로 이사 온 아름이네 집에 어느 날 우편함에 무엇인가가 들어 있고, 작은 노크소리가 들린다. 아름이는 우체통에 어느 날부터인가 제비꽃 다발, 민들레 꽃송이 그리고 드디어는 '우리 친구하자'라고 적힌 편지까지 받게 된다. 누가 보내는지 너무나 궁금한데 그 사람은 수줍음이 많은지 선물과 꽃 등을 두기만 하고 사라져버린다.

특징 및 교육적 접근

낯선 동네로 이사를 하게 되어 새로운 친구를 사귀지 못한 아름이는 자신과 친구가 되고 싶어 하는 누군가가 있다는 것을 알게 되고, 그동안의 비밀스런 존재에 대해서도 밝혀지게 된다. 두 아이가 조심스럽게 친구가 되어가는 따뜻한 과정을 소박하고 정겹게 표현해낸 그림책이다.

1) 우리 반에서 나와 친한 친구가 누구인지, 그 친구와는 어떻게 친하게 되었는지 이야기를 나누거나 우리 반에서 친하게 지내고 싶은 친구는 누구인지, 그 친구에게 비밀편지를 써 보도록 한다.

2) 새로운 친구에게 관심을 보이고 친구가 되기 위해 서서히 다가가는 모습과 아름이와 친구가 되고 싶어 하는 아이가 누구일지 궁금해 하는 모습 그리고 친구가 되어가는 과정이 자연스럽게 그려져 있다. 내가 만약 아름이처럼 이사를 간다면 어떻게 친구를 사귀면 좋을지에 대해 이야기를 나눈다. 반대로 새로운 친구가 우리 동네 또는 우리 반에 온다면 어떻게 대하면 좋을지 이야기 나눈다.

은지와 폭신이

서지정보

작가 : 하야시 아키코 글/그림

출판사 : 한림출판사

출판년도 : 1995

내 용

모래 언덕 마을의 할머니가 만들어 보내주신 솜 인형 폭신이는 은지의 친구이다. 어느 날, 폭신이는 너무 낡아서 팔이 터져버리고 말았다. 은지는 폭신이를 고치기 위해 기차를 타고 모래밭을 걸어 할머니를 찾아간다. 할머니 댁을 찾아가기 위해서 집을 나와 기차를 타고 가면서 다양한 일들을 겪게 된다. 날이 어두워져서야 은지와 폭신이는 할머니 집에 도착하게 되고, 할머니는 너덜해진 폭신이를 여기저기 꿰매어 준다.

특징 및 교육적 접근

할머니가 만들어주신 여우 인형 폭신이는 은지가 태어나기 전부터 아기 침대에서 은지를 기다린다. 폭신이는 인형이지만 마치 살아있는 친구처럼 표현된다. 아이들이 애착을 가지고 있는 인형이 등장하는 재미있고 따뜻한 그림책이다.

1) 어릴 적부터 아이들이 애착을 가지고 있던 물건(인형, 담요 등)을 가지고 와서 친구들에게 소개한다. 내가 애착을 가지고 있는 물건들에게 이름이 있는지, 이름이 없다면 무엇이라고 이름 짓고 싶은지 이야기 나눈다.

2) 그림책에 등장하는 폭신이는 은지를 내내 지켜주는 든든한 친구이다. 폭신이가 은지에게 제일 많이 하는 말은 '괜찮아'이다. 친구를 생각하는 따뜻한 마음이 잘 드러나 있다. 친구들이 어려운 일을 겪을 때 도움을 준 적이 있는지, 그러한 상황에서 어떠한 도움을 줄 수 있는지 이야기 나눈다.

3) 바느질과 목욕으로 폭신이를 고쳐 주시는 할머니의 존재가 아이들에게 포근함과 안정감을 느끼게 해 준다. 마지막 장면에서 김이 모락모락 나는 뜨끈한 욕조에서 할머니와 은지, 폭신이는 함께 목욕을 한다. 서로를 배려하고 소중히 여기는 마음이 느껴지는 그림책이다. 할머니 또는 할아버지와 함께 사는 친구들에게 할머니가 있어서 좋은 점이 무엇인지 이야기 나누고, 할머니 또는 할아버지와 겪었던 재미있는 경험을 이야기 나누어 본다.

이슬이의 첫 심부름

서지정보

작가 : 쓰쓰이 요리코 글/하야시 아키코 그림

옮긴이 : 이영준

출판사 : 한림출판사

출판년도 : 1991

내 용

저녁 준비하랴, 아기 돌보랴 정신없이 바쁜 엄마는 다섯 살인 이슬이에게 심부름을 부탁한다. 혼자 물건을 산 경험은 고사하고 이제껏 혼자서 집 밖에 나가본 적 없던 다섯 살 이슬이의 모험은 이렇게 시작된다. 자그마한 어린아이 따윈 눈에 들어오지 않는지 무심한 가게 주인에게 주저하며 말도 못 붙이던 이슬이는 이런저런 우여곡절 끝에 무사히 우유를 사가지고 돌아온다.

특징 및 교육적 접근

첫 심부름에 바짝 긴장한 아이의 심리가 세밀하게 그려져 있다. 가게 주인 아주머니와 눈이 마주친 순간의 두근거림, 아주머니의 사과에 흘리는 눈물 한 방울 등 읽는 이로 하여금 자신도 모르게 감정 이입을 하게 만든다. 이슬이의 심부름 이야기를 통해서 아이에게 자신감을 심어주면서 용기를 북돋아주는 그림책이다.

1) 혼자 심부름을 다녀온 적이 있는지, 무엇을 사러 어디를 다녀왔었는지, 자신의 심부름 경험을 이야기해 본다.

2) 갑작스러운 자전거 소리에 깜짝 놀라고 뛰다가 넘어지고 우연히 만난 친구의 감탄 어린 시선도 받으며 가게에 도착한다. 이슬이의 표정에 이슬이가 느꼈을 걱정과 불안, 성취의 기쁨이 잘 나타나 있다. 어떤 일을 혼자 해냈을 때의 두려움, 긴장감, 성취감 등을 함께 이야기해 본다.

활동 10-1 소중한 나만의 물건 소개하기

활동목표

• 자신에게 소중한 물건이 무엇인지 안다.

• 소중한 물건을 어떻게 다루어야 하는지 안다.

활동자료

『은지와 푹신이』, 종이, 사인펜, 색연필

활동방법

도입

• 『은지와 푹신이』를 회상하며 이야기를 나눈다.

－은지에게 소중한 물건은 무엇이니?

－할머니가 만들어 주신 푹신이가 낡고 망가지자 은지는 어떻게 했니?

－은지가 할머니께 푹신이를 가져갔을 때 할머니는 어떻게 해 주셨니?

전개

• 그림책 주인공이 물건을 소중하게 다루는 부분에 대해 이야기를 나눈다.

－그림책 주인공인 은지는 푹신이가 망가졌을 때 왜 새로운 인형을 사지 않았을까?

－은지는 자기의 물건을 어떻게 대해 주고 있니?

－너희라면 인형이 망가졌을 때 어떻게 했을까?

－너희에게도 소중한 물건이 있니?

- 나에게 소중한 물건을 그려본다.
  - 나에게 어떤 것이 소중한 물건인지 이야기해 보자.
  - 왜 그 물건이 소중하니?
  - 그 물건을 어떻게 다룰 거니?

마무리

- 소중한 물건을 소개해 보며 이야기를 나눈다.
  - 나에게 소중한 물건을 소개해 보자.
  - 친구들의 소중한 물건이 나와 어떻게 다르니?

활동 10-2 이슬이에게 그림 편지 쓰기

활동목표

- 다른 사람의 관점에서 생각하는 경험을 한다.
- 자신의 생각을 언어로 표현한다.
- 등장인물의 마음을 이해한다.

활동자료

『이슬이의 첫 심부름』, 편지지, 사인펜

활동방법

도입

- 『이슬이의 첫 심부름』을 회상해 본다.
  - 이슬이가 심부름을 가는 길은 어떤 곳이었니?
  - 엄마 심부름을 처음 가면서 어떤 일이 있었니?
  - 이슬이가 어떻게 심부름을 할 수 있었니?

전개

- 이슬이의 입장에서 이야기를 나눈다.
  - 너희도 이슬이처럼 심부름을 해본 적이 있니? 어떤 마음이었니?
  - 이슬이는 왜 심부름을 하면서 겁을 먹고 힘들어 했을까?
  - 만약 너희가 이슬이었다면 돌부리에 넘어지고 동전을 떨어뜨렸을 때 어떻게 했을 것 같니?
  - 이슬이는 힘들었지만 심부름을 어떻게 해냈니?

–심부름을 결국 해낸 이슬이는 어떤 모습이었니?

–이슬이에게 어떤 말을 해 주고 싶니?

• 이슬이에게 그림 편지를 쓴다.

마무리

• 그림 편지를 쓰고 어떤 느낌이 들었는지 이야기를 나눈다.

–이슬이에게 그림 편지를 쓸 때 어떤 느낌이 들었니?

–이슬이에게 쓴 그림 편지를 읽어줄 수 있겠니?

–그림 편지를 읽은 이슬이는 어떤 마음일까?

참고문헌

1. 권윤덕

[100℃ 인터뷰] 한국 그림책 작가 대표주자 권윤덕씨, (한국일보, 2012-04-25). *http://news.hankooki.com/lpage/culture*에서 2013년 5월 9일 인출.

『만희네 집』,『일과 도구의 글』, 그림 작가 권윤덕과 함께 하는 그림책 이야기. *http://blog.naver.com/gilbut_kid*에서 2013년 5월 9일 인출.

김원숙(2003). 그림책 속에 자신을 쏟아 붓는 그림 작가, 권윤덕. *http://www.openkidzine.co.kr*에서 2013년 5월 9일 인출.

송현주(2008). 그림책으로 세상과 소통하려는 작가 권윤덕. *http://www.libro.co.kr/Webzine*에서 2013년 5월 9일 인출.

신명호(2006). 숙성된 자기 세계를 펼치다. **창비 2006 봄**, 4(1). 통권12호, 229-233.

권윤덕(1998). **엄마 나 이 옷이 좋아요**. 경기도: 재미마주.

권윤덕(2003). **시리동동 거미동동**. 경기도: 창작과 비평.

2. 데이비드 위즈너

David Weisner. *http://www.amazon.com/David-Weisner*에서 2013년 5월 11일 인출.

The Origin of Wordless Author. *http://www.houghtonmifflinbooks.com/authors*에서 2013년 5월 11일 인출.

Boigraphy. *http://www.hmhbooks.com/wiesner*에서 2013년 5월 11일 인출.

CJ그림책 축제-세계적인 그림책 작가 데이비드 위즈너. *http://blog.naver.com/laterre327*에서 2013년 5월 11일 인출.

Q & A : David Weisner. *http://www.timeforkids.com/news*에서 2013년 5월 11일 인출.

2007 Caldecott Medal and Honor Books. *http://www.ala.org/alsc/awardsgrants*에서 2013년 5월 11일 인출.

Kid's Q & A : David Weisner. *http://www.powells.com/kidsqa*에서 2013년 5월 11일 인출.

서정숙·남규(2010). (개정) **유아문학교육**. 서울: 창지사.

정대련·어은정(2008). David Wiesner의 판타지 그림책 분석. **생활과학연구**, 13, pp. 95-115.

정은주(2010). 유아의 상상력 교육을 위한 초현실주의적 그림책 일러스트레이션에 관한 연구. 고려대학교 교육대학원 석사학위논문.

정호정(2007). 일러스트레이션에 나타난 데페이즈망(D'epaysement) 기법 연구-앤서니 브라운과 데이비드 위즈너를 중심으로-. 경기대학교 교육대학원 석사학위논문.

3. 레오 리오니

About Leo Lionni. *http://www.randomhouse.com/kids*에서 2012년 12월 13일 인출.

김서정(2013). 레오 리오니. *http://www.openkid.co.kr/webzine*에서 2013년 4월 5일 인출.

김영욱(2013). 20세기의 이솝 레오 리오니-우화 속에서 그의 철학을 만나다. *http://ch.yes24.com/Article*에서 2013년 4월 5일 인출.

4. 앤소니 브라운

앤서니 브라운·조 브라운(2011). **앤서니 브라운–나의 상상 미술관**. (홍연미 옮김). 경기도: 웅진 주니어.

5. 에릭 칼

Eric Carle Author Study. *http://www.scholastic.com/teachers*에서 2013년 5월 15일 인출.

서남희(2005). **그림책과 작가이야기**. 서울: 열린어린이.

The Eric Carle Museum of Picture Book Art(2012). *The world of Eric Carle*. (최지혜 옮김). 서울 : 시공미디어와 크리에리션랩알리스.

배고픈 애벌레. *http://book.daum.net/detail*에서 2013년 5월 15일 인출.

6. 에즈라 잭 키츠

신명호(1994). **그림책의 세계**. 서울 : 계몽사.

조은수(2003). **창비어린이 2003**. 가을(제 2호). 경기도: 창작과 비평사.

편선미(2003). 콜라주 일러스트레이션 연구 : 동화책 작가를 중심으로. 서울산업대학교 산업대학원 석사학위 논문.

에즈라 잭 키츠. *http://www.picturebook-museum.com/book*에서 2013년 5월 16일 인출.

Ezra Jack Keats. *http://en.wikipedia.org/wiki/Ezra_Jack_Keats*에서 2013년 5월 12일 인출.

A biography. *http://www.ezra-jack-keats.org/introduction*에서 2013년 5월 17일 인출.

7. 윌리엄 스타이그

Wry Child of the Unconscious; William Steig, 90, on Art, Life and the Mysterious Orgone. *http://www.nytimes.com/1997*에서 2013년 5월 13일 인출.

William Steig. *http://en.wikipedia.org/wiki/William_Steig*에서 2013년 5월 15일 인출.

Obituary : William Steig 1907-2003. *http://www.comicsreporter.com/index.php*에서 2013년 5월 15일 인출.

윌리엄 스타이그. *http://picturebook-museum.com/book*에서 2013년 5월 15일 인출.

8. 이억배

공혜조(2002). 작가를 찾아서-우리 정서를 그리는 그림 작가 이억배. *http://www.openkid.co.kr/webzine*에서 2013년 4월 5일 인출.

박유신(2005). 정겨움과 따뜻함으로 한국적인 그림책을 만드는 이억배. *http://nuri.arte.or.kr/interview*에서 2013년 4월 5일 인출.

이윤희(2011. 11. 23). 작가와의 만남/대한민국 대표 그림책 작가 이억배. 경인일보.

탁정은(2005). 이달의 그림책 작가·이억배. *http://olv.moazine.com/reviewer*에서 2013년 4월 5일 인출.

9. 존 버닝햄

존 버닝햄(2006). **존 버닝햄-나의 그림책 이야기**. 서울: 비룡소.

국민일보(2006. 07. 05.). 동화작가 69세 존 버닝햄 방한. 내 정신연령은 다섯 살 아이.

10. 하야시 아키코

석보배(2005). 하야시아키코(林明子)의 동화일러스트레이션 연구 : 동양적 리얼리즘 관점을 중심으로. 경남대학교 산업대학원 석사학위 논문.

하야시 아키코. *http://picturebook-museum.com*에서 2013년 5월 17일 인출.

하야시 아키코와 여행. *http://www.hollym.co.kr/children*에서 2013년 5월 17일 인출.

저자소개

서정숙

이화여자대학교 대학원 문학박사(교육학과 유아교육 전공)

한국어린이문학교육학회 회장 역임, 한국간행물윤리위원회 좋은 책 선정위원 역임

현, 그림책과 어린이교육 연구소 소장, 이화여자대학교 유아교육과 겸임교수

대표 저서 : 『(개정) 유아문학교육』(공저), 『유아문학교육 프로그램』(공저), 『영아문학교육 프로그램』(공저), 『유아교사의 그림책 읽어주기』(역), 『민들레를 사랑한 기니피그 아삭이』(역), 『그림책을 보는 눈』(공역)

대표 논문 : 칼데콧 메달 도서의 특성 분석, 그림책의 교육적 활용 양상과 문제점, 유아문학교육 내용과 교수계획에 대한 논의, '유기체로서의 그림책' 분석을 위한 기준 연구, 그림책 중심의 문학교육 프로그램이 유아의 문학적 능력과 흥미에 미치는 영향(공저), 그림책 단원 중심 문학교육 프로그램의 실시 과정에서 나타난 유아의 문학적 반응에 대한 질적 탐구(공저), 그림책 중심 문학교육의 실시 과정에서 나타난 유아교사의 문학교육에 대한 인식의 변화(공저), 그림책을 활용한 문학교육이 유아의 그림책에 대한 인식 및 태도에 미치는 영향(공저), 메타픽션 그림책의 기법 분석과 그에 대한 유아의 이해-'그림책 속 그림책' 구조를 중심으로-(공저), 그림책 면지 탐색 활동이 유아의 읽기 흥미도와 언어표현력에 미치는 영향(공저), 한국 그림책에 나타난 조부모의 특성 분석(공저), 패러디 그림책의 유형 분석(공저)

김주희

동덕여자대학교 대학원 문학박사(아동학 전공)

현, 동덕여대 강사

대표 저서 : 『그림책 태담』, 『현명한 엄마의 대화습관』, 『나에게는 꿈이 있습니다』, 『먹통 가족의 소통 캠프』

대표 논문 : 리모델링 접근법을 적용한 그림책 읽기 활동: 유아의 비판적 사고 교육, 유아용 그림책에 나타난 성 역할 고정관념, 유치원 그림책 읽기 수업에서 나타난 교사관점과 유아반응, 유아의 비판적 사고 향상을 위한 리모델링 접근법에 따른 그림책 읽기 활동의 효과

남 규

건국대학교 대학원 교육학박사(유아교육 전공)

꿈밭유치원, 잠원꿈밭어린이집 교사 역임, 건국대학교, 한국성서대학교, 경인여자대학교, 신흥대학교 강사 역임

현, 대전보건대학교 유아교육과 교수

대표 저서 : 『(개정) 유아문학교육』(공저), 『영아문학교육 프로그램』(공저), 『유아 다문화교육 프로그램』(공저)

대표 논문 : 전래동화와 창작동화에 나타난 부모의 양육행동에 관한 연구, 교사의 그림책 읽기 상호작용 유형에 따른 영아의 언어발달 비교, 그림책 중심의 문학교육 프로그램이 유아의 문학적 능력과 흥미에 미치는 영향(공저), 그림책 단원 중심 문학교육 프로그램의 실시 과정에서 나타난 유아의 문학적 반응에 대한 질적 탐구(공저), 그림책 중심 아동문학 수업과정에서 도출된 예비유아교사의 문학교육에 대한 인식변화(공저)

김유정

건국대학교 대학원 교육학박사(유아교육 전공)

꿈나무어린이집 교사 역임, 꿈나무 방과후교실 시설장 역임, 건국대학교, 한국성서대학교 강사 역임

현, 경인여자대학교 아동보육과 교수

대표 저서 : 『영유아를 위한 교수-학습방법』(공저), 『영유아를 위한 교재, 교구 연구 및 지도법』(공저) 『유아 논리 논술 교육』(공저)

대표 논문 : 그림책에 내재된 수학교육내용 및 교육적 활용에 대한 탐색, 그림책 중심 문학교육의 실시 과정에서 나타난 유아교사의 문학교육에 대한 인식의 변화(공저), 그림책을 활용한 문학교육이 유아의 그림책에 대한 인식 및 태도에 미치는 영향(공저), 문학을 활용한 자연탐색 활동이 유아의 과학과정기술에 미치는 영향(공저), 동화를 이용한 음운인식활동이 저소득층 초등 방과후 교실 1, 2 학년 아동의 읽기, 학습동기 및 자아 개념에 미치는 영향(공저), 유아의 어휘습득에 있어서 명시적·직접적 어휘지도법과 맥락적·간접적 어휘지도법의 효과의 차이(공저)

최은영

이화여자대학교 문학사(유아교육 전공)

이화여자대학교 문학석사(교육과정 전공)

건국대학교 대학원 교육학박사(유아교육 전공)

현, 육아정책연구소 부연구위원

대표 논문 : 유아기 문해 관련 논문의 경향 분석, 유아의 초기 문해 기술과 단어읽기, 단어 쓰기의 관계에 대한 구조모형 분석

유은석

중앙대학교 대학원 아동복지 전공 박사과정 수료

중앙대학교, 숭의여자대학 강사 역임, 인천 동부교육청 유치원 평가위원 역임(2012년)

현, 경인여자대학 겸임교수, 연흥유치원 원장, 서울 남부교육청 관내 유치원 컨설팅 장학위원, 서울 강서교육청 관내 유치원 컨설팅 장학위원, 인천 남부교육청 컨설팅 장학위원, 학교법인 해원학교 이사

대표 저서 : 『영유아교육기관의 실습지도』(공저)

대표 논문 : 가정과 연계한 그림책 활동이 유아와 어머니의 성 역할 고정관념에 미치는 영향, 자유선택활동 영역 안에서의 수학적 개념 습득에 관한 연구, 메타픽션 그림책의 기법 분석과 그에 대한 유아의 이해-'그림책 속 그림책' 구조를 중심으로-(공저)

그림책 작가의 이해

초판 1쇄 발행 2013년 8월 23일
초판 2쇄 발행 2014년 7월 20일

지은이 | 서정숙·김주희·남규·김유정·최은영·유은석
펴낸이 | 김기섭
편집인 | 박연순
펴낸곳 | 창지사 www.changjisa.com
153-802 서울시 금천구 가산디지털 1로 83
파트너스타워1차 9층
전화 (02) 719-2211~3
팩스 (02) 701-9386
등 록 | 1977년 4월 28일·제1-421호

ISBN 978-89-426-0726-6 (93370)

값 15,000원